为抗战吹响号角

抗战文艺战士口述

张军锋 编著

学习出版社

图书在版编目（CIP）数据

为抗战吹响号角 ：抗战文艺战士口述 / 张军锋编著. 北京 ：学习出版社，2025. 8. -- ISBN 978-7-5147-1386-2

Ⅰ. K265.103

中国国家版本馆CIP数据核字第2025J4F207号

为抗战吹响号角

WEI KANGZHAN CHUIXIANG HAOJIAO

——抗战文艺战士口述

张军锋　编著

责任编辑：李　岩　左轩铭
技术编辑：胡　啸
装帧设计：映　谷

出版发行：学习出版社
北京市崇外大街11号新成文化大厦B座11层（100062）
010-66063020　010-66061634　010-66061646
网　　址：http://www.xuexiph.cn
经　　销：新华书店
印　　刷：北京联兴盛业印刷股份有限公司

开　　本：710毫米×1000毫米　1/16
印　　张：27.5
字　　数：320千字
版次印次：2025年8月第1版　2025年8月第1次印刷

书　　号：ISBN 978-7-5147-1386-2
定　　价：98.00元

目 录

contents

炮火中的文艺抗战

——倾听文艺战士述说血与火中的鲜活记忆

张军锋

向前向前向前！
我们的队伍向太阳
脚踏着祖国的大地
背负着民族的希望
我们是一支不可战胜的力量！
我们是工农的子弟
我们是人民的武装
从无畏惧
绝不屈服
英勇战斗
直到把反动派消灭干净
毛泽东的旗帜高高飘扬！

这首已经传唱了86年的《八路军进行曲》诞生于1939年冬的延安，曲作者是曾经创作过《延安颂》的朝鲜籍作曲家郑律成。这年夏天，郑律成从鲁艺音乐系毕业到抗日军政大学担任音乐指导，住在延安南门外的抗大宿舍，和诗人公木成了无话不谈的邻居。郑律成无意中发现公木新写的一首短诗，很是喜欢，就悄悄拿去谱成歌曲，用清亮的歌喉唱给公木听，公木又是惊奇又是激动，决定再写几首歌词。于是，两人共同创作了一组《八路军大合唱》。

公木一口气写下了 8 首歌词，郑律成很快为歌词谱了曲。10 月底，《八路军大合唱》在中央礼堂公演，受到广大军民热烈的欢迎。伴随着八路军挺进敌后的雄健步伐，《八路军进行曲》迅速传遍了抗日根据地。

多彩的战地文艺创造抗战文化的奇迹

著名女作家丁玲在全国抗战爆发后不久，响应党的号召，在延安组建了西北战地服务团，并带领西北战地服务团深入抗日前线和西安等地，宣传党的抗日主张和八路军的英勇事迹。

1938 年的初冬，西北战地服务团回到延安。11 月 20 日，日军对延安进行第一次轰炸，刚刚接替丁玲担任西北战地服务团团长的周巍峙正向中组部部长陈云汇报工作，工作还没有汇报完，日军飞机就到了头顶。

时为西北战地服务团团长、后来担任过中国文联主席的周巍峙，对敌机轰炸的情景记忆非常深刻："刚坐下，日寇的飞机就来了，轰炸刚一停，我回到家，就接到中组部的信，派干部，晚饭前就撤退出发，到四十里铺听令，当时就匆匆忙忙地，整个团就离开延安到四十里铺。"

后来，西北战地服务团在开赴晋察冀抗日根据地的途中，每天以七八十里的速度行军，穿过 200 多里的日军封锁线。1938 年年底，西北战地服务团历经一个多月的艰难跋涉，终于来到了晋察冀抗日根据地。几乎与此同时，抗日军政大学等学校和文化团体也都先后奔赴晋绥、晋察冀等抗日前线。

1937 年 11 月，聂荣臻将军带领 3000 多人南下山西、河北的交界地区展开游击战争，经过几年的浴血奋战，建立了以阜平为中心的晋察冀敌后抗日根据地，在这片广大区域里，晋察冀军民利用地雷战、地道战等游击战术对付敌人疯狂的“扫荡”，敌我双方展开了一场激烈复杂、犬牙交错的战争。

散布在敌后的抗日根据地，像一把把直插敌人心脏的利刃，紧紧扼住日寇的咽喉。英勇的八路军一面与日寇展开武装斗争，一面发动群众，掀起了轰轰烈烈的群众文化运动，根据地乡村到处洋溢着誓与日寇拼到底的乐观而顽强的精神。晋察冀火热的斗争，吸引了延安和大后方大批文化人，在中共中央的统一组织下，西北战地服务团、延安抗战文工团、华北联合大学等文化团体和学校先后来到晋察冀边区，并成立晋察冀边区文联，开展形式多样、轰轰烈烈的抗战文艺运动。在形式多样的文化活动中，群众性的歌咏活动是根据地最普遍、最热烈的形式。

曾担任冀中军区司令员的吕正操将军回忆道：在文化生活中，最大众化、最为群众喜闻乐见，也最具战斗力的，是抗日歌曲。歌声鼓舞着斗志，歌声表达着豪情。在部队指战员看来，教战士唱会一首歌，等于上一堂生动活泼的政治课。

火线剧社的刘敬贤回忆说：“一进村，一喊，唱歌，就唱《大军进行曲》，走啊走啊走啊向前走，走啊向前走……”抗敌剧社的张非说：“八路军走到哪儿歌声就带到哪儿，战士们都学会了教歌，学会了唱歌，学会了拉歌。边区开大会，彭真同志在上面讲话，下面一来就是万儿八千的人……”火线剧社的傅铎回忆:“群众一起来，歌声到处都是，村村都唱，群众也唱，战士也唱。当时唱得最多的是哪支歌?《工农兵学商》，工农兵学商，一起来救亡，拿起我们的武器，刀枪！”

除歌咏活动之外，各根据地的戏剧运动和乡村艺术活动也非常普遍。据1938—1940年统计，在晋察冀边区，仅抗敌剧社等大型专业剧社就有25个，业余剧团遍布乡村。这些戏剧团体为鼓舞在敌后根据地的八路军和人民群众的斗志，丰富群众的文化生活发挥了重要作用。

“1937年至1938年的时候呀，在冀中首先成立的是火线剧社，一分区的前锋剧社，二分区的前进剧社，三分区的前卫剧社，四分区的前哨剧社，五分区的先锋剧社，还有回民支队的抗战剧社，这都是部队的。”傅铎老人谈起火线剧社的活动如数家珍，“剧社成立起来了以后，很快地排戏，唱歌，前方部队浴血抗战，胜利的消息传来，这更鼓舞了大家的情绪呀。大家干劲高，士气旺，就是赶快排戏，赶快演出，赶快上前线，赶快下部队，赶快下农村，宣传抗日吧，有青年学生、小学教员、爱国的知识分子，都是土生土长的。当时演出的戏有《活路》《智取》《小英雄》《游击队》《张家店》《警觉》《母老虎》《爸爸做错了》《血洒卢沟桥》，很多了。演出《张家店》的时候呀，日本鬼子要强奸这个年轻的少妇呀，这个少妇气得拿起一把菜刀，要干，要杀日本鬼子！就是斗争起来了！下边群众就是鼓掌，杀呀！杀！杀！这个妇女拿着刀，在日本鬼子头上一砍的时候，下边群众就喊，使劲吆，使劲吆！就使劲鼓掌。”

后来成为著名作家的魏巍谈起群众的热情和演出时的场面还十分感慨:“大夏天热呀，群众脱光膀子扇着大扇子看戏。冬天外边下大雪，那多冷呀，群众都来看戏。老百姓坐在那看，不动呀，看得津津有味！我们烧着木炭火还冻得够呛，回去喝一口酒，就出来演出，条件艰苦呀，那精神真好！”

在根据地，与《八路军进行曲》和《黄河大合唱》一样广为传诵的还有诗人田间写的这样一首短诗：

> 假使我们不去打仗，
> 敌人
> 用刺刀杀死了我们，
> 还要用手
> 指着我们的骨头说：
> “看，
> 这是奴隶！”

1937年年底，21岁的田间出版了诗集《给战斗者》，被闻一多先生誉为“时代的鼓手”。此后不久，田间来到延安，成为西北战地服务团的一名文艺战士。

当时还是华北联大学生的田间夫人葛文回忆：“田间在延安没有待多久，也就是一两个月，他就响应党中央的号召到前方去，参加了西北战地服务团。为了参加西战团，田间三访丁玲，丁玲问田间，大上海来的诗人，西装革履，我这里可是当兵呀，在西战团这里都是普通的战士，你能吗？田间怎么说？他说，我愿意做一个战士！”

田间、邵子南等西北战地服务团的创作骨干从延安来到晋察冀抗日根据地之后，在延安轰动一时的街头诗运动也在晋察冀边区轰轰烈烈地开展起来。

当时担任晋察冀军区政治部宣传干部的魏巍亲身参加了延安的街头诗运动，他回忆说："街头诗开始是在延安，有两个团体，一个是丁玲领导，后来是周巍峙领导的，西北战地服务团的一个诗歌组织，叫战地社，以田间、邵子南同志为主。一个是柯仲平同志领导的战歌社，还有其他人。1938 年 8 月 7 日，这两个组织就发动了一个'八七街头诗运动日'，这一天延安满城都贴着红红绿绿的街头诗，当时我也参加了，我当时是柯仲平领导的战歌社的，在抗大办了一个战歌分校，很热烈。柯仲平同志他那个诗呀，在延安的街头上，用很大的字，写得非常明显。这个活动呢，随着西北战地服务团来到了敌后晋察冀，就带到晋察冀了，在晋察冀开展起来。诗人直接到街上，到墙头上，把自己的诗写到那里，我都干过这个事。再一个就是对敌人做政治攻势，把这个传单撒到敌人堡垒里头，撒到敌占区，对敌人进行攻心战，那是很有战斗力的，很普遍的。"

同样是晋察冀军区政治部宣传干部的商展思，对晋察冀的街头诗运动也有生动的记忆："我当时负责什么呢，一个是打胜仗了以后，通电报，写通讯，再有一个呢，还给几个剧社写剧本，当时写得最多的还是诗呀，它比较方便，特别是街头诗，那个兴致一来呀，就可以写出来。有时候是写在我随身的日记本上，有时候是写在随便能找到的一张纸上，有时候还写到手上呢，怕忘了，等战斗一缓下来了，马上抄录下来。我们一般选这个交通要道，在敌人轰炸后的村庄呀，断垣残壁多了。我们说，农村里边的墙呀，敌人轰炸后的断垣残壁，那就是我们街头诗的出版社；另外岩石上，还有那个白杨树，刮了皮，也可以写两句。"

在河北文学馆，珍藏着一份老诗人钱丹辉捐赠的枪杆诗传单。这片诗传单是诗人当年在易县大龙华战斗后亲手分发给胜利归来的八路军战士的。我们可以看出传单上油印的诗行朝向不同，每一首短诗的大小和形状都正好可以撕下来贴在战士的枪杆上。

2005 年 4 月 2 日，曾经战斗在晋察冀边区的诗人们来到河北涿州烈士陵园，纪念他们的战友，一位英雄的诗人和烈士。60 年前的 2 月 8 日，这位年轻的诗人在与日寇的搏斗中，拉响了最后一颗手榴弹。他的名字叫陈辉，牺牲的那一年，他刚刚 24 岁。

陈辉是晋察冀边区著名的诗人。1941 年，他响应党的号召，到对敌斗争异常残酷的涞涿平原工作，先后任县青救会宣传委员、县青救会主任、县武工队政委、区委书记等职。在紧张的战斗间隙，陈辉一手拿枪一手拿笔，抒发着随时准备为国牺牲的情怀。陈辉为悼念战友曾经写下过一首诗，这首诗也成为他自己生命的总结：

英雄非无泪，
不洒敌人前。
男儿七尺躯，
愿为祖国捐。
丈夫一死耳，
羞煞狗汉奸。
英雄抛碧血，
化作红杜鹃！

1945 年 2 月 8 日，陈辉在涿州韩村执行任务时因叛徒告密被日寇包围在堡垒户王德成家中。在战斗中，他打死了两名特务，左腿也负了伤。敌人越来越多。他和通讯员随手扔出两颗手榴弹，掀起两股浓烟，两人顺势冲出西屋来到院子里，原想越墙而出，但墙头已被敌人的两挺机枪封锁，越不过去，当敌人来到跟前时，他拉响了最后一颗手榴弹，陈辉就这样倒在硝烟血泊之中。

陈辉牺牲后，敌人残忍地用铡刀铡下他的头颅，悬挂在松林店街口的树上。几天后，义愤填膺的群众在一个大雪的夜里，冒死取下烈士的头颅秘密埋葬。

在根据地和游击区广大的乡村，无处不在的抗日标语，是一种比街头诗还要普遍的宣传形式。八路军的美术工作者还在根据地的墙壁上创作了大量宣传画，这些宣传画通俗易懂、形象直观，为宣传抗日起到了特殊的作用。比街头诗更直观、比墙壁宣传画更常见，并且经常用于报刊书籍等出版物的插图排版的，是根据地的木刻版画。

抗日战争全面爆发后，大后方大批青年木刻画家来到延安和敌后抗日根据地，使木刻画成为一种相当普及的美术形式。因为农民不识字，我们大部分战士、好多干部也都不识字，但是他们看得懂木刻画，能够深入到群众当中去，所以木刻画的影响很大。

1940 年，由胡一川、罗工柳、彦涵、华山 4 个人组成的鲁艺木刻工作团来到八路军总部所在地武乡一带调查创作，他们大胆吸收了当地木刻年画的民间风格，创作出一组宣传抗日的木刻画作品，得到大家一致的好评。然而，正当他们要把这些作品分发下去时，负责工作团的李大章同志阻止了他们，说这样发下去，群众会以为是宣传品，如果你们拿到集市上去卖，群众愿意花钱去买，才说明群众真喜欢，也证明你们的创作是成功的。木刻工作团成员罗工柳还清楚地记得当时的情景。

时为鲁艺木刻工作团成员、后来担任中央美术学院副院长的罗工柳说："胡一川跟我的老伴两个背着摆摊子去了，跟卖年画的唱对台戏，那边卖旧年画，这边卖新年画，这挂出来一套，不多，搞了 8 张，卖的钱比他们低一点。结果一下子抢光了，老百姓就跟着他们到我们住的地方来买，很受老百姓欢迎！我们送给朱德总司令一套，总司令把它贴在围墙的外面。"

朱德总司令把这些作品贴在总部大院的墙外，吸引了很多群众驻足观看，朱总司令高兴地称赞这些作品找到了群众喜闻乐见的文艺形式，是成功的。彭德怀同志还特意从前方写信，希望他们多创作些这样大家都喜欢的作品。

为了扩大木刻作品的影响，使木刻画宣传及时为部队和地方服务，八路军总部在距离前线指挥部麻田镇只有两公里的上武村创办了木刻工场。

时为鲁艺木刻工作团成员、木刻工厂负责人的版画家彦涵回忆："这个工场由我来负责，一直工作了 3 年，年画每年都搞，还搞连环画，搞招贴画，搞革命领袖的像，出画集。上武村很大，在老乡家里做厂房，一个一个的桌子，中间开了一个方洞，纸压在这边，这边开了一个方口，印的模板就在这，把纸拿过来到这印了，印好了以后，就发下去了。敌人来'扫荡'，我们就把工具隐蔽到山洞里去，我们有一个同志专门负责找木板，有七八个小八路军战士，就是天天印呀，要追求数量，几万份呢。那个纸张从哪来呢，就是从敌占区运来的，有时候到敌占区附近去买纸、买材料回来。油墨从哪来的呀，公家不是印报嘛，刮下来的不要的油墨，给我们留了下来，我们把这个剩下的油墨拉回来，用来印木刻画。"

八路军文艺战士在敌后艰苦环境里创造的文化奇迹，不但成为军事斗争的有力配合，也为正在苦苦思索文艺整风问题的毛泽东同志提供了许多理论探求的素材。

为什么要召开延安文艺座谈会?

杨家岭，是远离喧嚣闹市的一片极普通的黄土山坡。坡的南麓是一道平缓曲折的山沟，沟里拉拉洒洒地住着几十户人家，人们把这条沟叫作杨家岭沟，因为毛泽东和中共中央机关在这里居住过，这里也就成为延安最有名的地方。

中共中央办公厅在杨家岭沟北麓的一片长条形阳光充足的缓坡上，依次修建了五六个用土墙围起来的院落，这就是毛泽东、朱德、周恩来、刘少奇等中央主要领导的住所。毛泽东的故居与朱德的故居紧邻，他在这 3 孔普通的接口石窑构成的家里度过了抗日战争最艰苦的 4 年。

从毛泽东的故居出来，坡下是一片平整的广场，1941 年，中共中央办公厅的办公楼在这里落成。这是当时延安还很少见到的石头建筑，造型奇特，状似飞机，被称作“飞机楼”。“飞机楼”共 3 层，一层的北端为中央图书馆，南端为餐厅；二层为中央办公厅负责人李富春、杨尚昆、王若飞、王首道等人的办公室；三层是中央政治局会议室。在主楼的二层和三层分别有一石拱桥和一木桥与沟上的窑洞连接。

1942 年 5 月 2 日、16 日、23 日，就在“飞机楼”一楼的餐厅里，毛泽东亲自主持召开了延安文艺界座谈会。这也是毛泽东 1942 年年初发起的延安“整风运动”的一部分。这次文艺界的“整风运动”，将延安当时充满矛盾、分歧、争议的文艺观统一到“文艺要为工农兵服务”上来。这个文艺创作的指导性方针在此后很长一段时间影响了中国文学艺术的面貌。

延安原本是一个荒凉、贫瘠的边塞古城。从隋代设立延安郡起，它已经静默了1000多年。千百年来，这里流行信天游、大秧歌，几乎没有经历过近代文明洗礼。由于中共中央和工农红军的到来，这里以中国“红都”而名扬天下。

抗日战争全面爆发后，大批进步青年和文化人会聚到延安，使这个只有秧歌、信天游的文化落后的地方，很快成为全国著名的文化城。

先后来到这里的，有历史学家范文澜，哲学家艾思奇，文学家丁玲、周扬、徐懋庸、田间、何其芳、柯仲平、张庚、萧军、艾青、高长虹，艺术家吕骥、蔡若虹、力群、江丰、王式廓等著名文化人，还有留法博士陈学昭、何穆夫妇，留美博士、科普作家高士其等。

为了尽快培养源源不断来到延安的青年学生，中共中央陆续创办了抗日军政大学、陕北公学、延安女子大学等学校，尤其是创办了以培养艺术人才为目标的延安鲁迅艺术学院，又将奔赴延安的文艺工作者集合起来建立了抗日剧社、西北战地服务团等艺术团体，其中最重要的是1938年9月成立的“中华全国文艺界抗敌协会延安分会”，人们习惯把这个团结了边区大部分作家的文艺组织简称为“文抗”。

周扬担任主持工作的副院长的鲁艺和丁玲担任主任的“文抗”，汇集了延安最重要的文化人和艺术家，这也是两个互有矛盾的最大的“山头”。这两个“山头”之间带有宗派倾向的相互指责和矛盾，成为召开文艺座谈会，开展文艺整风的重要诱因之一。

1941年12月7日，日军偷袭珍珠港，太平洋战争爆发。

就在这一年，中国抗日战争进入最为艰难的时期，敌后抗日根据地面积急剧缩小，陕甘宁边区陷入极端困难之中。此时的延安，文艺界多年存在的理论纷争和文学家、艺术家们表露出来的某些创作倾向，引起毛泽东深深的忧虑。1942年春天，是毛泽东一生中同文艺界接触最频繁的时期，仅4月这一个月里，有文字记载的就有一二十起。

1942年3月31日，毛泽东主持召开《解放日报》改版座谈会。据毛泽东的秘书胡乔木回忆，在这次会议上，贺龙和王震两位将军都对丁玲提出尖锐的批评。“贺龙说，丁玲，你是我的老乡啊，你怎么写出这样的文章？跳舞有什么妨碍，值得这样挖苦？话说得比较重。当时我感到问题提得太重了，便给毛主席说：‘关于文艺上的问题，是不是另外找机会讨论？’第二天，毛主席批评我说：‘你昨天讲的话很不对，贺龙、王震他们是政治家，他们一眼就看出问题，你就看不出来。’”

1942年4月9日，毛泽东又邀请延安中央研究院文艺研究室的欧阳山、草明夫妇到家里来了解情况。据草明回忆：“我和欧阳山收到毛主席的信，邀请我们去一下，我们马上扣好扣子就去了。很顺利的就到了延安毛主席那里，结果我看到毛主席的衣服比我们的还破，一个洞一个洞的，都是烟烫的，很随便，本来有点紧张，但是这一看就很自然地坐下。毛主席就说准备开一个会，征求下大家的意见。叫欧阳山先讲，他讲了很多很多，讲完以后毛主席就问我，草明，你有什么意见？我一想，我说这个文艺界有宗派主义不好。”

4月13日下午，周扬和何其芳、周立波、陈荒煤、严文井等党员教师应邀来到杨家岭毛泽东的住处。比起与党外人士的谈话来，毛泽东与他们的谈话更直截了当。

据陈荒煤回忆，毛泽东一见面就问：你们几个是主张歌颂光明的吧？被讽刺为“歌德派”，听说你们有委屈情绪。毛泽东沉吟了一下又说道，知识分子到延安之前，按照小资产阶级的思想把延安的一切都想得很好，延安主要是好的，但也有缺点，这样的人到了延安，看见了缺点，看见了不符合他们幻想的地方，就对延安不满，就发牢骚。毛泽东突然指着墙上的煤油灯说：“我毛泽东，也就是这么点特殊照顾嘛，为什么我毛泽东点煤油灯，他（指某位作家）就没有煤油灯？就要看谁写的东西更重要了……”

2002 年冬天，笔者在北京晨光街 10 号的一幢高干公寓采访了已经 87 岁高龄的著名作家刘白羽。刘白羽虽然因中风后行动不便，讲话也有些吃力，但他拄着拐杖站起来时，高大的身材和严肃的表情依然显出昔日的威严。他一字一顿地讲道：“为什么有延安文艺座谈会？毛主席找我去，讲了两句，这个话非常之重要，从这个话才能理解延安文艺座谈会，他说边区的经济问题我们现在解决了，现在我们可以腾出手来解决文艺界的问题，你们懂得这个意思吗？这时候有问题，才解决，文艺界要没有问题他不会讲这个话。什么问题呢？就是当时文艺界有些思想很混乱，议论很多。他最后说你们‘文抗’作家党员很多，给我一个任务，让我把他的话传达回去，征求他们的意见。所以延安文艺座谈会前前后后是有斗争的，存在着严重问题。”

刘白羽还回忆说：“当时陈云是组织部长，把我和丁玲我们两个人找到他那儿去，实际上就是动员我们要站在党的立场上，要做一个正确的发言。我们两个人商议，由丁玲发言，这个时候丁玲的思想已经跟党一致了，陈云同志找我们去，实际上就是代表组织跟我们两个人谈话。”

担任文化俱乐部主任的萧三，是毛泽东的老同学，谈话自然要深入一些。毛泽东很直接地对萧三说：“我本来不管文艺的，现在文艺的问题碰到鼻子上来了，不能不管一下。”

如此广泛地找人谈话，足见毛泽东当时要弄清文艺界问题的决心之大，方法十分精细，态度也十分谦虚。

1942 年 4 月 10 日，中共中央书记处专门召开工作会议，研究召开文艺座谈会的问题，文艺座谈会就此提上工作日程。4 月 27 日，毛泽东约周扬、舒群等共同草拟了一份参加座谈会的名单。审阅通过后，以毛泽东和中宣部代部长凯丰的名义发出请柬：“为着交换目前文艺运动各方面问题的意见起见，特定于五月二日下午一时半在杨家岭办公厅楼下会议室内开座谈会，敬希届时出席为盼。”

以请柬的方式，邀请文艺家们开会交换意见，拉近了党和文艺家之间的距离。这既表现出党的领导人对文化人特别的尊重，也透露出这样一种历史信息：这是一次政治领袖与文艺家们平等的对话。

5 月初的延安，树木刚刚泛出点点的绿意，大地还带着春天特有的凉意。5 月 2 日午饭之后，延安的文艺工作者们从蓝家坪、桥儿沟等地会集到杨家岭中央办公厅大院。

2002 年 1 月的隆冬季节，我们专程从北京请当年参加座谈会的干学伟先生来到现场。

干学伟带我们走进会议室。会议室有近 40 平方米，呈东西长方形，主要用作中央机关的食堂。靠南墙是一张宽约 1.5 米，长约 2.5 米的大板桌，桌子四周摆放着 20 多条长约 2 米的长条板凳，靠北墙是两排长条椅子。这简陋的桌椅和长条板凳虽然在今天早已被舒适豪华的会议桌和沙发代替，但这样的桌椅在当年的延安已经是难得的摆设了。

干学伟对开会时会议室里的布置和一些细节还记得很清楚："大板桌靠会议室的中间一些，上面铺了白色的桌布，毛主席坐北朝南坐在唯一的一把木椅上。朱老总、凯丰坐在毛主席的旁边。请柬上规定的开会时间为5月2日下午两点半，我们都提前十几分钟坐好，毛主席准时来到。他从门口走进来，进来后转了一圈与参加会议的人一一握手，与不熟悉、不认识的同志熟悉一下。"

会议由凯丰同志主持，在延安的政治局委员朱德、陈云、任弼时、王稼祥、博古等人都出席了会议。

干学伟先生还给我们谈了这样一件有趣的事："大家坐好后，会议将要开始时，徐特立进来了，老人家迟到了。徐老是毛主席的老师，德高望重，谁不尊敬？都赶紧站起来让座。徐老也很随便的，挣脱了好几个人伸出的手，一跨腿，一屁股坐在一米多高的窗台上。从口袋里掏出一个小本子，一支铅笔头，在舌点上添了添，开始做笔记。毛泽东的开场白也就从这件事开始了。毛主席说，看起来我们的椅子不多，交椅不够，以后要给同志们多做几把交椅坐坐。当然这些话后来公开发表时删去了。我总觉得毛主席把椅子说成交椅，还有些别的含义。"

会议从毛泽东简短、幽默的开场白开始。毛泽东说：我们要战胜敌人，首先要依靠手里拿枪的军队，但仅有这种军队是不够的，我们还要有文化的军队。这两支军队，一支是朱总司令的，一支是鲁总司令的。当他说到鲁总司令时，全场响起了热烈的掌声和笑声。

毛泽东在阐明文艺工作与其他革命工作应当协调发展的基本观点后，提出了文艺工作者的立场、态度等问题供大家讨论。

讨论开始后，一时没有人愿意第一个发言。毛泽东提议请萧军第一个发言，丁玲也说："萧军，你是学炮兵的，你就第一个开炮吧！"

对于萧军参加文艺座谈会前后的情况，萧军的夫人王德芬回忆道："萧军虽然很积极地为毛主席收集文艺界各方面的意见，却不打算参加文艺座谈会，因为他知道自己心直口快，脾气急躁，耐心不够，如果参加座谈会，很可能在某些问题上，会和某些同志产生意见分歧，发生争论冲突，弄得不愉快。几次借口到延安附近各县去旅行，请毛泽东给王震同志要一张通行证。"

毛泽东没有答应萧军的请求，一再写信请萧军留下来，就文艺界的问题多交换意见，请他开完会再去旅行。盛情难却，萧军也就留下了。

萧军直言不讳的发言，果然语出惊人："红莲、白莲、绿叶是一家，儒家、道家、释家是一家；党内人士、非党人士、进步人士是一家；政治、军事、文艺也是一家。既然各是一家，它们的辈分是平等的，谁也不能领导谁。我们革命，就要像鲁迅先生那样，将旧世界砸得粉碎，绝不写歌功颂德的文章……"

萧军的发言，显然跑题走调，而且非常不合时宜。毛泽东一边听，一边记，有时点点头，有时淡淡一笑。

萧军的话一完，毛泽东的秘书胡乔木一下子站起来，与萧军展开了激烈的争论。对于胡乔木和萧军的争论，与会者在接受我们的采访时都有清楚的回忆。

刘白羽说："他的发言完全跟毛主席的文艺思想是相反的。他一味强调作家、个人、鲁迅，他讲他的一支笔可以指挥两个党。说这么多年了，我没有公开讲过这个话，这次我下决心讲了，是因为历史不讲清楚不行。他讲话一完，胡乔木一下就站了起来，跟他展开了论战，批评他。”

罗工柳回忆说：“萧军就讲我是天下第六，为什么说天下第六呢？马、恩、列、斯、毛，第六就是他了。这是他的个性了，他愿意这样讲也可以，讲就讲嘛。”

胡乔木在《延安文艺座谈会前前后后的回忆》里也回忆了他与萧军争论的过程：“对于我的发言，毛主席非常高兴，开完会，让我到他那里吃饭，说是祝贺开展了斗争。”

当时参加会议的中央研究院文化思想研究室秘书温济泽回忆说，吴亮平、李又常等同志都发言批评萧军。赞同萧军的人就起来反驳，说你不要在这上课了，这不是课堂。当时会场很活跃，争论很激烈。当时毛主席就坐在那里听，不动声色。吵到那种程度，也没有说什么话。

胡乔木和萧军争论之后，何其芳的发言使座谈会的气氛有所改变，他说：“听了主席刚才的教诲，我很受启发。小资产阶级的灵魂是不干净的，他们自私自利、怯懦、脆弱、动摇。我感觉自己迫切地需要改造。”何其芳真诚的自我批评，成为座谈会上备受关注的声音。

在第一天座谈会上发言的还有艾青、丁玲等人。

开会头一天，就争论得这样厉害。毛泽东此前找了那么多作家谈话，并从不讳言自己的观点，却仍然有不少文艺家在这样公开场合发表相反的观点。这说明 1942 年之前的文艺界还是很活跃的，由此可见当时文艺界对一些问题的认识分歧是多么大，文艺家们真正从思想上接受党的文艺政策、观点，确实需要一个漫长而不平静的过程。

临近傍晚，凯丰与毛泽东轻声商量了一下，宣布休会，同时要大家准备意见，在 16 日上午继续开会。

为什么人的问题，让文艺家们脑洞大开

1942年5月16日全天和5月23日下午，座谈会又召开了两次。

这次会议上，萧军、罗烽、艾青与胡乔木、吴亮平等人就人性是不是文艺的永恒主题再次发生激烈的争论。鲁艺戏剧系主任张庚在发言中还为鲁艺的正规化和专门化进行了辩护，认为提高还是必要的。

会议上的争论，显示出文学艺术家们在创作思想上存在着差异和分歧，也显示出座谈会自由平等的民主气氛，让党的领导人听到了艺术家们发自内心的声音。

八路军第 120 师战斗剧社社长欧阳山尊是从前方回到延安的。座谈会前，欧阳山尊曾经给毛泽东写信反映前方很需要文艺工作者的问题，毛泽东很重视，并亲自给他写了回信。

欧阳山尊回忆道："信里只有 7 个字，前面是'欧阳山尊同志'，7 个字是'你的意见是对的'，下面落款是'此致，布礼，毛泽东'。我得到这封信，很兴奋，我的胆儿就大了，我就敢于发言了。我结合前方实际在座谈会上说，前方战士和老百姓迫切需要文艺工作，文艺工作者应该有一分热、发一分光，在实际中也会学到更多的东西。这么多文学艺术家集中在延安干什么？应该上前线去，谁到我们战斗剧社来，我举双手欢迎！"

因为面对的都是中央领导和著名的作家艺术家，欧阳山尊对自己的发言感到惴惴不安。事实证明，欧阳山尊多虑了，他回忆说："没有想到，直到新中国成立以后，有一次周扬同志告诉我，说毛主席听了我的发言后对他说，到底是从前方回来的。这个话对我鼓励很大，当然不是对我一个人。"

柯仲平是延安诗歌运动中最活跃的诗人之一。1938 年，他发起成立了民众剧团，几年间他们走遍了边区的每一个村镇，创作演出了一大批深受战士和群众欢迎的剧目。

他对鲁艺"关门提高"早有看法，在座谈会上，柯仲平自豪地说起他们给老百姓演《小放牛》时的情景。他有一句话，是有一点半开玩笑，但是也是真的很自豪，他说你们到山沟沟里去看，哪里鸡蛋皮多，哪里就是我们这个剧团走过的地方，什么意思呢？看戏不花钱了，老百姓为了感谢就给他们送鸡蛋，吃了鸡蛋就扔了鸡蛋皮，所以他们在哪里走过、待的时间长，吃的鸡蛋就多，鸡蛋皮就多。

毛泽东听后诙谐地说，你们要经常演些新节目给群众看，否则人家就不给你们鸡蛋吃了。

就在座谈会召开的时候，远处偶尔传来几声隐隐的炮响，会上有几位女同志关切地询问毛泽东，国民党是否会进攻延安？毛泽东就笑了，他说得很轻松，他说他来我就让给他，无非是打碎一些坛坛罐罐。听说你们把下蛋的鸡也杀了吃了，别那么忙嘛，大家哈哈笑，都很轻松。

女作家白朗与毛泽东很熟悉，她和毛泽东开玩笑："主席，是不是要请大家吃一顿？"毛泽东笑着说，"当然，白米饭是有的。"会议期间，毛泽东请大家吃了一顿延安难得一见的大米饭、红烧肉、红烧鸡。这样的晚餐在困难时期堪称丰盛了。

5月23日下午，座谈会举行第三次座谈。在文艺家们踊跃发言之后，朱德总司令对某些作家瞧不起工农兵的问题进行了批评。他语重心长地说：一个人不要眼睛长得太高，要看得起工农兵；中国第一也好，世界第一也好，都得由工农兵群众批准才行。八路军、新四军为国家为民族流血牺牲，为什么不应该歌颂呢？朱老总的话朴实无华、言简义重，在与会者心中引起很大震动。

朱老总讲话结束后，出席座谈会的摄影家吴印咸提议大家一起照一张合影。毛泽东当即同意。吴印咸回忆说："我到里面一面听一面想留几张照片。但是里面人很多，光线比较暗，角度也很难找，因此在室内没有拍。感觉到延安文艺座谈会如果不留张照片纪念，任务没有完成。因此同他们商量，能不能会议后、会议中到广场上拍一张集体照留作纪念。主持会议的人很同意我的意见，这样会议结束之后，天气还很早，在中央办公厅正门的外面，大家围坐起来拍纪念照。"

与会者随意地站在"飞机楼"前，毛泽东、朱德坐在前排中间，拍下了这张珍贵的合影。据与会者回忆，照相的时候，毛泽东四处张望，问丁玲在哪里？看见丁玲隔他挨在朱德旁边，才放心地坐下来，还开了这样一句玩笑：照相坐近一点，不要明年再写《三八节有感》。

关于与会者人数，一直有不同的说法。据舒群回忆，拟订出席座谈会名单的人，一般都是在来延安以前在文艺创作、研究或者表演方面有成就的艺术家，近80人。与会者除有关领导、中央文委和部队文艺系统之外，主要是来自鲁艺的教师和"文抗"作家，其中鲁艺的与会者达40余人。由于当时对出席会议的人也没有严格的限制，出席会议的人远远超过了 80 人。从照片上的统计来看，出席座谈会的文艺界人士共有 109 人。但由于有些与会者照相时正好不在，有些接到请柬的人因为种种原因未能出席，照片上还有几个人因为形象模糊无法辨认，所以出席会议的人数和人员问题很难准确考证。

5 月 23 日晚饭之后，毛泽东对几次讨论作总结性发言，中央机关的很多人都赶来了，因为人数增加了许多，会场只好临时改在院子里。

据与会者回忆，工作人员就是在楼前这个小广场上用三根木棍搭起一个架子，在架子上悬挂起一盏今天已经很难见到的汽灯。

对这天晚上毛泽东讲话前的情景，罗工柳讲述了一个很重要的细节："我看到毛主席和邓发两个人一块儿从他住的窑洞坡上下来的，他讲话的时候已经天黑了。我就坐在主席站着讲话的桌子旁边，挨着他很近，毛主席拿着稿子，一边看一边自言自语，这个话可能就是我听到的，他自言自语地讲，哎呀，这个文章很难做。这是毛主席说的，我听到了。"

笔者问他："你觉得他为什么这样说呢？"

罗工柳先生说："当然，文艺问题很复杂了，意见很多了，说到大家能够接受，能够同意，确实是难度很大的。"

干学伟先生这样回忆："毛主席的讲话现在有些文字上没有。他非常幽默的，他说我们开了几次会，开得很好，我向同志们学了很多，很谦虚的。他说，我对文学艺术是小学生，是个门外汉，今天呢，大家考我一考，题目呢就叫作《结论》。大家哗的一声笑起来了，非常幽默，非常轻松、诙谐，但是内容是非常深刻的。"

晚上掌灯时分，人们聚集在汽灯周围，中央办公厅大院被汽灯照耀得一片通明。毛泽东那口浓重的湖南话像磁铁一样吸引了所有人的注意力。毛泽东以他一贯的幽默和比喻把深刻的理论问题阐述得透彻明白，人群里不时爆发出阵阵掌声和笑声。他说：

“为什么人的问题，是一个根本的问题，原则的问题。我们的文艺，是为最广大的人民服务的。人民生活是一切文学艺术取之不尽用之不竭的唯一的源泉。文艺作品应该比普通的实际生活更高、更强烈、更有集中性，更典型、更理想，因此就更带普遍性。有出息的文学家艺术家，必须长期地无条件地全心全意地到工农兵群众中去，到火热的斗争中去，到唯一的最广大最丰富的源泉中去。”

这是毛泽东第一次这样集中地阐述自己的文艺思想，他以深刻的洞察力和高度的概括力，把文艺问题归结为一个“为什么人”的问题，即文艺要为工农兵服务和如何服务的问题。几十年后，已是耄耋之年的几位与会者，还这样回忆听完毛泽东讲话后的感受：

“他的讲话，对于我这个人来说，完全是想不到的，他提出为工农兵服务这一点，我从来没有想过，我在上海画画的时候，只晓得为革命，不晓得为工农兵，我是想一个空头的革命，不晓得具体的工农兵，从这一点上，我的脑子打开了。”时任鲁迅艺术学院美术系主任蔡若虹说。

漫画家华君武回忆道：“毛主席讲，你是从上海亭子间走到延安这个广大工农兵的天地当中来了，你东西要变化，你不变化你是独角龙。毛主席的讲话，也不是听了马上就懂的，差不多在这以前，这儿以后还看了毛主席的有些著作，慢慢慢慢地体会，你要改，怎么改你自己实践去，摸索去。”

美学家王朝闻回忆：“我觉得毛主席讲的这个理论是美学，毛主席讲话本身它是艺术理论，是从政治的角度来看问题的，但是他没有因为是从政治角度来看问题，就违反了美学，他本身既是政治的观点，又是美学的观点。”

座谈会速记员周昆玉回忆说：“毛泽东在文艺座谈会上的讲话，事先有一份提纲。提纲是他本人在同中央其他负责人和身边工作人员商量后亲自拟定的，后来正式发表的文字是胡乔木同志根据这篇速记稿整理而成。整理的时候主要是调整一下文字顺序，使之更有条理。”

但是，这篇重要的讲话直到一年半之后，才借鲁迅逝世 7 周年纪念日的机会在《解放日报》上公开发表。当时担任《解放日报》副刊部编辑的黎辛老人这样回忆文章的发表过程：“胡乔木说为什么这么晚，有两个原因，一个是慎重，一个是太忙，我说是慎重，不是忙。毛泽东是忙的，可是他整风报告三四个月就发表了。毛泽东一个星期能给报纸写三个社论，一个星期能写三个头条新闻，看的中央负责同志的文章，看清样看稿子不知有多少，从来没有耽误过一分钟时间。文艺栏的主编是舒群，他跟毛主席比较熟。舒群见着他就催，他最后就说，你不要催了，他说我知道，这个问题我要考虑考虑，我写好了就送给你们，你们以后不要再催了。可是到 1943 年发表以前我们就没有催，他忽然送来的。”

1943 年 10 月 19 日，是鲁迅先生逝世 7 周年的纪念日。毛泽东选择这一天发表他在文艺座谈会上的讲话，显然是经过精心考虑的。讲话整篇近 2 万字，全文在 19 日这一天登完，占用了头版和第四版全版及第二版的半个版面。

讲话正式发表之际，正是延安整风进入高潮的时候。由于讲话论述的为工农兵服务和如何为工农兵服务的问题，非常切合整风运动的树立马克思主义世界观的需要，讲话就被列为《整风运动二十二个重要文献》之一。

据胡乔木回忆，讲话正式发表不久，在重庆的郭沫若谈到讲话时说了“有经有权”4个字，毛泽东对这个评价非常欣赏。有经有权，即有经常的道理和有权宜之计的意思，这说明毛泽东也确实认为讲话中有一定权宜之计的成分。

走出小鲁艺，开创抗日文艺的新时代

在距离延安市中心区5公里处的桥儿沟，有一座延安最有名的大教堂，教堂砖石结构的主塔楼有20多米高，它高耸入云的塔尖远远就能看到。哥特式的门窗，灰色的门墙错落有致，圈拱的大门精雕细刻，在今天的延安依然显得不同寻常。

这座教堂由西班牙神甫始建于1925年，是延安当地最地道的西式建筑。教堂周围十几孔土窑洞构成一个完整的院落。

这里是中国共产党扩大的六届六中全会和鲁迅艺术学院的旧址，是1961年国务院颁布的首批全国重点文物保护单位。

1938年8月，鲁迅艺术学院从北门外迁到这里，设立戏剧、音乐、美术、文学4个系，教职员队伍也迅速扩大到二三百人，成为根据地培养艺术人才和文化干部的最高学府。

鲁迅艺术学院成立于1937年9月，由毛泽东、周恩来、吴玉章、周扬等9人领衔发起。在他们看来文艺是宣传鼓动与组织群众有力的武器，艺术工作者是目前抗战不可缺少的力量。由于鲁艺集中了延安许多著名艺术家，鲁艺自然成为延安最知名的学校之一。

1942年5月30日，在结束文艺座谈会后的第六天，毛泽东来到了鲁艺。鲁艺的师生们听说毛泽东来演讲，纷纷从四面八方的窑洞里涌了过来。这个院落中间当年是一个篮球场，毛泽东就在篮球场上给鲁艺师生们作了一次生动的演讲。

这张保存至今的照片为我们记录下了毛泽东在鲁艺演讲时的情景：师生们在露天的院子里席地而坐，有的侧耳倾听，有的埋头笔记，毛泽东被青年们三面环绕，背后是一块简陋的黑板，他一手叉腰很随便地谈着什么，一切都透露出家常而亲切的气氛。

著名电影表演艺术家于蓝对毛泽东的这次谈话还有很深的印象："我 1942 年刚 21 岁还不满，20 岁刚过，刚参加演员工作。毛主席在座谈会后不久，到鲁艺来，中央同志说，主席的讲话还没有发表，主席给我们鲁艺吃个小灶吧，就是偏心眼，吃点好的，意思大家都没有吃到，先给我们吃到，主席就答应了。就在我们篮球场那个地方，主席站在那儿讲话，我就坐第一排地下，主席衣服上的大补丁我都看很清楚，当时非常感动，就觉得一个领袖，穿那么破，那么随便，他也不坐着，就一个小凳子放着一杯水，可能都没有茶，就是一杯水，他就站那儿讲。"

罗工柳先生这样谈到这次谈话："我记得毛主席讲了两个问题，一个问题是说鲁艺还是个小鲁艺，整个的生活，前方的、后方生活才是大鲁艺，小鲁艺和大鲁艺这是很有名的一个东西，意思是说，不要光待在鲁艺了，鲁艺是个小鲁艺，你们赶快下去吧，下乡，到生活中去，这是一个意思。还有一个意思，他开门见山地说，他说你们鲁艺的问题就是看不起前方的普及工作，他说着很通俗的话，普及工作是个苗苗，你们千万不要把苗苗踏死了，大树是从苗苗长起来的，没有苗苗你的大树是不可能有的。"

最早实践毛泽东为工农兵服务文艺思想的，当属在鲁艺率先发展起来的木刻版画艺术。我们在北京郊区一幢僻静的小楼里，见到已经90岁的著名木刻艺术家、中国版画家协会名誉主席力群先生。老木刻家身体状态非常好，拿出最近完成的木刻作品让我们欣赏。这样的高龄还在操刀创作，实在出乎我们的意料，也可见先生对木刻的热爱和痴迷。

力群先生是山西人，20世纪30年代初在上海参与了鲁迅先生领导的左翼木刻运动。我们的谈话首先从鲁迅先生对中国新兴木刻的扶持谈起：

“鲁迅先生对中国新兴木刻功劳很大，因为是他一手提倡起来的，他提倡新兴木刻就是为了革命的需要，他当时主要是给我们介绍了许多外国的漫画，在1929年成立了朝华社，介绍了世界上的近代木刻，后来又介绍了苏联版画，印了苏联版画集，对我们学木刻的人有很大的帮助，因为当时国民党的艺术学校只有油画、中国画，没有版画这门功课，我们学版画都是根据鲁迅介绍的外国版画，并且成立了自己的版画协会，这样中国的新兴版画就成长起来了。

“鲁迅先生对我鼓舞很大，对我也有教导。我为鲁迅先生画过两次像，一次是1936年鲁迅还活着，我刻了鲁迅像，寄给他，他收到以后，还在信中鼓励了我。第二次是鲁迅先生去世，鲁迅的两位日本朋友叫我赶快去画像，我赶到鲁迅先生家里，带着痛苦、悲哀给鲁迅画了像，现在这个像还在。”

我们问他延安美术界和上海最大的区别是什么，力群毫不犹豫地说：

“最大的区别就是共产党支持版画。在20世纪30年代我们刻木刻要坐监牢了，国民党要迫害我们，认为我们是共产党领导下的，那是很难的，所以上海时代搞木刻的多一半都到了延安了……

我们在上海刻木刻基本不了解人民群众的生活，没有创作的源泉，到了延安，鲁艺就在那个村里头，我们周围都是农民，我们刻起木刻来就能够看到老百姓的形象，有了创作的源泉。这两点很重要。整个鲁艺没有油画，没有国画，因为没有那个条件，只有版画和漫画这两门课程，就是美术系的课程，所以共产党是支持刻木刻的。”

力群和江丰、胡一川、彦涵、罗工柳、陈铁耕等大后方大批青年木刻家来到延安后，使木刻在延安成为一种相当普及的美术形式。他们用延安常见的梨木板，用自己制作的木刻刀，不但为报纸印刷解决了不少制版上的困难，还创作出了一批又一批优秀的作品。

这些表现解放区崭新生活的木刻作品，不但雅俗共赏，深得广大群众的喜欢，还为解放区艺术在全国赢得了很大的荣誉。

1942 年 10 月，应邀在重庆展出的解放区木刻画展在山城和大后方引起强烈反响。著名画家徐悲鸿在参观了画展之后激动地写道：“我在中华民国三十一年十月十五日下午 3 时，发现中国艺术界一卓绝之天才，即中国共产党之大艺术家古元。”徐悲鸿说，“对于还没有 20 年历史的中国新版画界诞生的这一巨星感到由衷的高兴”，还预言，古元必将为中国争得世界性的声誉。

其实，这时的古元，只有 23 岁，当时正在延安郊区一个叫碾庄的小山村里担任乡政府的文书，他不会想到，远在重庆的徐悲鸿会给他这样高的评价，对他寄予如此深厚的希望，他仍然一如既往地在乡政府里忙碌着，兴冲冲地把自己的作品贴在老百姓的炕头上，请他们品头论足。

在北京古元的家里，我们见到古元的夫人蒋玉衡，老人拿出古元的木刻画册让我们看，她说：“古元为了使自己的作品能够让老百姓喜欢，经常把自己刻好的作品贴在老乡的炕头上请他们提意见，老百姓就从非常实际的生活习惯当中给他提出来。比如老百姓说这个脸怎么是阴阳脸，一边白一边黑，好像我们平常看到的也不是这样，古元就记住这句话了，以后他就不再画阴阳脸了。还有一次他画了一个牧羊儿童，赶了一群羊，老百姓看了以后说这个牧羊的小伙子应该带一个口袋，他说有的时候羊在山坡上吃草的路途中就生小羊了，回来的时候就把小羊用口袋背回来，后来他画牧羊人就是画一个放羊的口袋，还带条狗。所以说他的木刻成为民族画、中国画，也就是吸收了老百姓的意见，老百姓的欣赏习惯，跟外国人不一样，所以创造了他在木刻上一种独特的风格。”

后来已经誉满全球、担任了中央美术学院院长的古元又几次专程回到碾庄，来看望他熟悉的老乡和启发了他艺术灵感的黄土地，他深情地把这黄土地称作自己艺术的摇篮。

陕北的黄土地，黄土地上质朴的人民、粗犷的歌谣，造就的岂止是一个古元，当毛泽东深入火热的斗争，为人民大众服务的号召在黄土地上回响起来的时候，一个中国文艺史上从没有过的为人民而艺术的时代来临了。

毛泽东“走出小鲁艺，走向大鲁艺”的指示从根本上改变了鲁艺“关门提高”的偏向，使鲁艺在文艺为工农兵服务的道路上率先迈出了第一步，这第一步就是迅速传遍陕北乃至全国各解放区的新秧歌运动。新秧歌运动活跃了群众文化生活，也及时配合了陕甘宁边区正在兴起的大生产运动。鲁艺秧歌队成立后不久，就创作出了轰动一时的《兄妹开荒》和《南泥湾》。

1942 年春节，鲁艺秧歌队和延安其他几家比较有名的秧歌队到杨家岭进行汇报演出，杨家岭沟外的广场上人山人海，盛况空前。

正在坡上窑洞里伏案读书的毛泽东听到坡下的锣鼓声，兴奋地跑了过来。这一动人的情景被秧歌队的蒋玉衡久久地记在心里："我们到的时候大概是上午 10 点来钟，毛主席很忙，也不知道秧歌队什么时候来，知道要来，后来听到我们在山底下已经打开锣鼓了，毛主席就从山坡上往下跑，我们在山根底下看得清清楚楚的。"

著名作曲家李焕之的夫人李群也是秧歌队的活跃分子，提起鲁艺的秧歌队，李群依然非常兴奋："我们鲁艺的秧歌队非常出名，老乡高兴极了，非常喜欢看，老百姓看一场还不够，有的自己拿着干粮和水，跟在我们后头，我们演出多少场，他们就看多少场，然后再跟着我们回来，都称我们是鲁艺家的秧歌。"

谈起到南泥湾慰问第 359 旅时，蒋玉衡老人情不自禁地唱了起来："到了 359 旅非常受欢迎，359 旅分了好几个地方，我们每个地方都去劳军，都去给他们演出，我们歌词唱的都是359旅的好事，又开荒又生产，359 旅是模范……"

创造性地吸收了陕北民歌创作而成的《南泥湾》，以高亢优美的旋律唱出了延安军民艰苦奋斗的乐观主义精神，成为解放区音乐的代表作和中国民族音乐的经典。

1942—1943 年，日寇对华北抗日根据地进行了疯狂的大"扫荡"。为了鼓舞根据地军民的抗日斗志，晋察冀各文化团体响应党的号召，主动出击，到敌占区展开了声势浩大的政治攻势。

抗敌剧社文艺战士、后来担任过解放军艺术学院院长的剧作家胡可回忆："我们去给当地的老百姓演出，在武装的掩护下，在武装的配合下，把敌人的据点炮楼封锁住。到一个地方以后呢，村口站上岗，只许进，不许出，封锁消息呀，这样，当时晚上召集老百姓点起灯，来演戏，老百姓一听，就知道八路军来演戏了。"

周巍峙回忆说："走了 20 里地，到那个村子演出，暴露在村子外面，去了以后先看地形，敌人要进来从哪儿撤退，八路军战士也是演员，要撤就一块儿撤了，随时都可以撤下来的，扩音器对着岗楼那宣传，敌人可以打枪下来的。"

傅铎回忆："有一次在炮楼底下，这个炮楼里正好都是伪军，没有日军，就先把炮楼围起来了，就给他喊话，今天不打你的炮楼，你也别害怕，也不打你，你也别捣乱，我们在村里开大会，你们愿意看戏就下来，我们不扰乱你们，也不慢待你们。还真有从炮楼上穿便衣下来看戏的。"

1942 年春，抗敌剧社小分队穿越同蒲路来到蒲西地区开展政治攻势。演出结束后的傍晚，来到崞县的神岗头村。由于汉奸告密，鬼子和伪军把神岗头村团团包围。拂晓时分，女队员胡朋和方璧在睡梦中被枪声惊醒，突围时，他们在村外沟壑纵横的山地上与 100 多个敌人迎面遭遇。

作家古立高对那天突围时的危险情景记得很清楚："那个地方属于晋北高原，到处是很深的沟，得有 10 米以上，至少 3 层楼高，我们对地形一点也不熟，要是跳下去就很危险了。我架着方璧，方璧个小，南方人，从上海来的，那时候她二十一二岁，跑不动了，我说你得跟枪子赛跑嘛。这个游击队员来了呀，我赶快把方璧交给他了。跑着跑着，胡朋啪地一下子栽倒了，我一看，挂花了，子弹从脚这打进去，血就冒出来了。敌人就在后边呢，说话都到了沟沿上，那也得跳呀，死活也得跳下去，不能叫他逮住你呀。我在沟边上忽然发现有一个树脖子，我说我们出溜下去，出溜到树根这个地方，脚蹬着树根，我就说胡朋你赶快下来呀，她说我不行了你们走吧，我说这不是瞎闹嘛，我就使劲地喊，她就调过背，慢慢往下出溜，一点自制能力也没有，我一抱住她，她 100 多斤，我们就是这么着翻下去了，我也晕过去了，她也晕过去了。”

醒来后的胡朋被战友和群众救了起来，在后来长达半个多世纪的演艺生涯中，胡朋成为一代著名的表演艺术家，而她的战友方璧却在那次突围中不幸牺牲。她年轻的生命永远定格在 27 岁，已经长眠在神岗头村厚厚的黄土中整整 80 多年了。

神岗头的老人们说，每年梨花盛开的季节，这棵已经 100 多岁的老梨树开的花格外艳。有了老梨树和黄土的陪伴，长眠在树下的烈士也可以含笑九泉了。

1943 年秋天的一个傍晚，一个 40 多岁的中年人在寂静的山梁上放开喉咙忘情地唱着地道的上党梆子，尽情地宣泄着那压抑不住的发自心底的喜悦。

这个中年人就是大名鼎鼎的农民作家赵树理，因为他的小说在根据地广为传播，因而被美国记者贝尔登称作解放区“除毛泽东和朱德以外最著名的人物”。

此时的赵树理，是中共中央北方局党校调查研究室的一名干部。这一天，他在《解放日报》上看到了刚刚发表的《在延安文艺座谈会上的讲话》，兴奋得手舞足蹈，他后来这样回忆当时兴奋的心情：“我像翻了身的农民一样感到高兴。我那时虽然还没有见过毛主席，可是我觉着毛主席是那么了解我，说出了我心里想说的话……”因为爱不释手，赵树理竟然能把 1 万多字的《讲话》一字不落地背下来。

赵树理出生在山西省沁水县尉迟村的一个农民家庭，从祖父那里接受了一些启蒙教育，念过《三字经》和一些道德格言，赵树理从小就喜欢民间文艺，吹拉弹唱，无所不通。1925 年，19 岁的赵树理来到长治的山西第四师范求学，在这里接受了新文化运动的洗礼，加入了中国共产党，成为学生运动的领袖人物。抗日战争全面爆发后，赵树理在长治投身抗日斗争，先后担任阳城新区的区长，专员公署民宣科科长，领导了晋东南地区的戏剧运动，积累了十分丰富的群众文艺经验。

太行山区作为晋冀鲁豫根据地的重要组成部分是中国共产党领导的华北抗日的腹地和指挥的后方。英勇的八路军借助巍峨的太行山与日寇展开了殊死搏斗，成为一把直插敌人心脏的利刃，在全国抗日战场起着举足轻重的作用。

当毛泽东在延安与文艺界共同探讨文艺为什么人的时候，赵树理正走在太行山区的山路上。他经由彭德怀批准，被调到中共中央北方局党校调研室。这给他提供了到农村进行调查研究、搜集创作素材的好机会。他带着号称“百宝箱”的笔记本，来到山西省辽县麻田镇西黄漳村进行实地调查，一天，房东的一个亲戚来告状，说他的侄儿被人打死了。

赵树理发现了问题的严重性，当即与区公安局的同志一起做了大量调查。在调查中，他发现这个案件反映出来的青年人深受包办婚姻之苦的问题在农村非常典型，心里萌发了强烈的创作欲望，1943年5月，赵树理一气呵成地完成了他的代表作《小二黑结婚》。

赵树理把完成后的小说送给一直关心他的彭德怀。彭德怀读后认为这是一篇难得的好作品，为了促成尽快出版，他亲自为这篇小说题词：“像这种从群众调查研究中写出来的通俗故事还不多见。”

《小二黑结婚》一出版，立刻受到广泛欢迎，人们争相传阅。当时的新书一般只印刷2000册，《小二黑结婚》连着印了4万册，还供不应求。太行区、太岳区的农村剧团、秧歌剧团，还有上党梆子、上党落子、襄垣秧歌剧团，几乎各地方都改编演出了，影响很大，轰动很大。

小说中自作聪明、迷信算卦但又老实巴交的小诸葛，装神弄鬼、涂脂抹粉的寡妇三仙姑是农民们再熟悉不过的人物，当这两个人物以被批判的喜剧形象在舞台上出现并被广大农民接受时，也就引导着广大农民唾弃迷信、懒惰；而大胆追求婚姻自由，靠自己的双手建设幸福美好的新生活的小二黑和小芹也就成为新一代农民学习的榜样。

在赵树理的影响下，解放区涌现出一大批优秀的作家和作品，《吕梁英雄传》是重要的一部。这部著名长篇小说的作者马烽回忆说："赵树理我们并不熟悉，不在一个根据地，之间隔着好多封锁线。大概是 1943 年、1944 年我们才看到他的作品，一看就很喜欢，倒不是因为彭老总推荐，而是我们一看就觉得对胃口，因为他也是搞通俗化的。他的作品对我们来说起了一个榜样的作用。我觉得赵树理是我们解放区文艺的一面旗帜，他的创作具有里程碑式的意义。"

在赵树理的影响下，他的故乡山西省形成了中国现代文学史上一个重要流派——"山药蛋派"。

1943 年 9 月，当延安文艺界纷纷下乡，在火热的斗争中进行创作时，一出新排演的传统京剧却在延安引起了极大的轰动。这出戏就是今天人们还很熟悉的新编历史剧《逼上梁山》。不过轰动一时的《逼上梁山》既没有诞生在文艺人才荟萃的鲁迅艺术文学院，也没有诞生在专门从事戏曲研究创作的延安平剧研究院，而是诞生在中共中央党校的政策研究室。剧作者和主要演员都是中共中央党校的学员和工作人员，有带兵打仗的司令员、政委，有文化工作干部，有党校的勤杂人员。除少数人外，大部分都是外行。

但是，就是这样一场戏，内容上切合了当时的实际。

1943 年 12 月，《逼上梁山》正式公演，由于群众反映强烈，竟然在延安连续演出 40 多场。毛泽东对《逼上梁山》给予了充分的肯定。

他在观看演出后的当天晚上就写信给编剧杨绍萱、导演齐燕铭，对这个戏给予热烈的赞扬：历史是人民创造的，但在旧戏舞台上，人民却成了渣滓，由老爷、太太、少爷、小姐们统治着舞台，这种历史的颠倒，现在由你们再颠倒过来，恢复了历史的面目，从此旧戏开了新生面。

毛泽东还鼓励他们把这种敢于创新、打破陈规陋俗的风气发扬光大，推向全国。

我们在北京见到当时担任中共中央党校俱乐部主任的姚铁。也许是由于年龄的原因，80 多岁的姚铁谈起当年，禁不住热泪盈眶。老人激动地给我们谈道："这个戏排演了几次之后，就请主席来看，是彭真陪同毛主席看戏，毛主席看后很高兴，第二天一大早，就派勤务员送来了一封信。大家激动得不得了，为了庆祝，晚上我们还搞了会餐，开了晚会。"

当时担任中国平剧院教务处主任，新中国成立后担任中国京剧院副院长的王一达谈道："平剧院当时正在农村巡回演出，我们在乡下听到了《逼上梁山》在延安引起了轰动。这对我们触动很大，因为我们毕竟是专业团体，中央对我们也很重视，但我们没有搞出这样轰动的作品。主要原因是我们的创新意识不够，负责平剧院的康生就不主张创新。搞《逼上梁山》的那些同志我们大部分也很熟悉，齐燕铭和杨绍萱都曾经是国民党时期大学的教授，是学识渊博的学者，剧组里的许多人都很有思想，中央党校嘛，虽然从演技上看，还显得有些粗糙，但人家在思想水平上，我们确实比不了。”

为了集中延安平剧创作的力量，中央指示重新组建延安平剧院，毛泽东亲笔题词：百花齐放，推陈出新。随后，延安平剧院又排演出了艺术上更加成熟的《三打祝家庄》，使延安的平剧改革更加深入。从此，“百花齐放，推陈出新”就成为我党一个重要的文艺方针，在中国现代文艺史上影响巨大的旧剧改革也有了一个崭新的开端。

比起《逼上梁山》的轰动，歌剧《白毛女》在延安的创作和演出更显得盛况空前。《白毛女》是解放区十几年文艺运动影响最大的标志性作品。这部四幕大型歌剧由鲁迅艺术文学院集体创作而成，前后酝酿创作过程历经数年。

1944 年，在晋察冀边区战斗了 5 年多的西北战地服务团回到延安。此时，正临近党的七大召开，鲁艺师生正酝酿准备为党的七大献礼的节目。西北战地服务团从河北阜平一带带回的白毛仙姑的传说引起大家浓厚的兴趣。

我们在北京拜访了著名诗人，《白毛女》的编剧贺敬之。那时，诗人虽然已经从中宣部副部长、文化部代部长等重要职务上退休很久一段时间了，但依然非常忙碌，每天的日程都安排得很紧。

贺敬之是山东人，1940 年到延安，当时只有 16 岁，因此他谦虚地称自己在延安是小字辈。他首先为我们介绍了《白毛女》创作的经过：“周扬同志提出是不是可以在秧歌剧的基础上写一部歌剧，这样就以张庚同志为首，把我们组织起来，成立了一个创作组，创作组是在周扬同志的直接领导下的。整个创作组包括剧本的执笔、主要的音乐作者，还有几位导演。当时陕甘宁边区正在进行扫除文盲、反对迷信的运动，所以有人提出这是一个反迷信的好题材。我们创作组讨论以后觉得这个题材的意义不在于反迷信，而是一个反对剥削、压迫，人民翻身的题材。邵子南同志写了一个初稿，后来经过领导和群众的讨论，觉得还不成熟，故事的结构、人物的塑造都需要重写，重写的时候邵子南同志就离开去做别的工作了，这样就由我来负责文字，执笔写作。第一遍稿子之后，要增加一个尾声，要改成一个群众斗争的场面，这时候我病了，就由丁毅同志来执笔，丁毅同志原来就是这个创作组的，我们一起讨论的。大体上的过程就是这个样子的。”

为了创作出一部内容上切合现实需要，形式上为广大群众喜闻乐见的民族歌剧，创作组进行了艰苦的探索。《白毛女》的作曲之一张鲁这样给我们谈到《北风吹》的创作过程：“我和马可、瞿维、向隅负责作曲，做了几次，周扬和张庚同志都很不满意。张庚催得很紧，因为演员们都等了好几天，不能再等了。我苦思冥想也想不出，真是苦恼极了，自己一个人每天到延河边和山坡上散步，到第三天的时候，我忽然想到贺敬之同志说过的一句话，他说喜儿开头的曲子最好用河北民歌的调子，我忽然一下子豁然开朗，对呀，河北民歌里不是有一段有名的‘小白菜’吗？我根据喜儿小姑娘活泼好动的性格，把‘小白菜’的调子加快了几个节拍，很快就写出了《北风吹》，大家一听，都觉得还不错……”

我们还见到了最早扮演喜儿的著名歌唱家、东方歌舞团原团长王昆。

“那时候我也是比较小，1944 年的冬天我参加时还不到 20 岁，19 岁吧，1945 年的 5 月才演出的，5 月我就 20 岁了。开始是林白演的，后来林白病了，而且又改了，它的曲调变化以后用的是河北梆子加秦腔。《白毛女》音乐上是很成功的，剧也是很成功的，这个剧给了音乐一个非常坚实的基础，没有这两个《白毛女》也不一定站得住。”

1945 年 4 月，《白毛女》在中央党校礼堂终于与观众见面了。毛泽东及其他中央领导，前来出席党的七大的代表和延安的许多群众观看了演出。一个存活在中国老百姓心中半个多世纪的复仇女神由此诞生！

第二天，中央办公厅派人传达中央书记处的意见：这个戏非常适合时宜；黄世仁应当枪毙；艺术上是成功的。

在应当枪毙黄世仁这一点上，广大群众与中央的意见完全一致。贺敬之给我们谈到这样一件有趣的事：“关于最后黄世仁怎么处理，争论很大，有不同意见。我作为主要执笔者，就拿不稳。最后正式公演的时候我们就是听了这样一些意见，说不要枪毙了，不要做得太过了，就是斗争一下，群众出出气就行了，群众的情绪，太过火了。很多在鲁艺看排演的同学、老师，还有鲁艺所在的那个村子桥儿沟，天天来看排演的群众，都不满意，说不应该这样处理。公演以后就发生了一件这样的事情，我们吃饭的时候，我排在前头了，炊事员同志就说，噢，是你呀，行了，黄世仁不枪毙，我今天少给你点饭。他有意见呢，还拍着那个勺子说，这还能不枪毙？！可见中央领导和多数广大人民群众的意见是一致的。”

从《白毛女》演出的头一天起，创作组就相继收到各方观众的来信，连同《解放日报》转来的批评文字，多达 15 万字。创作组广泛吸收了群众的各种意见，进行了多次修改。贺敬之认为：在反映群众、服务群众的为群众的艺术中，群众是主角，是批评家，有时是直接的创造者。

王昆深有感触地说："《白毛女》不仅仅揭示了旧社会把人逼成鬼，新社会把鬼变成人这样一个主题，它告诉人们旧的中国必须要消亡，要建立一个新中国，这戏在延安演了以后，黄世仁这个名字连街上的小孩都知道了，杨白劳就成为被压迫阶级的一个代表了，一个名称了。后来解放战争开始，好多剧团都演这个戏，全解放区都开花了。有人这样评价《白毛女》的作用：国民党数量比我们多，军队训练有素，而且武器精良，但是为什么我们能够把这么强大的敌人打败，最后解放了全中国，他说不为别的，就是因为我们有《白毛女》，有《血泪愁》，这个话当然是夸张了一些，但是说明了一点，就是说我们党领导下的、用延安文艺座谈会这样的理论武装起来的文艺工作者，懂得怎么样用我们的文艺武器去团结自己、教育自己，怎么去打击敌人，去消灭敌人，所以以《白毛女》为首的这样一些节目，的确是起到这样一个作用。"

毛泽东的文艺为工农兵服务的文艺思想，开创了一个抗日文艺的崭新时代。抗日根据地的文学、戏剧、美术、音乐和电影在短短几年之内都取得了辉煌的成就。这些文艺作品不但是八路军抗日斗争的生动写照，也成为我们民族那段峥嵘岁月的精神记忆和中国文艺发展史上重要的组成部分，为20世纪中国的文艺书写了壮丽的篇章，也成为中国共产党领导的中国革命最生动、最真实的记录，在翻天覆地的革命风暴中成为推动历史前进的震天的锣鼓和高亢的号角！

决定我一生的是深入火热的斗争

刘白羽

刘白羽（1916—2005） 北京人。1934年考取北平民国大学中文系，1936年开始文学创作，1937年出版短篇小说集《草原上》。1938年春到延安，参加延安文艺工作团，到华北抗日前线和敌后抗日根据地采访，后返回延安。1942年参加延安文艺座谈会。1944年调任重庆《新华日报》副刊编辑。1946年到东北，任随军记者。在解放区期间，创作出版有小说集《金英》《蓝河上》《太阳》《五台山下》《龙烟村纪事》《幸福》《政治委员》《战火纷飞》《红旗》，中篇小说《火光在前》，报告文学集《游击中间》，小说散文集《无敌三勇士》，另有部分作品辑为报告文学集《为祖国而战》、短篇小说集《早晨六点钟》出版。新中国成立后，曾任中国作家协会副主席、书记处书记，文化部副部长等职。

记者：我们想了解一下您是哪一年到的延安？

刘白羽：1938年，从汉口去的。

记者：到延安不久就到了“文抗”？

刘白羽：对。我到延安住在机关合作社，实际上是中央招待所，毛主席就来看我们。

记者：他自己亲自过来的？

刘白羽：亲自过来的，事先通知我们，我们就在门口迎接。

毛主席穿得很旧，很朴素。他坐下来就跟我们一个一个谈，谈工作。轮到我，他就问我，刘白羽同志你去学校教书吗？我说我不教书，我到延安来的目的是到敌后去打仗。我要去打仗这个思想是非常坚定的，毛主席就把这个事情记住了。一个夜晚，毛主席派警卫员叫我去他那儿，他就跟我讲，刘白羽同志你不是要上前线吗？现在有个机会你去不去？他说有个美国人叫卡尔森，他要到敌后去，你陪他去好不好？我说主席决定我去我就去。他就让我找几个人陪卡尔森。到过每一个敌后的根据地。路上我们要过封锁线，也是很危险的。深入战争生活，是苦，会死人。但让我讲起来，我一生最幸福的就是战争时期那一段。

记者：过得非常充实？

刘白羽：战争不能只看一个方面，只看残酷的这一面；另外还有一面，战争也有创造新世界的一面。我们不是全部否定战争，非正义战争我们否定，正义战争我们应当肯定。

记者：1942年为什么召开延安文艺座谈会？

刘白羽：为什么有延安文艺座谈会？毛主席找我去，讲了两句话，非常之重要，从这个话才能理解延安文艺座谈会。他说边区的经济问题我们解决了，现在我们可以腾出手来解决文艺界的问题。

你们懂得这个意思吗？他知道文艺界存在一些问题，才要解决。说了这两句话以后，毛主席就跟我谈，谈了比较长的一段话，这段话实际就是后来他的文艺座谈会讲话前面那一段。他向我提出，说你们“文抗”作家、党员很多，给你一个任务，把我的话传达回去，征求他们的意见。据我所知，与此同时毛主席也找了鲁艺的何其芳等很多同志。他是广泛地听取意见，不是听哪几个人的意见。后来整风学习当中，我才懂得他这就是调查研究。他了解各方面情况，然后决定召开延安文艺座谈会，解决文艺界存在的问题。

什么问题呢？就是当时文艺界思想很混乱。文艺座谈会上第一个发言的是萧军，他一味强调作家、个人、自由，他说鲁迅在广州就没有受哪个党、哪个组织指挥。他的讲话一完，胡乔木一下就站起来了，跟他展开了论战，批评他。所以延安文艺座谈会前前后后

◈1942 年 5 月，毛泽东同延安文艺座谈会的代表合影

是有斗争的，文艺界是存在着严重问题的。

记者：当时一共开了 3 次会议，是怎么通过会议解决文艺界存在的问题的？

刘白羽：文艺界主要的问题就是文艺方向究竟是什么？实际解决的就是这个大问题。

记者：刘先生您还记得延安文艺座谈会是在什么地方开的吗？

刘白羽：有张照片，从那个照片上可以看出来。中央办公厅的大礼堂，那是唯一一座像洋楼的房子，那是中央办公的地方、中央开会的地方，我们这个会就是在那里开的。

记者：参加会议的有多少人？

刘白羽：我记不得了。会议结束时大家很高兴，思想一致。原来不团结，彼此之间矛盾很尖锐，现在也都团结了。

会议前，组织部部长陈云同志找丁玲和我去，实际就是中央组织部部长代表党跟我们两个人谈话，动员我们要站在党的立场上，要作一个正确的发言。我们两个人商议，由丁玲发言。

记者：刘先生您能不能给我们介绍一下文艺座谈会的一些细节，比如，开会的那天毛主席他是坐在什么位置给大家讲话的。

刘白羽：会议厅中间有一个小桌子，他就坐在那里。

晚上讲到很晚，院子里面点了汽灯，大家非常愉快、团结。开会之前，先拉了一车西红柿来，大家都上去抢，很有意思。照相是坐着的。

记者：毛主席在会上讲了哪些话给您的印象最深？

刘白羽：决定我一生的是深入火热的斗争，作家要深入火热的斗争，就是到工农兵火热的斗争中去。毛主席讲话给我印象最深的就是这一句，我后来所执行的也就是这个。为什么去打仗？我打仗是为了建立新中国。不打仗能建立新中国吗?

记者: 延安文艺座谈会后,您第一次看秧歌眼泪都流下来了,为什么这样激动?

刘白羽: 感觉一个知识分子现在真正是人民的一员了。过去觉得自己是作家,不得了;现在大家都穿上农民的服装,和人民一样了。我为什么流眼泪?因为我是真正的人民了。

记者: 感觉自己真正由过去那种思想转变过来了?

刘白羽: 转变了,文艺方向、文艺路线不同了。作家的实践不同了,因此他的创作也就不同了。

内战刚爆发时,周恩来同志就把我们夫妻两个人由上海召到南京去,跟我们谈话。谈话内容是什么呢?就是说内战爆发了,张家口已经被占领了,现在中央组织撤退,你们到哪里去?他说刘白羽你有两个地方可以选择,一个到香港去,去做统战工作,一个回解放区。我马上脱口而出,说我回解放区。我说我跟日本人打了8年,现在美国装备的蒋介石跟我们打仗,我准备打16年。后来,我为什么去参加东北的解放战争呢?就是听从了毛主席的"到工农兵火热的斗争中去"的号召。解放了北平,然后南下解放武汉,我都参加了,一直过长江,打到常德时,中央一个电报把我调回来了。

我南下的时候,中央正在北京开第一次文代会,第一次文代会原定我是团长,我谢绝了,我说我去打仗。后来就让宋之的当团长。那时候我作出的决定是我一生里一个大的转变,也是我执行文艺座谈会讲话的一个实践。你想,如果我到香港去,我刘白羽还是现在的刘白羽吗?

记者: 就不会写出那么多好的作品了?

刘白羽: 就不会成为战争作家了,不参加战争我写不出战争作品。

刚才我为什么讲周恩来同志和我谈话后，我回解放区是我人生的一个决定关头，我的文学道路的一个决定关头呢？如果我要选择去香港，我怎么能写军事文学？所以后来，一直到现在为止，我觉得毛泽东的文艺思想是文艺方面、文艺哲学方面最高的。他在这个之前写了两篇哲学作品，把马克思主义哲学都概括进去了，后来延安文艺座谈会就是在这种哲学思想指导之下召开的。到现在为止，在文艺上我坚持毛泽东文艺思想。

记者：您获茅盾文学奖的长篇小说《第二个太阳》，是不是在这种思想指导下产生的？

刘白羽：就是这样才产生的，我要不去打仗，要到香港去，就不能写出《第二个太阳》了。《第二个太阳》写得很难。那时候我身体已经不大行了。我要求从行政工作上退下来，退下来后我决心写几个长篇，包括《第二个太阳》，我要把毛泽东文艺思想在我的实践中体现出来。

记者：解放战争时期您在东北也待了一段时间？

刘白羽：在东北3年。我们的军队消灭了国民党的几十万大军，那战争是很残酷的。

记者：在东北的报纸上经常整版地刊登您的小说吗？

刘白羽：发表了好几篇小说，影响比较大的一篇叫《无敌三勇士》，另外一篇叫《政治委员》，当时在部队里确实影响很大。

记者：这都是深入战争里面体验出来的？

刘白羽：都是在战争里面提炼出来的。最近有一个老同志、老作家给我写信，他说他到现在还记得我写的《政治委员》，一个政治委员骑着马，袖子飘飘。我有这个收获，就是因为我深入战争。

我经常在前线，一直打到最后，全部消灭了国民党的军队。

记者：您当时是以记者的身份吗？

刘白羽：是以记者的身份，新华社总社的特派记者。那时候中央决定一个大区派一个特派记者，这个特派记者由新华社总社直接指挥。

我主要在东北，以后就到北平了。北平是和平解放，我是秘密地跟陶铸同志一道进城来谈判的。后来我又南下，去中南，就是武汉。解放武汉以后，过长江到湖南。《第二个太阳》主要写南下这一段。但人物不是，是我自己构思的。

记者：在年龄这么高，身体又不是太好的情况下，完成这种巨著，您的精神动力是什么？

刘白羽：作家就是要不停地创作。我现在还在写。我年纪大了，精力、体力支持不了写长篇，但是我可以写散文，而且他们也找我写，找我写我就写。前几天《人民日报》上还发表了我的一篇散文。人家说我是散文家，其实我一开始是写小说的。人家说我创作什么新闻体小说，什么叫新闻体小说？20 世纪 30 年代我发表的就是小说。小说是小说，新闻是新闻，那是两回事。新闻方面我也写了一些作品，得到过中央认可。比如东北解放了，陈云同志主持接管沈阳。沈阳那么大的工业城市，那么多人口，工作很多。我们的同志分好多小组去接收，我就负责每天晚上向陈云同志汇报接收的情况。当时的情况我很熟悉，所以后来我就写了一篇《光明照耀着沈阳》，这是新闻，不是小说，也不能叫新闻体小说。新闻就是新闻，小说就是小说，哪儿有新闻体小说。

回忆西战团和晋察冀文艺工作

周巍峙

周巍峙（1916—2014） 江苏东台人。1938 年赴延安，同年 11 月任西北战地服务团副主任，率团到晋察冀边区工作，并任中共中央北方分局文委委员和晋察冀边区音协主席。1944 年在鲁艺戏音系任助理教员及鲁艺文工团副团长。新中国成立后，任中国音乐家协会、舞蹈家协会、曲艺家协会副主席，文化部代部长，中国文联主席。创作歌曲有《中国人民志愿军战歌》《十里长街送总理》等。

记者：周先生，请您先谈谈在上海的一些事。

周巍峙：在上海我最早是由名记者戈公振先生介绍去申报馆工作的，那个时候只有14岁。因为家里很穷，所以我小学没毕业就到报馆当实习生了。在上海这个全国最大的报社里工作约两年，正赶上了九一八事变和淞沪抗战，日本帝国主义侵略中国的暴行，对我的思想产生了极大的冲击，使我产生了强烈的反帝意识，我看了不少反对日本帝国主义的文章，认识了一些文化名人，受到邹韬奋、李公朴、艾思奇、柳湜（中共地下党员，作家。他后来到延安做了教育部的副部长，新中国成立以后也是教育部的副部长）等进步人士的影响，参加了他们领导的青年指导工作和进步刊物的编辑工作，学习写些文章。由于我比较喜欢唱歌，所以后来就参加了救亡歌咏运动。1935年，我参加了党领导的“苏联之友社”的音乐组，那是党的外围组织。我一方面参加歌咏运动，一方面从事救国会的工作。同时又是《读书生活》杂志的助理编辑，主要的编辑人员是艾思奇，还有地下党的一些作家。我是在小学没毕业的情况下接受先进文化思想的。当时对苏区红军有所了解，红军中有“朱毛”我还是知道的，还有些崇拜。那时上海有一个美国书店，听说那里有苏区的红军歌曲，我就到那里去买。结果没有，只有苏联红军歌曲。那时候在上海买中国红军歌曲是很危险的事情。

1935年，我一方面参加救亡运动，一方面学习苏联的革命歌曲，也开始了创作。1937年，卢沟桥事变之后，救国会“七君子”被释放。救国会的领导和共产党毛泽东是有联系的，毛泽东给救国会沈钧儒等3位先生写信商谈救亡大计，李公朴把此信带回家去藏着。李先生被捕时，这封信没有被搜查到，我就把此信藏到我那里。我父亲不敢放到家里，就带着信在街上转悠，躲过去了。当时我还没有参加党，还没有什么组织观念，我以为只要是在党员领导下，听上边的话，参加救亡工作，就是党员了，但对党、对红军还是很向往的。八一三淞沪抗战开始后，李公朴就有个想法，要到华北前线去。那时候华北前线正在打仗。我了解他的意图，他是想到华北直接和八路军接触，通过八路军就可以和共产党接触了。8月20日，李公朴偕同柳湜，还有一个写《在太行山上》的词作者叫桂涛声，再就是我，一行4人离开上海去山西。一路很艰苦，也很乱。到太原没停，马上到大同前线。到大同以后，国民党已经败退了，政权机关也溃散了，在那里也没办法开展宣传组织工作，李公朴就回到太原与共产党、八路军和阎锡山商谈怎么抗战，救国会怎么发挥作用。那个时候我就帮助李公朴先生做一些接待青年的工作和文字工作，同时我还大力开展抗战歌咏运动，搞训练班。9月底或10月初，李公朴要去武汉，他就让我留下来办全民通讯社。那时候全民抗战嘛，全民通讯社由共产党、阎锡山和救国会一块儿搞，由救国会出面组织，通讯社日常工作由八路军办事处帮助开展，那时，办事处主任是彭雪枫，他是很有文化修养的八路军将领。全民通讯社3个人，从采访到编辑以及刻板、油印到寄发，都是由我们3个人一起搞。那时候很多消息是从八路军办事处来的，关于邓杨支队挺进敌后啊，平型关大战啊，决死一纵队成立等消息都是我们这个通讯社发的。阎锡山那儿，我们也采访，因为他们的机关人员老在躲飞机，白天很难找到人，采访不到多少新闻。

从那个时候开始，我就过上了供给制生活，由八路军每个月发给5块钱津贴，每天有小米饭、馒头。日本人快占领太原了，我们就随着八路军办事处转移到山西临汾，我正式参加了八路军。后来全民通讯社在汉口办起来了，我就是前线记者。当时我有3个职务:

一是八路军驻军办事处秘书处的秘书，一是全民通讯社的记者，还有一个是八路军学兵队的音乐教官。

在太原的时候，就见到了西北战地服务团（以下简称“西战团”）主任丁玲同志，她曾动员我参加西战团。

记者：丁玲怎么动员您参加西战团的？

周巍峙：丁玲知道我以前在上海工作。这个团里也有我在上海的战友，也有搞学生运动的。她先请我去教歌，给他们写西战团的团歌，讲音乐创作，后来她希望我参加这个团的工作。彭雪枫不同意，他说他们这儿需要人，前线需要人，没同意我去。

也就是那个时候，我第一次见到周总理（那时称他周副主席）。八路军办事处在成成中学里，周总理也在那儿住。有一次我去八路军办事处工作，看到他，那时正有日本飞机在空中盘旋，他站在防空洞边上，指挥西战团人员进入防空洞。他第一次给我的印象就是一个非常负责任、非常爱护干部的长者形象。1944 年，我率西战团回延安后，再次见到了周副主席，以后联系就多了。那时中共中央北方局就在临汾大刘村，和八路军办事处在一个村子里，杨尚昆同志是中共中央北方局负责人，我曾给他们办的县级干部训练

◆1939 年，李公朴在华北

班上唱歌课，有很多地下党干部来找我教他们唱《国际歌》。那时是1938年春，我才22岁，很天真。有一次，李伯钊问我，你对党员有什么看法。她知道我是搞革命歌咏的。我说我已经是党员了。她问，你怎么是党员了？谁介绍的？我说我在党的领导下，和党员在一起工作，分配我工作我就做，组织有两个，有吕骥领导的，有田汉领导的，在苏联音乐组里我还是一个骨干。李伯钊说，那还不算，要正式加入共产党，需要写自传，有两个介绍人，经支部通过，这样才能成为正式党员。那时候我就提出要求入党，就开始写自传。彭雪枫同志听说我申请入党，说愿意做我的入党介绍人。我和彭雪枫的关系很好，他读了很多书。我从上海带来的鲁迅主编的《海上述林》，用灯芯绒做的封面，很精致的，是在我离开上海来华北前线时歌咏队送给我的，我就给他看，我们常常交换书看。

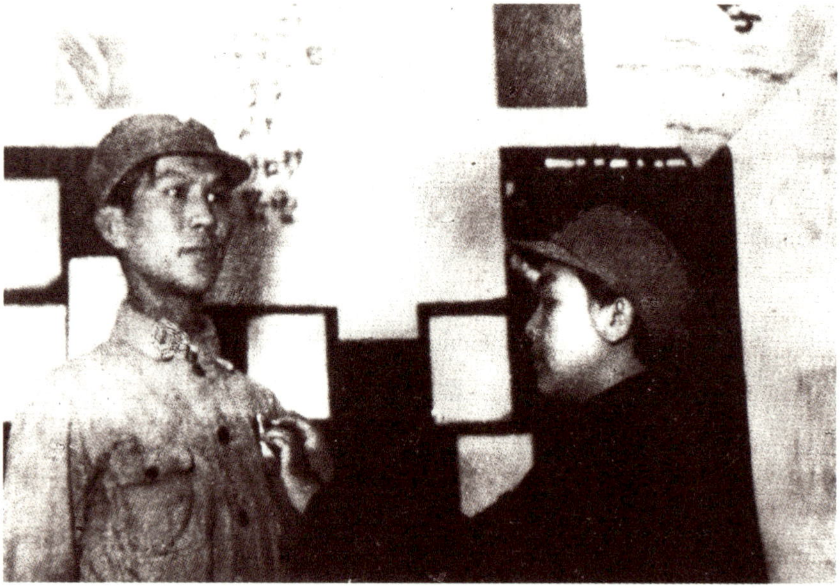

◆1938年，西北战地服务团主任丁玲为周巍峙颁发第一枚荣誉奖章

他为我入党认真写了证明信。1944 年，我作为预备党员回到延安的时候，看见了他亲笔为我写的入党介绍信，是用红格纸竖着写的，很感人的。我真感谢他在政治上对我的关心。

记者：丁玲在西战团的时候是什么样子？

周巍峙：她平易近人，和蔼可亲，工作上很有创造性，在同志中很有威信。平型关大战结束后，部队给他们每人送了一件日本军队的黄呢大衣，一只水壶。团员们穿的衣服也不同一般，是列宁装，就是俄罗斯的民族服装，在延安叫列宁装。丁玲也穿这些服装，很有风度。

记者：西战团最主要的工作是什么？

周巍峙：西战团是综合性的文艺团体。工作是多方面的。它有两个组，一个叫宣传组，一个叫通讯组。宣传组主要是文艺演出，通讯组主要是到前线写通讯。因为最早丁玲想组织记者团到前线去工作，她向毛主席说起这个想法，毛主席说你干脆组织一个文化团到前方去吧。所以她那个团里有个特殊性，就是有一个通讯组。

记者：您主要参加宣传组的活动吗？

周巍峙：我当时还没有参加进去呢。1937 年，西战团到八路军驻军办事处驻地来慰问，由我接待，丁玲提出来让我参加西战团。彭雪枫跟她开玩笑，说你拿 3 个干部换。为什么这样说呢？因为我有 3 个职务：秘书、记者、音乐教官。彭雪枫一再推辞，丁玲也就没办法了。后来临汾告急，丁玲经过中央同意到西安做统战、宣传工作，我还是留下来了。

以后因为战事关系，这个办事处也取消了。当时阎锡山办的民族革命大学，原本请贺绿汀做音乐教官，因为贺绿汀到南方去了，就把我派去顶他那个缺。我去报到的时候，学校机构基本上散了，学校的领导也都不在了，没办法，我只好跟着转移。后来我就感到这样盲目行军没有组织领导，不但无法工作，而且也很危险，我就转到八路军总部的随营学校去。那时候我想去延安，可没穿军装是不能过黄河的，我用的是全民通讯社的证件才过来了。过来以后，原向北走，但路上有散兵游勇很不太平，我想到丁玲在西安，就从韩城到了西安。到西安后还是没参加西战团，我就到八路军办事处等车子去延安。那时候，李公朴也来了，他组织了一个抗战救国团，也希望我参加，我说不参加了。过后丁玲又找我谈，说你这样等着还不如参加我的工作，我们很快就回延安，回了延安你愿意到哪儿去就到哪儿去，我不限制你。这样我才参加西战团，担任歌咏组组长，当指挥。

记者：您是长时间在晋察冀活动？

周巍峙：是的。抗战时期，我在敌后晋察冀边区工作了5年半，解放战争期间，我也是在晋察冀和华北解放区度过的。

在西安参加西战团的工作4个月后，1938年7月底西战团回延安，我就跟着回去了，这个时候我已经是党员了。我的入党介绍人是丁玲，还有王玉清。当时入党一般是半年候补期，我是3个月，而且一个半月后，我就在延安转正了，并马上当了党支部小组长、支部委员。一个多月后，西战团要到前方去，丁玲由于身体不好，没办法去。陈云同志给丁玲写了一封信，他说同意周巍峙率团到敌后工作。陈云同志一句话，我就“改行”了。于是，我就赶快吸收新人，组织班子。因为丁玲留下了，还有一部分同志留下来学习、工作，一部分同志留下来养身体，只能以原来人员为基础，又动员了抗大、陕北党员训练班一些学员，重新组建班子。

班子组建好了，准备向中组部汇报。这时延安受到日军第一次轰炸，时间是 1938 年 11 月 20 日，是一个星期天。敌人知道中央正在开会，估计很多代表会住在城里面。轰炸得很厉害，死了不少人。当时中组部也在城里面，陈云同志把我叫去汇报工作，叫我把我们在城外住的窑洞让代表们住。话还没说完，敌人的飞机就在我们的头顶上了，很快就丢了炸弹，围着山四周轰炸。轰炸刚一停，我就往回赶。我一回到团里，就接到中组部的信，命令我们晚饭前就出发，到四十里铺听令。当时整个团就匆匆忙忙整理演出用具，打好行李，很快离开延安到四十里铺去。我留下来办手续。第二天，敌人又来轰炸，留在延安的一个团员被炸伤了，我和陈明把他抬到清凉山上。

我们在 1938 年年底赶到晋察冀边区。一个多月的时间里，每天以七八十里的速度行军，过封锁线要走 200 多里地。我们是随第 120 师过封锁线的，我们西战团队伍在部队中间走，刚开始我团的小毛驴（是在延安临时买来驮我们的行李、道具的）走在部队运输队后面，可是大骡子走得很快，一下子把我们的小驴子落下了。结果过了封锁线，到游击区天亮了，我一看什么都没有了，大部队早走了，小队伍也走了，就是没有队伍的消息，等了很久也没过来。我很懊恼：怎么我刚当了主任，还没到前线，就联系不上了！真把队伍丢了（团员中还有不少名人），我怎么向中央交代?！但一下子又找不到同志了解情况，只好停下来等。后来由田间（诗人）等押运小毛驴运输队一个一个慢慢赶过来，到齐了，我心上一块大石头才落下，舒开了眉头。1939 年 1 月初，我们到晋察冀军区报到，在那一待就是 5 年半，经过了敌后最艰苦的，也就是电影《冲破黎明前的黑暗》中那个最困难的时期。那时候，我们根据地缩得很小，战斗十分紧张，生活也苦，粮食困难了，有时只能吃黑豆，那本是给牲口喂的料，很不好消化；窝窝头，没菜，用柿子和起来吃；没有油，汤里放点韭菜叶子。

记者：有一张您跟田间几个人的合影是不是就是这个时候照的？

周巍峙：那是 1943 年年初开边区参议会的时候拍的。当时为了开会，边区还专门建了一个大厅，没几天被敌人发现，炸掉了。那是第一届边区参议会，有不少敌占区来的民主人士参加，我们是文艺界的参议员，就 5 个人，一起拍了那张照片。

记者：您在这一段时间里面是怎么开展工作的？

周巍峙：那个机构已经和原来不一样了，就按照文艺种类分组了，比如文学组、戏剧组、音乐组、美术组，搞通讯的就在文学组里。后来还成立了儿童队、少年艺术队。整个团就是一个以演出为主的综合文工团。开始我们都穿八路军的制服，后来为了工作方便就穿便衣，因为我们受中共中央北方局领导，经常下去做地方工作，穿便衣比较方便。西战团的主要任务一个是演出，一个是培养农村文艺干部。培养形式是乡村艺术训练班，开始于 1940 年，是我们首创的。我们联系很多村剧团，要经常下去指导他们。那个时候和群众在一起生活，就住在一个院子里，甚至睡在一张炕上。

那时候，住下排练、学习、总结工作的时间不如走路的时间多。因为每年敌人都要“扫荡”边区，“扫荡”这儿，“扫荡”那儿，一定会有几次，遇到了就得转移，而演出任务是不间断的，不断地要到广大农村演出，有时同时为连队演出，所以说，走路的时间比“蹲”下来的时间多。难得“蹲”下来，就要抓紧组织学习时事，学习政治、政策，还要加强业务学习，排练新节目。那时候我是晋察冀边区的音协主席，文联的宣传部部长，而且是北方分局文委委员，除了领导团里工作，进行创作外，对边区文艺运动的领导工作经常参与，工作十分忙碌。

记者：当时在敌后，知道延安要开文艺座谈会吗？

周巍峙：开始不知道，我们知道延安在整风。我们最早的信息是从1943年春节的《晋察冀报》上得到的，上面写到延安秧歌搞得很热闹，写了整风以后的新气象。我们很受鼓舞，我们在晋察冀也搞秧歌运动，早几年，还编了一个《打倒日本升平舞》，用的是东北秧歌舞音乐，很受欢迎。当年我们驻地也闹起新秧歌。接着就是边区党委组织了一次文艺整风学习，主要的领导检查，一般的同志没有展开学习。

在我们初步进行文艺整风学习以后，西战团的机构有很大变化，文学组和美术组撤销，文学家、美术家都去了地方部队，深入生活，或担任一定职务，西战团就纯粹成了一个以演出为主的团体了。为了深入生活，配合边区保卫麦收及减租减息斗争，西战团分成两个队：一个是平山队，平山就是西柏坡那个平山县，那个时候，我们就在那一带工作；一个是繁峙队，这是雁北的一个县，在阴山南面那个地方。还有一个敌占区的小组，帮助区干部工作。我开始在平山队，那是6月、7月之间。每天在一个村演出，同时参加减租减息的斗争，因为那个时候边区的政策，地租的最高额不能超过37.5%，超过就是不符合边区政策。有些地主、富农破坏政策，所以要组织贫雇农和地主做斗争，争取减租减息。为配合斗争，就创作了歌剧《团结就是力量》(牧虹编剧、作词，卢肃作曲)，这是在斗争中写的，不到一个星期就写出来了。当初都没想到那首主题歌《团结就是力量》后来那么流行，以后解放战争期间在大学生和工人中间也很流行，现在还在唱。

记者：您最初看到毛主席《在延安文艺座谈会上的讲话》的内

容是什么时候？

周巍峙：我是在1943年冬天才看到半部《讲话》的油印本，全文在1944年年初边区反“扫荡”胜利结束，全团集合时才看到。那时我和西战团一个分队在繁峙县的游击区工作，我正和晋察冀军区敌工部负责人厉男同志商量组织一个武工队到繁峙县敌占区开展政治宣传和统战工作的事情。我虽然没看到《讲话》的全文，但还是立即组织繁峙队的同志认真进行学习。半部油印本，已基本包括了《讲话》的主要内容，毛泽东同志从革命文艺工作的实际出发，全面系统地阐明了文艺为广大人民服务的方向，特别强调了文艺工作者要和工农兵结合、为工农兵服务的重大意义，强调了文艺工作者要站在人民大众的立场上向群众学习，改造自己的思想、感情，指明了革命文艺工作者应建立什么样的人生观、艺术观、价值观。他的讲话精神不仅从根本上解决了文艺工作为谁服务的方向问题，也提出了如何服务的方法问题，是一个指导革命文艺工作的纲领性文件。大家学习后认为非常重要，感到非常激动。因为这对解放区的文艺工作者既是很大的鼓舞，也是有力的鞭策，因为毛泽东同志在《讲话》里有两个地方都讲到大批文艺工作者在根据地和八路军、新四军、广大群众结合在一起，为共同事业奋斗，作出了贡献。这些话肯定了解放区文艺工作者的成绩，当然很鼓舞人心了。西战团还有个特殊情况，在西战团成立的时候，毛泽东同志对刚刚建立准备开赴前线工作的西北战地服务团很关心，他两次对西战团主任丁玲说：西战团这个工作很重要，到前方去，可以接近部队，接近群众，宣传党的政策，扩大党的影响。还说，宣传上要大众化，做到群众喜闻乐见，只要对抗战有利，旧瓶装新酒也可以；要向人民学习，为人民服务，争取抗战胜利。看到《讲话》后，大家都对毛泽东同志的论述感到非常亲切。这是对过去的文艺工作的总结，也为今后的文艺工作指明了方向，对我们来讲，一方面感到很受鼓舞，同时也感到我们还有不少缺点或错误，我们检查自己深入群众还不够，向群众学习也不够，产生的优秀作品还不多，思想改造也不充分；但是我们在晋察冀北方分局及晋察冀军区彭真同志和聂荣臻同志的领导下，为广大军民服务，为争取革命战争的胜利服务，为配合各个中心工作尽了很大努力，基本方向还是对的，我们西战团一直是按照毛泽东同志指示工作的。

在学习时，我们想到当前如何实践《讲话》的精神呢？我们当时正筹备组织武工队到敌占区开展一个时期的工作，那是很有危险的，但大家都争取参加这一工作。我们不仅要用文艺为人民服务，而且纷纷表示，为了人民的事业准备贡献自己宝贵的生命。这是大家当时出发前共同的决心和誓言。这个武工队由厉男和我两个人负责领导，队员只有十六七人，其中有八路军战士五六人，我们的演员有凌子风、陈强、胡斌、张海、刘沛等 7 个人。我在队里负责“舞台监督”和灯光工作，那时晚上在老百姓的院子里放几张长凳子，上面放几只碗，装上植物油点燃了照着演员表演，这就算是“舞台灯光”了。我们男女同志都带着手榴弹，准备必要时和敌人同归于尽。我有一支驳壳枪，经常开着保险，随时可以射击。我们武工队都是夜间活动，每次演出都先化好装，走二三十里路到一个村子演出。一般大的村子边上都有敌人的岗楼，演出前，武工队领导还要找好撤退的路线，以便出现敌情时能马上撤退。随队的八路军战士既是演出时的群众演员，同时也是保卫者。演出结束后，就立即转移至二三十里以外的村子住宿。白天召开有教员和其他知识分子参加的各种座谈会，并分别找统战对象谈话，宣传我党抗战必胜的信心和决心，动员敌占区人民，根据他们所处的环境及可能的条件，团结起来，帮助八路军和地方干部开展反对敌伪统治的各种活动。我们演出的节目，也都是围绕惩治汉奸，打击敌伪政权，增强人民团结和实现胜利的内容，有活报剧《打倒汉奸王嘉祥》，这些剧结合村里的情况改人名、事实，及一些抗日歌曲，同时还展览一些美术图片。敌占区人民从来没看过这样的节目，既振奋人心，也很新颖，吸引人，效果很好。当时在繁峙川下敌占区工作了 20 天左右，西战团同志们的斗争热情一直很高昂，他们正是用自己不怕艰苦、不畏牺牲的革命精神，来实现自己的誓言。

记者：请您谈谈王昆在鲁艺演出《白毛女》扮演喜儿的情况。

周巍峙：我们西战团是中央组织部的一个文艺团体，在外边工作一段时间后，就要回延安汇报工作，进行总结、学习，或者在组织上作一些调整，然后再派出去工作。我是在 1938 年 11 月率西战团到敌后根据地晋察冀边区工作的。

1941 年，中央就想调我们随同彭真同志（他是参加党的七大的筹备工作）一起回延安汇报工作。但因那年战情紧张，我们的人员又多，一时过不了敌人的封锁线，没走成。一直到了 1944 年，中央又调我们，我们这才回到延安。总结汇报工作之后，团员们有的到鲁艺戏音系当教员，有的到鲁艺文工团当演员，有的参加系里的学习。不久，中央决定在 1945 年召开七大，鲁艺就忙着为七大准备演出。鲁艺院长周扬同志召集前方回来的同志商量为七大演出献演剧目，当时我也参加了这个会。邵子南同志把他在晋察冀边区收集到的关于“白毛女”的民间传说，作了较详细的汇报。周扬同志听了很高兴，他说，“白毛女”受迫害，在山里躲了 3 年，头发都白了，很有浪漫色彩，可以写个歌剧。当时就让参加会议的张庚同志成立一个组，负责创作和演出这个歌剧。另外成立一个话剧组，负责为七大演出一台反映前方斗争的新的话剧晚会，指定我负责这个工作。对《白毛女》，只是参加了一些征求意见的会。关于王昆参加演出《白毛女》，并被选定为主角喜儿的事，我事先并不知道，后来才听说，为了选王昆演喜儿，作曲家张鲁同志曾跟踪“偷听”王昆唱歌好几天。

当时歌剧《白毛女》已有话剧演员林白同志扮演喜儿，她也很能演戏。但作曲家们认为，能选到一个嗓子好、音色美，而且又有激情的歌唱演员演喜儿这个角色比较好。他们经过“考察”，发现王昆演白毛女的角色很合适，她生长在河北农村，熟悉农民生活，参加过贫雇农与地主们的斗争，又正好是角色需要的年纪。特别是王昆很爱唱河北民歌、河北梆子，很容易掌握《白毛女》中喜儿的音调，所以她演的时候比较投入。她为七大代表演出首场，也是该剧第一次对外正式演出。这次演出，受到中央领导同志和全体七大代表的热烈欢迎。以后，她在国内外坚持演出《白毛女》多场，一直到 1962 年纪念《讲话》发表 20 周年。

我和不少同志都认为，应该肯定王昆在排练和演出《白毛女》时受到鲁艺的导演、作曲家们的很大教益，业务上有很大提高，但王昆如果没有农村生活的体验，没有经过战斗生活的锻炼，没有演唱过抗战歌曲，没有在西战团演过话剧、活报剧和小型歌剧的经验，歌唱得再好，也演不出感情来，也塑造不出这样一个朴素热情、坚韧不屈、富有斗争精神的农村小姑娘喜儿的形象来。

记者：听说您以前到过唐县，在下苇子村演出时发现了王昆老师？

周巍峙：那是 1939 年年初，我们到了晋察冀边区工作。团里虽然有邵子南、田间、方冰、凌子风、贾克、陈强、洛汀、李劫夫、何慧、陈正青、边军、徐灵这些文艺水平比较高的团员，但他们大都是从城市里来的，缺乏农村工作的经验，所以我们迫切希望能吸收一些土生土长的农村文化干部参加我们的工作，可以更好地接近群众，和群众打成一片。那时刚从延安来，各地党政军机关都邀请我们去演出，我们就一个军分区、一个专区地进行巡回演出。到了第三军分区所在地唐县时，就有人向我们介绍说唐县妇救会有个干部唱得好，你们看看愿意不愿意吸收。我说，好啊。我打听到王昆将在唐县下苇子村为各部指战员进行慰问演出，就去了。我是以一个普通干部身份混在群众中看的。她不知道有人在“考唱”，因此也就没有什么顾虑，唱得很好。回到团里汇报后，马上决定吸收她。她是 1945 年 4 月 15 日在唐县参加我们西战团的，那时团部日记记录下她入团的年月日和地点，那天正好是她 14 周岁的生日，真是巧了。

记者：那次她唱的是什么歌？

周巍峙：就是《江水红》和《松花江上》这些救亡歌曲，在广大群众中很流行的名曲。她的声音很好，音感也好，感情表达很真挚、纯朴，不造作。她唱歌既是个人爱好，可在抗战中，又成了她工作的一部分。她那时是唐县抗日救国会的宣传部部长，她的歌声成了联系群众的一个主要工具。不管是动员参军，还是开展其他工作，别人开大会召集群众，敲锣啊，喊啊，效果很差，可她开会就先唱歌，一下子就吸引很多群众来听歌。唱完后她就讲话，动员大家参加八路军，声情并茂，常常是有些进步青年就参军了。所以，歌声是很打动人心的，有时比讲课、作报告效果还好。

记者：当时王昆多大年纪？

周巍峙：14 岁。

记者：14 岁能当宣传部部长？

周巍峙：当然可以。那时候需要干部嘛，刘胡兰 15 岁就入党了，也当了村干部。

记者：您也一样，14 岁就是大报记者了。

周巍峙：那时我不是记者，我是在申报馆搞资料工作。

记者：王昆和您什么时候离开延安的？到了什么地方？做了什么工作？

◆周巍峙、王昆夫妇在鲁艺

周巍峙：1945 年抗战胜利后，中央决定派大量干部从延安到东北和华北解放区去开展工作。王昆参加了鲁艺组织的华北文艺工作团，去了张家口。华北文艺工作团是艾青领导的。我那时也属于华北文艺工作团，但不是和华北文工团一起走的，而是随着鲁艺去东北的大队伍走的。我那时带领一个队离开延安，那是一个叫“轿窝子队”的队伍，就是两头骡子当中绑上架子，搭上一个像轿子那样的东西，给那些怀抱婴儿的母亲乘坐。因为部队行军时，大点的孩子还可以坐筐子，而婴儿只能由母亲抱着坐这种轿窝子行军。这些孩子都是艾青、萧军、吕骥、张庚、吴晓邦、袁文殊、蔡若虹、向隅等名家、专家的孩子。

我是这个队伍的队长，指导员是张水华同志，参加工作的还有鲁艺的几名学生。带着这样的队伍，当然比大部队走得慢些，只好单独行军，独自作战了。在路上主要是照顾好母亲和孩子们的伙食，包括孩子们的大小便、头疼脑热等这些看起来似乎很小的事情。除了定时休息外，还要有临时措施。冬天行军，为了不使这些母亲和孩子受冻，特别是在黄河边上行军，因轿窝子长，路又太窄，走不好就有掉下黄河的危险，所以，得事先“演习”，还得抱着孩子渡过险境。总的说，路上没遇到大的困难，因为沿途有八路军兵站，他们非常关心我们这支队伍的生活和安全，帮助我们解决了许多困难，补充我们路上所需要的东西。就这样我带着这支队伍到了张家口。在张家口时期，王昆他们和部队抗敌剧社一起演出《白毛女》及其他歌舞节目。我的工作也多了起来，我当时任华北联合大学文艺学院文工团团长，同时还兼任张家口市委文委书记，文委书记既管专业文艺工作，也管群众文艺活动、戏剧改革、团结艺人等。我就是在那个时候认识郭兰英的，她是剧团的主要演员。我们文工团的几个人和抗敌剧社的同志，共同做主要演员的工作，一个是对他们进行思想政治教育，一个是鼓励戏曲革新，发展现代题材的剧目。这当中还组织文艺人员参加土改工作，联大文工团还到大同前线动员群众，为前线服务。

记者：你们在张家口住在哪？

周巍峙：住在东山坡，过去是日本兵营，很大的一片地方。

记者：文化人都集中在那吗？

周巍峙：很多是华北联大的，但分散在各部门工作，文艺界名人还不少。

记者：据我所知，在张家口这个时期，文艺创作是活跃的，比如丁玲的《太阳照在桑干河上》，就是在这个时期开始准备创作的，这个情况请您讲一下。

周巍峙：那时大量作家去了东北，但是也有一部分人到了华北，包括丁玲、萧三这些著名作家，大都深入生活去了；搞舞台艺术的就组织文艺演出，主要是介绍《白毛女》《兄妹开荒》等延安来的节目，同时有不少反映革命战争题材和表现土改斗争的新戏，我在张家口等地就看了好几出山西梆子现代戏。但不久后，我军就从张家口撤退了。华北联大转移到了冀中，后来联大文工团就主要在冀中开展工作，搞延安新秧歌，写新的歌剧、歌曲、话剧及河北梆子等。

我们也做培养农村剧团干部以及收集民间音乐的工作。在张家口时，我们开展戏曲改革工作，郭兰英是我们的工作对象，还有一个是评剧演员花淑兰。在张家口撤退前夜，我们对她们讲，如果愿意的话，到解放区可能对你们更好一些，业务也可以有发展，到时候国民党来了，谁知会怎样。花淑兰没有来，郭兰英是在我们离开张家口转移到广灵的时候坐着一辆胶皮轱辘大车赶过来的，车上装着家用的东西。我们觉得在共产党八路军困难的时候，她能赶到根据地来，在政治上是很好的，我愿意介绍她入党也是从这个角度考虑的。郭兰英来联大文工团之后，我们团里组织了一个小组，由王昆负责，有的对她进行政治思想教育，有的教文化，有的帮她回忆历史，还有的教表演，《白毛女》就是王昆一手教她唱的，经过一段时间的培养，就开始让她上台演出新歌剧。她当然很聪明，但是她演一个新剧种、新剧目、新人物也得有个过程。所以她上台先演小型歌剧《王大娘赶集》，进城以后就演《白毛女》。王昆和郭兰英两人轮流演喜儿，后来在国外还演了一年多。

记者：到了华北联大，您做了哪些工作？

周巍峙：除了负责联大文工团的工作外，我还在联大文艺学院讲聂耳研究课、作曲课。

记者：华北联大时期，都有哪些人和您一起工作，一起战斗、创作？

周巍峙：从张家口到冀中，成仿吾同志是联大的老校长，我在晋察冀边区时就认识他和沙可夫同志，那时我就在联大文艺学院教作曲课。文艺学院院长是沙可夫，副院长是艾青，我是文工团团长，在一块工作的还有舒强、江丰、陈企霞，还有李焕之等同志。他们分别是戏剧系、美术系、文学系、音乐系的主任。

记者：周先生，您在华北联大除了教学以外，自己还坚持创作吗？

周巍峙：主要抓教学，抓文艺演出，指导一些人创作，研究一些文艺理论问题，写的作品不多，写了《自卫战争大合唱》。

记者：您还创作了哪些作品？

周巍峙：为子弟兵写了《子弟兵进行曲》，还得了鲁迅创作奖。

1936 年在上海的时候，我写的第一首歌叫《前线进行曲》，是在傅作义绥远作战获胜后写的。后来我写了一首歌《上起刺刀来》，是献给中华民国军人的，那首歌虽然长一点儿，但比较流行，目的是叫国民党军人不要听蒋介石的不抵抗命令，就是“将在外，军令有所不受”。后来写《子弟兵进行曲》《西战团进行曲》《儿童战歌》《新中国的姆妈》，还写了几首大合唱，3 部歌剧，有的是单独作曲，有的是与别人合作——《相信谁》《八路军和孩子》《不死的老人》。

记者：解放战争后期，尤其是北平解放以后，你们这些文艺工作者是一起来到北京的吗？

周巍峙：不是，我是单独一人来北京工作的。石家庄解放后，我是晋察冀中央局文委秘书，书记是周扬。后来，晋冀鲁豫解放区和晋察冀边区合并，变成华北解放区，成立了华北局、华北人民政府，成立了华北文联。华北人民政府主席是董必武，我是华北局文委委员兼秘书，行政职务是戏剧工作委员会副主任，在石家庄开始抓戏剧改进工作。毛主席提出对旧戏要从政治上区分有害、无害、有益3种情况。我们就以这个标准去区分剧目，起草过文件。另外，我还抓了群众运动、工人文艺活动。这样搞了一段时间以后，大概在1948年11月，中央又决定由陈荒煤、我和孟波、鲁藜、马达等一批文艺工作者去天津附近待命，准备天津解放后接管天津市国民党的文艺机构，开展天津的文艺工作。天津不像石家庄，政治、经济情况比较复杂，文艺也非常复杂。天津解放当天，我们就进驻了，有的房子还在燃烧，路也不敢随便走，因为敌人在路上埋的地雷很多，稍不留神就会踩上地雷。天津市军管会成立后，陈荒煤担任军管会文艺处的处长。后来陈荒煤南下，我任处长，工作非常忙，快开第一届文代会了，我到北京参加筹备工作。当时我和王昆都很少联系。

记者：是王昆老师先进的城？

周巍峙：她和华大三部的同志一块儿进的北京城，当时她带着我们的大儿子。我来北京参加文代会不久，中央就让我参加出国文工团，参加世界青年联欢节，团长是李伯钊同志，我是团委会委员、党支部副书记，协助李伯钊同志工作。以后文代会的会就很少参加了，文代会音乐代表团的工作也不管了，所以文代会结束的时候我没有在北京。毛泽东同志在开幕时的讲话，我都听了，大意是说，你们的作品，你们的组织工作受到人民的欢迎，我们也欢迎你们。毛泽东同志讲话时把组织工作摆进去了，我们听了以后十分欣慰，很激动。但是我们和没见过毛泽东同志的人不同，因为在延安我已经见过两次了。有一次，他直接和我谈起西北战地服务团的工作，他说，你们在河北、山西解放区工作了5年多，应该改为“华北战地服务团”了。在解放战争期间，我和毛泽东同志、周恩来同志一起在阜平县城南庄附近的一个小村子里看过抗敌剧社演出的歌剧《不要杀他》，我看他们都瘦了，心里很难过。这次听他讲话，他神采奕奕，满面笑容，精神特别好，我感到特别亲切和由衷的欣慰。

记者： 文代会筹备期间您从天津几次来北京，而且也不断地见一些文化界的领导者和知名人士。

周巍峙： 从国统区来的文化人进入北京以前，很多都经过天津，在天津我接待他们，请他们讲话。他们都很谦虚，对解放区文艺工作很尊重。他们谈到国统区的斗争比较简略，但仍使我们很受启发，得到很多教益。现在，我还存有1949年3月25日我亲自记录的阳翰笙、冯乃超、于伶等同志讲话的笔记本。

记者： 您觉得《讲话》对您个人的工作、创作以至对中国文艺的发展起到了什么作用？

周巍峙： 我认为《讲话》不仅对当时的文艺工作有很大的推动，对当时的整个文艺队伍有一种巨大的鼓舞力量，包括对国统区广大的进步文艺工作者也是很大的鼓舞，也有很深刻的教益，而且它有十分深远的影响，因为《讲话》的基本精神不会因为时代的变化而过时——为人民服务怎么会过时呢？一个作家要坚定正确的人生观，以人民为出发点进行工作和创作，努力为人民服务，为祖国服务，每个进步的，有良心的，有民族自尊心、自豪感的文学家、艺术家都会这样做的，也应该这样做的。现在的国情，人民群众的数量、层次和爱好都和过去有很大不同了，对外文化交流也更直接更丰富了。因此，在文艺的创作和事业的发展上虽然和过去有很大不同，但基本精神是应该坚持的，为人民服务的方向是不能改变的。邓小平同志在第四届文代会上的讲话中提出坚持文艺为人民服务、为社会主义服务，特别强调了“人民需要文艺，文艺更需要人民”这一原则立场和精辟的论述。江泽民同志提出“三个代表”重要思想，要求文艺工作者要代表进步文化的方向，代表人民的根本利益。所以，我认为中央领导人关于文艺方向的提法，都非常强调文艺为人民服务的方向，处处为人民的根本利益着想，是马列主义文艺原理与中国文艺工作实际的有机结合，是马列主义思想的继承和发展。是符合当代中国国情的，是符合人民的根本利益的，人民的根本利益也包括文化利益。

文艺方向的贯彻需要有一整套文化方针、政策才能实现。几代中央领导人都十分强调文艺的“百花齐放”和“百家争鸣”，强调文艺的多样化，强调古为今用、洋为中用的原则。

全国广大文艺工作者在艺术上，革新创造，努力向广大读者、观众献上自己精彩的作品和精湛的表演艺术；在艺术上，辛勤探索，文艺新人也纷纷脱颖而出，技艺惊人。整个文艺百花园中，呈现出一派可喜的繁荣景象。这是深刻贯彻文艺为人民服务方向的重大成果，也是广大文艺工作者为建设伟大祖国的社会主义精神文明所作出的重大贡献。

昨天文小姐，今日武将军

陈　明

陈明（1917—2019）江西鄱阳人。丁玲丈夫。1937年5月到延安，入抗日军政大学学习，历任西北战地服务团宣传股股长、陕甘宁边区留守兵团政治部宣传大队队长、延安文化俱乐部副主任。新中国成立后，曾任中央电影局剧本编审，中国延安文艺学会会长。改编电影剧本《六号门》。

记者：丁玲是 1935 年到的延安吗?

陈明：不是，是 1936 年到保安，1937 年 1 月到延安。

丁玲在上海就入党了。为什么入党？不是为了她个人，不是为个人谋出路，不是为个人发财，她就是为公、为老百姓，特别是为受苦受难的妇女鸣不平。为什么要鸣不平呢？丁玲很小的时候，她的弟弟去世了。家里的亲戚都来安慰她母亲：死的谁呀？死的是弟弟。哎呀，死的是丁玲就好了。丁玲的母亲不是重男轻女的人，但是乡下的群众、亲戚就是这么一个心理：死的是丁玲就好了。丁玲的一个表姐是清华的大学生，跟人家订婚了。后来那个男人不幸死了。丁玲表姐从学校回到老家，还得跟那个死人拜堂，穿着新娘子的衣服，红衫红裙。未婚夫家的一个亲戚，拿着死者的木头牌子跟丁玲的表姐一块拜堂，行结婚典礼。拜了堂，新娘子进洞房，把婚服一脱，穿上孝服，又跪在死人的灵前磕头，一辈子守着这么一个死人。丁玲看到过这些生活，所以她为妇女鸣不平，对封建思想很厌恶、很仇恨。她从小思想是比较开放的。

她的母亲思想是比较开放的。丁玲 4 岁时父亲就去世了。她的家庭本来比较富有，父亲一去世，就破落下来了。丁玲的母亲就带着丁玲回常德的娘家去住。半路上有亲戚拦着她们的轿子不准走，说你账还没有还清，不能走。丁玲母亲说我什么债都还完了，你现在如果还要我还债，你就到法院去告我吧。就走了。丁玲的外婆家很阔气的。新中国成立以后，我和丁玲回常德住的是常德市委招待所大院，就是丁玲外婆家的房子，院子里的石头假山，都是她家的旧物。丁玲的母亲就是在这种情况下读书学习、个人奋斗的，对丁玲的影响很大。丁玲母亲有几个结拜姐妹，向警予是最小的，丁玲叫她九姨，是早期著名的共产党人，后来被反动政府杀害，英勇就义。向警予对丁玲有很大影响。丁玲最早接触的其他同龄女性也比较开放，她和杨开慧是同学，另外她有个好朋友叫王剑虹，就是瞿秋白的爱人，她们的关系都很好，她们对丁玲的思想都有一定影响。

1922年，丁玲与王剑虹闯到上海，进陈独秀、李达等创办的平民女子学校。那个时候就要废姓。为什么要废姓呢？表示反封建，我不要姓。她母亲姓余，父亲姓蒋，她说我不要姓。可是一到社会上，走到哪儿人家问你贵姓，你总得有个姓啊。她们几个姐妹拿一本字典乱摸，摸到什么字就姓什么。结果摸到一个“丁”字，好吧，就姓丁吧。她那个时候有点无政府主义思想。进平民女校，她们选丁玲当组长，把零用钱都拿出来交给她保管。丁玲不干，她说我出来就是为了自由，我还管人？我们谁也不管谁。但是丁玲在生活中也有困惑，也感到不自由，她发现周围的知识女性朋友和她一样，她那本《莎菲女士的日记》就是抒写那个时代的知识妇女的苦闷，她们有点知识，有追求，但是感到不自由。

到上海后，丁玲接触到共产党人瞿秋白、陈独秀、李达、施存统等，思想有了更大的进步。1931年2月胡也频牺牲，1932年丁玲入党。

记者：丁玲在上海时，在左翼文坛上已经很有名气。她1936年到保安，当时党中央的领导就在保安。您能不能把当时毛泽东同志等中央领导人怎样对待丁玲的一些事给我们讲一下？

陈明：1933年丁玲在上海租界被国民党秘密绑架。她是名作家，又是个女的，她被捕后囚禁在南京，国民党想了很多办法，软硬兼施，劝她投降。国民党的宣传部部长张道藩，特务头子徐恩曾，共产党的叛徒顾顺章，都围着丁玲，希望她替国民党做事。张道藩要丁玲给他们写剧本，丁玲说我不会写。张道藩说我已经写好了，请你看一看改一改。她说我不会改，不能改。都拒绝了。当时国民党又不敢杀她，因为她的海内外影响很大，有许多人奔走营救。国民党抓她不是公开抓的，是秘密拘捕的，所以一开始国民党不承认，说没有这个人，后来不得不承认。

在囚禁中，丁玲想尽了办法跟地下党取得联系。找到党才有活路，就是这样的一种心情。但那个时候在国民党统治下，我们党处在地下，要取得联系是很困难的。再说，丁玲在南京关了 3 年多，党不晓得她在南京怎么表现的，有没有叛变，是不是办了什么手续呀？国民党有没有秘密地安排什么任务啊？都该怀疑。所以，那时她能找到党，和党组织联系上，并且在党组织的帮助下逃出南京，是很不容易的。后来她躲到上海，见到了冯雪峰同志，她就跟组织上要求，要离开国民党的统治区，到苏区去。1931 年她曾向洛甫（张闻天）同志提出过这个要求。1936 年，红军刚刚长征胜利，到达陕北志丹县，就是保安，还没有到延安。组织上接受了她的要求，安排她到了保安。丁玲晚年写了一本回忆录，人民文学出版社 1989 年出版的，书名叫《魍魉世界　风雪人间》，里面详细地介绍了她这一段和后来下放北大荒的经历。

记者： 她是化了装从上海逃出来的，是吗？

陈明： 考虑到旅途的安全，组织上派聂绀弩陪着她，扮作夫妇，离开上海，先到西安。到西安就住在地下党的联络点。这些，回忆录里都写了，我就不详细讲了。她从西安到保安，是通过我们党在东北军的联络员，跟张学良的部队一块儿走的。到达西安，聂绀弩就返回上海，丁玲则坐军车、步行、骑马到达保安。据说那里现在建了一个纪念馆，里面有丁玲的一张照片。

◆丁玲在延安

记者： 丁玲到保安之后，毛泽东同志亲自出面，搞了一个隆重的欢迎会？

陈明： 因为她是文化人，又是一个女的，她是左联的，又是共产党员，她的小说都已经翻译成日文、英文了。这么一个人跑到保安，毛泽东同志当然很重视、很欢迎。毛泽东同志说我们现在打仗，反蒋抗日，统一战线，我们有武的，也要有文的。文的总司令是鲁迅，武的总司令是朱德。对丁玲去，当然重视。

开欢迎会时，我还没有到，我也不太清楚是谁主动出面组织这个欢迎会的，可能是中宣部主持，毛泽东同志亲自参加的。

记者： 是在一个窑洞里？

陈明： 是在窑洞里。毛泽东同志写给丁玲的《临江仙》词里就有“洞中开宴会，招待出牢人”的句子。

当时毛泽东同志问丁玲想干什么，丁玲回答说“当红军”。在上海时丁玲就羡慕红军，拥护苏维埃，她从上海要求到西北去，就是要去当红军。当年我在上海一所中学念书时，看到地下党的一个秘密文件，登着红军大学在瓦窑堡招生的广告。看到这个文件，我心里就想，我要能到红军大学该多好。我后来跟丁玲认识，对丁玲要当红军的要求很理解，我觉得这和很多热血青年的心情是一样的。

毛泽东同志同意丁玲到红军里去，让她跟着杨尚昆。杨尚昆是前方政治部主任。那个时候很难安排她，一个文化人，女作家，当班长、连长，还是当什么？行军宿营，让她住哪里？管理员只能安排她住在马房里，晚上听骡马嚼草的声音。她要是编在哪一排哪一班，就能跟着战斗员在一起了。那时候她没有编制，只有临时安排。打饭人家都是一个班一个班去打，她呢？只有到这个首长那去一下，到那个首长那去一下。她不是去拜官，没有那个观念，她不在乎，行动很自由。

毛泽东同志似乎欣赏她的这种自由性格。平日毛泽东同志周围接触的人，大多是工作关系，那时实行部队的纪律，比较严。丁玲是自由职业者，孤身一人刚从国统区过来，过去生活里没有这些东西。毛泽东同志欢迎她，可以自由谈话。丁玲有这个好处，她可以跟毛泽东同志谈闲天，像她这样的可以谈闲天的人没有，或者是很少。

记者：那个时候丁玲跟毛泽东同志交往还是很多的？

陈明：那个时候环境简单，毛泽东同志、朱德同志非常群众化，顶多门口有一个卫兵给他站岗。丁玲是毛泽东同志的客人，门卫也不会拦她。那时到延安的知识分子多了一些，我们也就是那个时候去的。经常是晚饭以后，毛泽东同志在马路上散步。延安就那么一条马路，抗大的学生经常都能碰着，碰着了随便讲什么话都行，都无所谓，警卫员在后面跟着，都不拦阻。有一次丁玲到毛泽东同志那儿谈天，毛泽东同志问丁玲，你对延安有什么观感啊？丁玲说，我看延安像个小朝廷。毛泽东同志笑了，跟她说，那

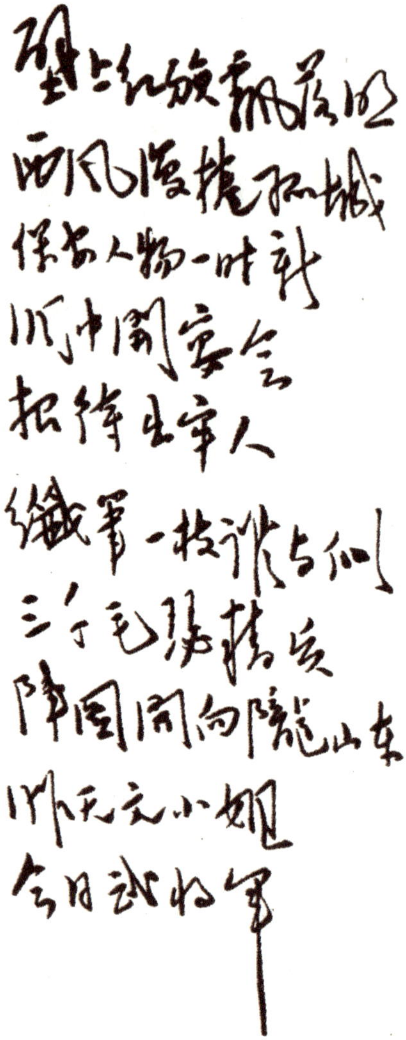
壁上红旗飘落照
西风漫卷孤城
保安人物一时新
洞中开宴会
招待出牢人
纤笔一枝谁与似
三千毛瑟精兵
阵图开向陇山东
昨天文小姐
今日武将军

◆毛泽东致丁玲《临江仙》

你给我封官吧。她就说，林伯渠当财政大臣，董必武任司法大臣，彭德怀国防大臣。这种关系都非常正常，非常随便。

记者： 毛泽东同志打电报写的《临江仙》这首词，在您看来是当时毛泽东同志对丁玲的赞赏之情？

陈明： 当时我没看到。丁玲也不很在乎，没有拿这个东西到处宣传。开始是毛泽东同志用军用电报传到前方的，不是手迹。后来丁玲从前方回延安，到毛泽东同志那里去，毛泽东同志亲笔写了一张给丁玲；另外还给了1925年作的《长沙》、1936年的《雪》这两首《沁园春》，1927年的《菩萨蛮·黄鹤楼》，一共4件，都是用毛边纸写的手迹。1938年，日军隔河炮击边区，形势挺紧张。丁玲怕手迹万一遗失，就托人带到大后方，请胡风保管。抗战期间，胡风在大后方也是颠沛流离，新中国成立后，又意外地经受长期折磨。但他认真负责，忠于革命，忠于朋友，把这几张手迹保管得很好。40 年后，一直到 1979 年胡风冤案平反了，我们也回到了北京，胡风的老伴、战友梅志女士把这几张手迹完整无损地还到丁玲手里。

丁玲在延安当了红军，也想写红军，但从大城市来的这么一个知识女性，“昨天文小姐，今日武将军”，一下子写红军，自然是格格不入，这是很容易理解的。所以毛泽东同志说她，我看你还是习惯跟知识分子来往，跟抗大学生的来往就更自然。后来丁玲当中央警卫团政治部副主任，分工管后勤，战士的家属来了，怎么接待，生病了怎么住医院，还有就是搞列宁室（又叫“救亡室”），搞连队的文化娱乐活动，副主任是搞这些工作的。丁玲刚当副主任的时候，战士们就说，主任主任，你教我们吹口琴。或者问，你会不会弹风琴？丁玲当团政治部副主任，但这些都不行。

记者：请您谈谈成立西北战地服务团的具体经过。

陈明：丁玲那个时候在抗大，但她没有讲过课。毛泽东同志在抗大开大课，讲辩证法，每次都通知她去听。她住在城里抗大教职员的一座民房里，我去过一次。那个院儿北屋朝南住的是抗大的勤务部长；对面朝北的一间偏屋住的是作家吴奚如夫妇，吴奚如在抗大讲过课；隔壁中间的屋子住的就是丁玲，这间屋子比较大一点，里面存放着一个空棺材，是原来地主家准备用的。卢沟桥一声炮响，她和吴奚如坐不住了，想成立一个记者团到前线去，就跟中央宣传部商量。当时中央宣传部部长是凯丰，秘书长是朱光，他们一块儿商量。朱光是广西人，原是红四方面军的，红四方面军张国焘对知识分子很排挤，但是因为朱光能够写，能够画，所以没有迫害他。还有一个廖承志跟朱光是很好的朋友，都是参加过长征的。廖承志长征时也挨过整，也因为是文化人，所以保留下来了。这个时候，廖承志在新华社，朱光在中宣部任凯丰的秘书。他们就一同商量，几经酝酿，决定把记者团扩大成为一个战地服务团，全名叫"第十八集团军西北战地服务团"，半军事性质的，到前方去搞文化宣传、战地服务。成员大都是当时抗大的学生。

记者：就是在西战团的时候您和丁玲认识的？

陈明：她知道我比较早一点。我在 1937 年 5 月 4 日到延安，进抗大十三队，和朱光同志接触多。他知道我在上海参加学生救亡运动，参加左翼戏剧、歌咏活动，看到我来延安前陪同上海华侨妇

◆陈明、丁玲夫妇

孺慰劳团到绥远慰问傅作义部队的照片，中间有他熟悉的人，对我也就分外亲切。《解放》周刊创刊号出版，他画的封面，拿到一点稿费（苏维埃纸币），就邀我到抗大合作社吃酥肉。我到抗大十三队的时候，正赶上纪念高尔基逝世一周年，抗大3个队联合起来演田汉的三幕剧《回春之曲》，我们城里的十三队就联合十二队，排一个独幕剧，是田汉改编的高尔基的《母亲》，我在剧中演儿子伯惠尔。丁玲在台下看了这个戏，她就记住了我。成立西战团的时候，朱光推荐我参加并担任宣传股股长。一见面，丁玲说，你就是高尔基《母亲》里的儿子。一年以后，丁玲才对我说，那次看了演出，对剧中的伯惠尔就产生好感了。

记者：好像有这么一个故事，您组织了一个演出，毛泽东同志当场捐给你们200块钱？

陈明：那是1940年，我在边区留守兵团政治部宣传大队担任大队长，也是烽火剧团的团长。为了庆祝苏联十月革命节，我和剧团的导演、艺术教员侣朋同志，还有学过舞蹈的小演员白莉、赵希武等同志一起商量、酝酿，编排了一个大型歌舞活报剧。剧团的团员，还有留守兵团司令部下属的旅送来短期培训的几个文工团团员，一共100多人参加演出。饰演工、农、兵（海、陆、空）的演员，走队形、甩胳膊、踢腿，配上苏联红军时代流行的音乐，排练得红火热闹。我们用的乐器因陋就简，有用罐头盒做的板胡、用洋油桶做的音箱。布景装置都是东拼西凑借用的。演出的时候，留守兵团司令员萧劲光、政治部主任莫文骅请毛泽东同志来看。毛泽东同志看了，赞扬剧团的进步、提高，问花了多少钱？我们说，20块钱。毛泽东同志说，好啊。

后来毛泽东同志就写信要我跟侣朋两人到杨家岭他家里吃饭。

那个时候我们都很年轻、热情。毛泽东同志平和、亲切，问我们剧团的工作、学习、生活、情况。我们特别兴奋，有点不知天高地厚，说我们还要创作《长征三部曲》。吃过饭，毛泽东同志又拿烟给我们抽。我激动得忘乎所以，至今想不起那天在饭桌上吃了些什么。毛泽东同志递烟给我，我谢绝了。我内心想，这烟太好了，来得不容易，主席常熬夜，留给主席自己抽吧。毛泽东同志和我们握手告别，把我们送出门外，交给我一张200元的支票，支票上的签名是“李进如”。我明白，这是公款，是党的钱、政府的钱，毛泽东同志奖给我们剧团的。我们带回来，上报政治部，上级批准，用这钱补充一些乐器，并且给全体团员解决过冬的棉鞋。

记者：当时毛泽东同志好像对一些艺术团体如西战团经常深入农村、部队很重视？

陈明：他很重视。他指示我们说，新瓶装新酒好，旧瓶装新酒也好，都要做到群众喜闻乐见。西战团搞一些戏，《放下你的鞭子》《林中口哨》等短剧之外，主要搞小调，陕北民间的小调。团里有一个年龄大几岁的诗人高敏夫，陕西人，我们尊称他“老夫子”，陕西的民间小调他知道得很多，老乡们都爱听爱唱。他把这些小调唱出来，李劫夫记谱，通讯股“秀才”史轮、黄竹君等改配新词，全团练唱。丁玲也跟着唱。有个别男同志对丁玲说，主任你别唱了，你一唱就走调。但她还是那么热情地跟着唱。民间小调非常普遍，西战团走到山西，沿路采风、补充。到临汾时，遇见上海演剧一队，音乐大师贺绿汀在那里，他对西战团唱的那么丰富的民间小调，特别欣赏，特别喜欢。

我们也演自己写的新戏。我们安排团内的青年作家天虚写剧本。他在日本留学时写过很厚的一本书，郭沫若给他写的序。他写了一个短剧叫《王老爷》，宣传为抗战有钱出钱、有力出力这么一个主题。剧的结尾有一个八路军的政工人员到地主家去劝地主出钱的情节，政工人员谁演呢？大家都很赞许丁玲的热情，半开玩笑半认真地说："丁玲演嘛，主任演嘛！"不容丁玲推辞。演出时用猪油抹脸打底，画点颜色，用毛笔画眉毛。丁玲也不在乎，穿上日常穿的灰军装，系一根皮带，就出场了。

记者：毛泽东同志看到了？

陈明：毛泽东同志那天去了。那时我们立了一个新规矩：节目演出的时候不准从前台上下。那天毛泽东同志来晚了，我们破天荒地引他上后台，请他站在边幕旁看演出。丁玲出场，他在幕边笑。戏闭幕了，毛泽东同志才从台上走到台下，自然有人给他让座。那时候上下关系和谐、亲切，生活趣味还是很浓的。

记者：《在延安文艺座谈会上的讲话》之后，您还参加过一个改造说书的活动。当时是怎么一个情况，给我们讲一讲。

陈明：应该说这对我是一次学习。我为什么对说书感兴趣呢？我们到乡下去，陕北农村穷乡僻壤，有些村只有三四户、七八户人家。说书的人一去，不像演戏要那么多观众，要那么大的舞台，就是一招，三弦一弹，老百姓三五个、七八个、十来个人围上来。农村欢迎这个东西。因为看不到报纸和其他读物，演戏缺少广场，没有舞台。说书只是一个人，走到哪里，说到哪里，哪家都可以留，招待一顿饭，也还花得起。说书这个形式很容易普及，在农村非常受欢迎，是很好的武器，我们应该运用这个武器。当时边区政府的文教政策中有一条就是改造旧艺人，帮助旧艺人提高文化水平，提高觉悟。就是要和他们交朋友，还要把他们当学生，帮助他们，提高他们。说书艺人说的书词、曲调都是自己编的，我们替他编的他唱不了，我们可以把新鲜的事情、新的人物讲给他听，他听明白了，消化了，有激情了，他的唱词自然而然地就出来了。那时边区文协林山同志正和陕北盲人说书人韩起祥交朋友，他带着我听了一次韩起祥的说书，我们大开眼界。他说的《王丕勤走南路》，实际是他自己的身世，说得很细致，很有感情。语言的隔阂自然消除了。

记者：韩起祥当时在山里说书是很有名的吗？

◆陕北盲人说书人韩起祥

陈明：开始不知道，后来听他说书，的确说得好。林山跟我还带他到西北局说给西北局领导听。说了之后，我问韩起祥，你知道今天谁听你的书吗？他高兴得很，这样的事一辈子没有过，大家这样抬举他。平时他都是说给老百姓听，而今共产党的大官听他说书，称赞他，他能不兴奋吗？后来他说了更多的新书，新人新事，如《刘巧儿告状》《马青天审案》等等，我现在记不起来了。

我们先把一些故事讲给他听，他这个人很聪明。你别看是盲人，记忆力真好，能体会。讲给他一个故事，他把他自己的生活也补充进去了，套子是他的熟门熟路，他编起来很快。

记者：给他提供新内容的故事，他改编之后，老百姓很喜欢听？

陈明：是的，在偏僻的农村非常受欢迎。山上只几个窑洞，三五家，他都能去，走到哪儿说到哪儿。1945年过春节，延安新市场有人找他去说书，他邀我们同去。事先打招呼，得说几段旧书，说几句吉利发财的套话，行不行？我们说行，你自己看着办。一进店铺，坐定，弹响弦子，唱着："老板新年大发财，日进千金万银，边区的票子用秤称……"现在我也背不下来了。事后我们说，"边区的票子用秤称"，不是说边区票子不值钱嘛！韩起祥跺脚拍腿连声说，是呀，犯错误了！以后你们多提醒我。

记者：改造说书这个活动，除了您，还有其他人吗？

陈明：1945年边区文协成立过一个小组，有柯仲平、王林和我，组长是林山。鲁迅艺术文学院有安波同志，是音乐教师，他跟着绥德一个有名的说书人，搜集并积累了很多说书调，我学习写的长篇说书《红鞋女妖精》，就是他配的曲调。

记者：您能不能谈一谈您对《在延安文艺座谈会上的讲话》的看法？

陈明：说来话长，但现在只能长话短说。1942年2月，党中央号召开展全党整风学习运动，批判主观主义、宗派主义、党八股。毛泽东同志主持文艺座谈会发表讲话是在5月间，也就是在整风运动中。毛泽东同志在发表讲话前作了充分的调查研究，与很多作家面谈、笔谈，在会上听了很多发言。他深思熟虑综观全局，在讲话中明确指出文艺界的两个根本问题：为谁服务？怎么服务？引起人们的反省，回忆自己是怎么做的，哪些做对了，哪些做得不够，今后如何努力。

记者：当时丁玲去参加文艺座谈会，白天去开会，晚上回来跟您谈座谈会吗？

陈明：简单地谈一谈。座谈会上的情况谈得很少，谈自己的感触比较多。从当年4月她写的《风雨中忆萧红》《关于立场问题我见》《文艺界对王实味应有的态度及反省》这3篇文章，可以看出她当时思想情绪的动荡、变化。毛泽东同志在《讲话》里提到他自己感情变化的经验：过去当学生，总觉得工农是脏的，腿上有泥巴，只有知识分子是干净的。他说，可是他一接触红军，跟红军战士在一起，互相熟悉了，才觉得他们是最干净的。这就叫作感情起了变化。感情的变化很重要。知识分子出身的作家，要使自己的作品为群众所欢迎，就得使自己的思想感情来一个变化，来一个改造。没有这个变化，没有这个改造，什么事都会做不好，都会格格不入。丁玲认为毛泽东同志说得很对，领会特深。座谈会后，她就主动到乡下去接触老百姓，到工厂去接触工人，尽可能长期坚持。后来进了城市，1953年作协在北京开第二次代表大会，她有个发言，题目就是《到群众中去落户》，这是她长期实践的经验、心得。作家下去体验生活，到工厂、农村、部队都好，都需要，但是更重要的是到群众中去落户。她很佩服、羡慕刘绍棠这些人，他们就在村子里面住着，农民的眼睛一动，他们就懂得他要说什么话。她说我们都是知识分子，你不说话，你眼睛一动，我就知道你要说什么意思，知识分子彼此了解，可能会是这样的。但我们对群众的了解呢？就可能不熟悉，或不十分熟悉，因为语言不通，感情不通，生活不了解。她根据自己的体验，提出来作家到群众中去落户。

记者：这是《讲话》对她影响最深刻的地方。

陈明：就是在这里。新中国成立初期，住在北京的时候，我们家里每个星期吃3次粗粮，就是觉得我们生活跟群众隔得太远了，顿顿大米白面，肠胃娇惯了，再到乡下去，吃不惯粗粮了，怎么过呢？所以我们每个星期吃3次粗粮。我们家那个阿姨，她是南方人，她得顿顿大米白面，粗粮只有我们自己吃。窝窝头、白薯、小米饭、棒子面贴饼子，比起当年土改的时候好——那个时候的贴饼子，一进嘴就散了，嚼不拢的。

记者：《太阳照在桑干河上》写得比较成功，与她感情的变化有关系吗？

陈明：当然有关系。在土改的时候，她长期深入群众。村里有些落后的妇女、老汉、老太太，分浮财的时候互相攀比，要这个要那个，怎么也不满意。工作组的那些年轻人，分工做这些落后分子的工作，谁也不耐烦，嫌这些人太落后了。这些都是丁玲去做。丁玲了解他们的苦难家史，他们不是天生的落后，是旧社会的压迫、生活的遭遇造成的。她理解他们，对他们充满了同情。

记者：丁玲写作《太阳照在桑干河上》时，您在她身边吗？

陈明：包括土改，我们基本上都在一起。最早是在张家口的宣化市南边的辛庄，那是个大村，土地肥沃，盛产大蒜。晋察冀中央局组织了一个土改工作队，边区农会主席郭强，佃农出身，他当队长，我们跟着他下了乡。我们没有说要写书。那时抗战刚刚胜利，国民党发动内战，抢夺胜利果实。打内战蒋介石靠的是美国军火，我们靠什么呢？只有靠老百姓、靠农民。搞土改时是一个什么思想呢？抗战的时候我们靠统一战线、靠农民。怎么才能依靠农民呢？要给农民分地，实现耕者有其田，才能调动农民的积极性。所以当时“五四指示”一下来，我们讨论、学习，觉得太重要、太及时了，我们就积极要求参加土改。本来由延安出发时，中央要我们去东北，这时我们要求留在华北，华北领导同意了。就这样我们跟着农会主席下乡了。他一到村里，就召开村民大会，在大会上诉说生活的苦难，他把裤腿撩起来说：你们看，这是地主家的狗咬的。郭强是经验丰富的老农会主席，他的讲话有很大的鼓动性。会后他对我们说：我的讲话怎样？请多提意见。但我跟丁玲不满足于光看，我们也得做事啊。只有参加做事，才能更好地了解土改，了解群众。

《太阳照在桑干河上》写了一个女孩子——黑妮。怎么出来这个人物的呢？是从生活中发现的。当时我们土改工作组住在辛庄一个大院里头。一个女孩从外面跑进院子，十来岁，穿一件花布衫，在我们住的北屋门前一晃，神情不安，匆匆跨进朝南挂着竹帘子的屋门。这是地主家的孩子。丁玲脑子里就产生了一个问题，就是这些地主的子女，这样年轻的孩子，土改运动里应该怎么对待？他们的前途、命运将是如何？这时脑子里就有了这么一个形象，丁玲想，将来就写她。

记者：丁玲为创作《太阳照在桑干河上》作了一些生活的积累？

陈明：她原来没有想到写作，原来就是要搞土改，不能光看别人做，自己也参加做。有了责任感，接触生活就深了，对土改运动的认识也就深了。当然，这为她后来的创作作了积累。

记者：真正萌生创作这部长篇小说的念头是在什么时候？

陈明：开始没有考虑创作，就是考虑要真正把农民发动起来，做我们战争的后盾，要不然内战怎么打呀？过去抗日好说，一说抗日，都会拥护。现在国民党打你，人家是正统中央军，又有美式的武器，飞机、大炮、汽车、装甲车。这个仗怎么打？靠老百姓，你得先给老百姓做事，帮助解决他们的土地问题、吃饭问题、活命问题。我们是本着这个认识去参加土改的。不是要写作，写作是后来的事情。开始在辛庄，郭强主席只要我们看，我们也看了一阵，只是插不上手。我们便跟晋察冀中央局商量，换到另外一个村子——

怀来县的东八里。

边区青委主任许世平和我两个人负责，丁玲也参加。我们合作得很顺利。在工作中我们又发现一个问题：有一个农民，按财产可以划为地主，我们后来还是把他划为富农，因为他是一辈子自己劳动，家里人口多一点，就比较富裕一点。对富农不能没收他的地，只叫他献地，这是土改时候的一个规定吧。开大会的时候，让他上台讲话，他就上台表态，他是富农他要献地。说着，他站在台上把裤腰带解开一抖，带子接了好几个头。丁玲又考虑这个问题了：这算什么富农啊，他生活的用品，一个裤腰带都是这样的破旧。农村现实生活里面，这些问题很多，很复杂，很现实，我们一下子也很难看得准，脑子里就有这么一个问题：土改中什么样的人算富农？怎么算？怎么不算？《太阳照在桑干河上》里面写的胡泰，就是从这个人物上面引出来的。第三个村子是涿鹿县的温泉屯，比较富，葡萄很多。工作组里有丁玲和我，有边区群众剧社的演员赵路、赵可，还有边区的工会主席、本地人老董，5 个人负责 4 个村子。当时内战形势特别紧张，傅作义要进占张家口。越是紧张，越要把土改搞好。搞得好不好，看群众的觉悟。战争形势一紧张，群众中的变天思想比较普遍。搞土改分田，土地翻身，还要让人们“翻心”，决心斗倒地主，所以我们特别注重访贫问苦，启发教育，帮助他们提高觉悟。

两个星期后我们结束了在温泉屯的土改工作，到县里去汇报，碰到朱良才同志。他是军区的参谋长，来视察撤退路线。见到我们，他说：张家口的部队都要撤了，你们怎么还在这儿啊？我们说：我们还想留着跟老百姓一块上山打游击呢。当然我们还得回晋察冀中央局。一回到张家口，张家口党政机关都疏散空了，只剩下最后一辆大卡车，是边区政府民政厅的，那时柯庆施是厅长，留了这么一辆车送大学名教授陈景昆先生回北京，行期都定了。柯庆施告诉我们：只剩这么一辆车，你们和萧三两口子搭这车走吧。不由分说，我们带着女儿祖慧，叫上勤务员张来福，跟萧三两口子，搭乘那辆车到了阜平。

离开温泉屯，一路上，土改中的情景、人物，萦回脑际。丁玲就说：现在要有一张桌子，我就可以写了。1946 年年底，她便开始写作。1947 年 5 月，参加土地复查；10 月，土地法大纲公布，听传达，学文件。写作时停时续。1947 年 12 月，她又参加了华北联大的土改工作队，带几个联大的学生，到解放不久的石家庄市附近的宋村等 4 个村子开展土改工作，丁玲是组长，到 1948 年 4 月工作结束。那时我在石家庄市委宣传部。这年春节，她邀我和那个勤务员，还有联大的同学于宗义、岳慎等人，到她那几个村子里演秧歌戏。演什么呢？《牛永贵负伤》。这个戏在延安的时候是出名的，写敌后斗争的。我们化了装，有的演八路军，有的演日本兵，我粘着胡子演老头。村里人跟丁玲开玩笑，指着我说：“这就是你老头啊！”一听就知道她和农民的关系好。土改结尾，分地分房，村里哪块地是水地还是旱地，哪栋房是几间，是好是坏，她比村干部还清楚。

记者：《太阳照在桑干河上》写了多长时间？

陈明：没有多长时间，从 1946 年年底动笔，到 1948 年 6 月定稿，前后一年半。中间土地复查，学习土地法大纲，参加宋村土改，占去了好几个月的时间。

记者：是在阜平开始写的？

陈明：我们从张家口撤退到阜平——这是晋察冀的老根据地。我们得先安家，那是 1946 年年底，我们先住在红土山，稍稍安定就开始写作。1947 年 1 月，搬到抬头湾村，那里比较安定，生活也安排得很好，早餐一碗面条，中午一顿大米饭，晚上就是剩的面条和小米粥，一天三顿，不重样。后来搬到一间大房子，高台阶，台阶下有七八个厕所，这村的厕所跟猪圈在一块，你蹲厕所，猪脑袋就伸过来了。到了夏天，你想想苍蝇该有多少？可是我们屋子里面一个苍蝇都没有。我们创造条件呀！靠西有个很宽的阳台，我们挂上老百姓的旧苇帘子，挡着西晒的烈日；朝南有个小窗户，我用一条床单当帘子，挡着热气。屋里有一个很大的旧炕，用一顶旧的日本蚊帐把炕全部罩上，里面没有蚊子，可以睡得安稳。写作有一

◆温泉屯丁玲纪念馆

张小桌子。晚上用小油壶点油灯，后来有时候点蜡烛。写累了，我们俩就下跳棋，没有棋子，就用豆子，白豆、黄豆、黑豆都用过，两个人互相赌，争得厉害，玩得开心。

记者：生活安静舒服，创作就顺利。

陈明：在抬头湾写作，心情愉快。华北局秘书长吴德同志照顾我们，让我们搬到华北局去，我们谢绝了。因为住在抬头湾安安静静，生活调配得也不错，不是吃鱼吃肉，我们需要的很简单。

记者：丁玲写作的间隙也跟您讨论她作品里的人物吗？

陈明：经常谈。她写作不习惯先有提纲，所以写作中我们常常交谈，谈得多的是人物，如书中工作组的文采，村干部里的张裕民、程仁，积极分子里面的李昌、妇女主任董桂花、黑妮，地主里面的钱文贵、李子俊和他老婆，等等。有时也谈到小说里的情节安排。

记者：据我们了解，当时丁玲写完《太阳照在桑干河上》，先拿给毛泽东同志的秘书胡乔木看的。

陈明：不是，是先拿给周扬同志看的，周扬就在华北局，担任宣传部副部长。

记者：当时，毛泽东同志知道《太阳照在桑干河上》以后，很支持这个作品？

陈明：丁玲最早是把原稿先交给周扬的。过了一个多月，没有回音。后来中央决定让丁玲参加中国妇女代表团出国，她到西柏坡集中，路过华北局，就到周扬那里去要回这部稿子。丁玲到了西柏坡，她先拿给胡乔木、艾思奇他们看，他们都觉得好，这样才决定出版。丁玲那次到西柏坡，毛泽东同志讲了很多鼓励她的话——毛泽东同志一向鼓励她，器重她。

记者： 1951 年的时候，《太阳照在桑干河上》获得了斯大林文学奖二等奖，丁玲去莫斯科领奖了吗？

陈明： 是 1952 年在北京领的奖。1952 年 2 月，丁玲和曹禺去莫斯科参加果戈里逝世 100 周年纪念大会。3 月 15 日，苏联报刊发表苏联部长会议关于以斯大林奖金授予 1951 年文学艺术方面有卓越成绩者的决定，《太阳照在桑干河上》获二等奖。接着记者采访丁玲，要她讲话，丁玲讲话中还说：我是一个很渺小的人。回国以后，我还说她"渺小"两个字用得不对，过于谦虚，干吗是个渺小的人呢？用"普通"两个字就行了。后来，在国内发的奖。

记者： 谁给她发的奖？

陈明： 苏联大使馆的大使。

记者： 什么奖品？

陈明： 就是斯大林奖金，还有个奖章。

记者： 奖章现在在哪儿？

陈明： 存在现代文学馆里。奖金是 5 万卢布。

记者： 奖金是怎么用的呢？

陈明： 全部捐给中国儿童福利委员会，我这儿还保存着收条。

记者：《太阳照在桑干河上》之后，丁玲还写过长篇吗？

陈明： 继续写了，但很遗憾，没能写完。在阜平写《太阳照在桑干河上》的时候，我们不断听到传来消息：国民党军队占领了张家口，温泉屯的翻身农民自动组织护地队，保卫土改中得来的胜利果实，和地主们继续做生死斗争。我们兴奋地随时搜集和积累这方面的资料，丁玲计划写作《太阳照在桑干河上》的姊妹篇，篇名是《在严寒的日子里》，并于 1954 年夏在安徽黄山开始动笔。但是万万没有想到，1955 年 8 月，一个众所周知的原因，丁玲突遭厄运，被剥夺写作权利长达20多年，1/4世纪。1979年，她75岁恢复写作权利时，便争分夺秒，奋笔疾书。这部作品前后共得20余万字。1986年丁玲因病辞世，长篇未能完稿，她遗憾终生。1990年，人民文学出版社把《在严寒的日子里》这部未完成的遗稿印刷出版。我把这看作是对泉下丁玲的安慰，也是对广大读者的交代。

这时也是延安文艺最活跃的时期之一

黎　辛

黎辛（1920—2021） 原名郭有勇。祖籍河南临汝，生于河北磁县。抗战初期与友人合作编辑过《争存》半月刊、《战时学生》等刊物，并领导开封话剧界联合会的活动。1938年到延安，入抗日军政大学学习，毕业后到晋东南工作。1940年入延安鲁迅艺术文学院文学系学习。

1942年后任《解放日报》副刊编辑。写有对《王贵与李香香》《白毛女》等作品的评论文章。新中国成立后，曾任湖北省文化局局长、中国文化艺术界联合会副秘书长。

记者：延安文艺座谈会召开前后，您在《解放日报》任文艺编辑，接触延安文艺界的情况比较多。您当时看到了一些什么情况？请给我们简单说一下。

黎辛：延安文艺座谈会以前的情况要分两点说：一方面，文艺界存在一些问题，要解决这些问题才要召开座谈会；另一方面，延安的文艺是有很大的成绩的。在抗战时期，《解放日报》的文艺专栏，或者说以文艺为主的综合副刊是全国最大的文艺阵地。这个话，以前没有人讲过，但这是事实。《文学大百科》说《解放日报》文艺版在解放区有比较大的影响。这是主观估计。它怎么仅仅在解放区有影响？这份中国共产党的报纸，在全国，在国内外，都有重大的影响。它说《解放日报》文艺副刊篇幅比较大，也不对，应该是全国第一。

为什么说是全国第一呢？不管它是专刊的时候，还是综合版的时候，都是中国第一大的文艺阵地。有人说《光明日报》的《东风》副刊是第一大整版副刊，但它比《解放日报》综合副刊晚了10年，《解放日报》综合副刊创刊于1942年，《光明日报》东风副刊是新中国成立以后才办的。《解放日报》副刊一个月能发十五六万字的文艺稿件，现在看来不算多，现在一本杂志就有几十万字，可是抗战时期，没有哪一个报刊能发这么多字。胡风先生主编的《七月》《希望》与茅盾先生主编的《文艺阵地》每期有16万字，可是它们出版的时间不长，中华全国文艺界抗敌协会的《抗战文艺》出版的时间最长，后期它一年也只出两三个印张。

记者：《解放日报》的副刊当时对延安文艺界起的作用挺大的。

黎辛：它是第一大文艺阵地，对全国、对延安影响都很大。它的任务，丁玲讲过有4条，主要是2条：第一条是给文艺家发表文

◆解放日报社社长博古

艺作品提供阵地，第二条就是培养青年作家。抗战时期，延安集中的作家是很多的，它是中国的政治中心，也可以说是文艺中心。

参加延安文艺座谈会的作家有七八十人。现在有材料说参加文艺座谈会的有 100 多人，那 100 多人中有些不是拿请柬参加文艺座谈会的，可能由于工作关系去的，或是相关领导，也有的是自己去的。在延安比较随便，结束那一天照了一张合影，有人根据那张照片整理什么人参加了。那基本上是对的，但不全对。因为有的人开会了但没有照相，比如严辰（即厂民）、胡一川；有的人受到邀请但没有参加会议，像高长虹。总之到会的不一定都是被邀请的文艺家。就说正式受到邀请的这七八十人，也是很大的数目，在重庆恐怕没有这样多的文艺界名家。所以说当时的延安是中国文艺的一个中心。

记者：文艺座谈会前后，《解放日报》文艺副刊作为主要的文艺阵地，是怎么配合座谈会召开的？

黎辛：《解放日报》的文艺副刊由社长、政治局委员博古和总编辑领导，开初，中宣部的秘书长杨松调来做总编辑。1942 年 8 月八路军野战政治部副主任陆定一调来任总编辑。副刊发表稿子也要与中央一致，不能闹独立。1942 年是抗日战争最困难的时期，知识分子政治上苦闷，生活上困难，表现出一些不满情绪。这种情绪在报纸上表现出来，比如丁玲的《三八节有感》说了一点，现在看问题不大，当时影响不好。像王实味的《野百合花》现在看问题也不大，当时影响就很大。国民党把它印成小册子宣传，同时还采取一些措施，对从西安到延安的路线封锁更严，有好多想来延安的青年，被国民党弄到胡宗南的战地服务团去了。《三八节有感》还被国民党编成戏演出，说是延安作家自己写的，你们看延安有什么好！延安没什么好，延安很糟糕。这在国统区也产生了不好的影响。在延安有些人看了赞成，有些人不满意，当时就来信批评。文艺座谈会以前，对于王实味的《野百合花》，毛泽东拍过桌子。为什么看得这么重呢？因为这时候我们最困难，它产生了不好的影响。对于丁玲《三八节有感》，毛泽东同志给予了区别对待，说丁玲与王实味不同，《三八节有感》有批评，有建议。

丁玲的《三八节有感》发表的情况也被传说得变了样，有人说《三八节有感》是 3 月 7 日陈企霞向丁玲说“空着版面”等丁玲写的。当时，报纸的副刊是早一日成版的，3 月 7 日已经排好，3 月 8 日见报的副刊，不可能会空着版面等稿。《解放日报》副刊从来没有空着版面等谁的稿子。1942 年纪念三八节，出版的是整版特刊，是中央妇委编的，这天的社论也是妇委写的，报社根本没有组稿任

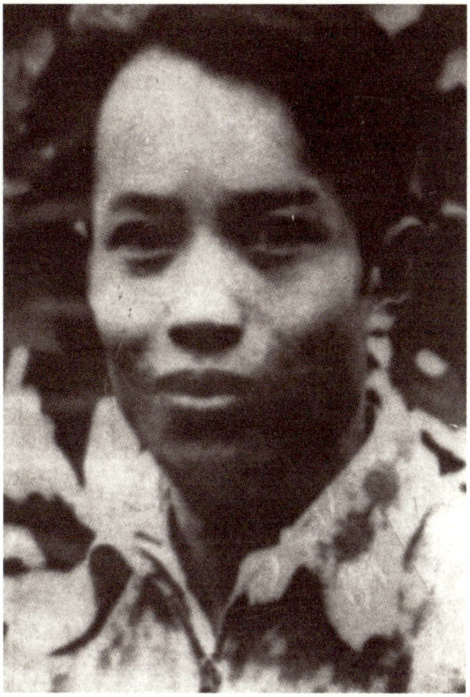
◆王实味

务。还有人说《三八节有感》是丁玲连夜匆忙写就，感到不满意，给陈明看看，也不满意，但限于时间，来不及再改，送给陈企霞3月9日发表了。

丁玲与陈明1942年3月还没有结婚，夜间写稿给陈明看，不是开玩笑吗？

王实味的《野百合花》是丁玲交给我们的。我到《解放日报》的时候，丁玲是文艺副刊主编，编辑是陈企霞，本来还有刘雪苇，他们3个人三角形对着桌子办公。刘雪苇是从中央党校文艺研究室借调来的，1941年年末他回去了。1942年过了新年，我就来到文艺副刊。

丁玲给我们开会，安排了工作，她说要去“文抗”（中华全国文艺界抗敌协会）住，从“文抗”到中央医院治疗关节炎方便。“文抗”在中央医院与解放日报社中间，她住“文抗”可以少走几里路。《野百合花》是丁玲在稿子上写了“可用”二字在“文抗”交给陈企霞的，它究竟是王实味给丁玲的，还是丁玲组来的，我说不清楚，因为丁玲说过，你们两个人已经很忙，退稿你们就做主退，退稿信我不看了，你们把能用的稿子送给我看，我在“文抗”也组织稿子，我组织来的不能用的稿子我就退了，能用的就留给你们。

发《野百合花》第一组的时候，陈企霞把它摆在我桌上，我看完，又摆在他桌上。他说你有什么意见？我说写得偏了点，也酸了点。陈企霞说他会写，我看蛮好。

丁玲为什么发这些东西呢？因为当时大家思想苦闷，有些牢骚，就说报纸要有杂文，要批评周围的不良现象，你发表的杂文都是批评国民党的，枪口对外，没有对内的。延安有些官僚主义，也有些贪污腐败，当时知识分子也有些看法，比如萧军写的小鬼没衣服穿，脚啊手啊都冻了。再比如说大、中、小灶的分别。在这种思想影响下她发了这些东西。丁玲在这以前也说过我们需要杂文。最早说延安也需要鲁迅笔法的是丁玲，是1941年年末说的。1942年3月，罗烽为纪念文艺专栏出版100期，写文章说现在“还是杂文时代”，反右时说是罗烽最早提出延安还需要鲁迅笔法，这不符合实际。现在看，任何时候都是需要杂文的。

王实味的文章发表后就受到了批评。6月以前写的文章都是写王实味同志怎么样怎么样，批评他的错误言论。6月11日罗迈在中央研究院说王实味是“托派”后，大家就不称他同志了。周扬批判王实味的文章最厉害，骂他是文痞，托洛茨基是他的老祖宗，等等。其他同志倒没有这样激烈。周文的批评是讲理的，说王实味没有考虑到我们和他们的区别，对我们自己讲是进行批评和自我批评，国民党也要看的，他们会利用这些文章搞坏的宣传，这就不好了。就像鲁迅批评张春桥《三月的租界》，张春桥那个批评，鲁迅说不合适。周文的文章是最讲理的批判文章。

1942年，把王实味抓起来以后，把他《野百合花》中写到的现象能调查的事实都调查了，调查的结果是他写得不确实。比如他在“衣分三色，食分五等”中说青年学生一天吃两顿稀饭都吃不饱，有些大人物却搞特殊享受。调查的结果是怎么回事呢？前几年我跟陕西省政协原副主席李经纶谈起来，他当时在延安师范学校当总支书记，他说王实味当时是听延安师范学校语文老师说的。有一天早餐有些学生没吃饱，也不知是食堂做得少了一点，还是这几个学生吃得多了一点。学校知道后，学生会主席就征求他们的意见：是我们再做饭，大家吃饱了上课，还是先去上课，等下课再商量解决办法？在延安抓问题抓在萌芽状态。调查表明，那只是一个偶然现象，而且得到了妥善处理。事实上，延安所有的机关学校每天都是吃三顿小米，标准是每人每天 1 斤 4 两，用的是大秤，1 斤 4 两，是够吃的，一般吃两餐干饭，一餐稀饭。

除了《解放日报》发表的文艺作品外，文艺界还有点问题，整风的时候，把它叫“小资产阶级思想”。比如有一篇小说写一个女同志在前方行军掉队了，团级干部就对她说，上我的马走。一边走，团级干部就开始追求这个女同志。两个人没有什么共同的思想感情，最后勉强地结婚了。还有其他的这类作品，比如写老干部的老婆搞特殊，到食堂多要东西，或者把邻居的白菜拿到自己家里。有的写将军的老马光养着不用，马夫也老了。这些作品写了延安的一些消极的东西，有些老干部有意见——那时只能写青年知识分子不好，不能写老革命不好。为什么召开文艺座谈会呢？就是因为延安文艺界存在这些大大小小的问题。毛泽东同志同艾青等讲过，说我看有些文艺作品，好像跟在《良心话》上发表的差不多。《良心话》是国民党办的一个反动报刊，专门攻击延安。毛泽东同志把它看得很严重，也说得严重一点。

1942 年 2 月上旬，毛泽东同志先后在中共中央党校开学典礼和中共中央宣传部干部会议上作《整顿党的作风》和《反对党八股》的报告，1942 年 4 月 3 日和 6 月 8 日，中共中央宣传部先后发出《关于在延安讨论中央决定及毛泽东同志整顿三风报告的决定》和《关于在全党进行整顿三风学习运动的指示》，开始了全党范围的整风运动。

1942 年 2 月初毛泽东作了两个报告后，各单位都根据笔记口头传达整风报告，对此进行讨论。一般年轻干部不懂什么路线问题，可是 3 月发表的王实味等人的一些文章，当时还有个《轻骑队》墙报，他们有些稿件就像《野百合花》那样批评延安，甚至有的更厉害。这造成大家思想混乱，整风开会进行不下去。星期天或者晚饭以后，离《轻骑队》近的都去看墙报。所以毛泽东同志说《野百合花》是王实味挂帅，不是马克思挂帅。就找作家谈，征求意见，各个山头的文艺家都谈了，让他们做思想准备，来开文艺座谈会。

文艺座谈会从 1942 年 5 月 2 日开到 5 月 23 日。1943 年一份关于延安文化人工作经验的《党务通报》说，召开文艺座谈会就是要解决文艺界存在的这些问题。只讲了当时的思想混乱，有负面影响的作品，没有讲当时还有很多很好的文艺作品。当时也是延安文艺最活跃的时期之一，作品多，演出多，歌咏多，街头诗多。延安的街头诗厉害呀，我看是新文艺运动史上没有过的，写街头诗的有柯仲平、艾青，特别是艾青写得多，何其芳也写。插图是古元、罗工柳画的。插图当时贴在马路上，现在找不到了。他们都是我国一流的诗人、一流的画家。

记者：诗都是贴在马路上？

黎辛：街头诗都贴在那儿。贴在马路上，也贴在山坡上和其他显眼处。文艺座谈会从 5 月 2 日到 23 日。5 月 2 日开会毛主席讲“前言”，16 日讨论，23 日上午讨论，下午讨论之后是朱德同志发言，晚上是毛泽东同志作结论。

记者：在开会期间副刊给座谈会发了一些报道吗？

黎辛：没有发任何报道。文艺座谈会开幕，《解放日报》没有发消息，闭幕也没有发消息。对这个会议毛主席最慎重。1936 年中央还在保安，丁玲从上海过来，10 月“中国文协”成立，毛泽东同志在会上发表讲话，说我们革命要有文武两条路线，以前我们只搞武的，没有文的，现在是要文武双全。从那个时候起，毛泽东同志开始抓文艺。可是召开文艺座谈会他非常慎重，因为虽然他 1936 年 10 月说过我们也要注意文的，在《新民主主义论》里面他也讲了一些文的，可是毕竟还是研究得少，所以没有宣传这次座谈会。5 月 14 日、15 日、19 日、20 日《解放日报》辟了一个专栏，叫《马克思主义与文艺》，发表马克思主义的一些经典文艺理论。第一次发的是博古特别为座谈会召开赶译的列宁的《党的组织和党的文学》，第二次发表恩格斯的《论现实主义》，第三次发表《拉法格论作家与生活》，第四次发表鲁迅的《对于左翼作家联盟的意见》。专栏的按语说：“最近由毛泽东、凯丰两同志主持所举行的文艺座谈会是一件大事，尤其对于关心当前文艺运动诸问题的读者，本版决定将与此会有关诸材料及各作家的意见择要综合于此，以供参考与讨论。”按语是毛泽东同志写的，著作也是毛泽东同志处送来的，所以，虽然报上没有报道，读者也知道召开文艺座谈会。

列宁的《党的组织和党的文学》，以前有人翻译过，可是在延安找不到稿子，只好由博古重新翻译。20 世纪 30 年代，在《海上述林》里，瞿秋白介绍过《党的组织和党的文学》这篇文章，说列宁所以写这篇文章是出于当时的形势需要，为了让人们正确看待文学，另外也是为了同巴尔蒙特之类的颓废派作家作斗争。当时博古

◆延安解放日报社印刷工人在印刷报纸

说，俄文“Литература”是多义词，暂时翻译成“文学”。瞿秋白在《海上述林》中也是这么介绍的。后来根据胡乔木的意见改译成“党的出版物”，现在一般都用这种译法。改译之前在中宣部开会讨论，我那时负责中宣部文艺局的工作，也参加了这次讨论，我听了半天，没有一个专家赞成。现在也有很多人不赞成。此前文学出版社出版过《十八所大学教程》，改译为很多意思，包括“评论”啦，“新闻”啦，“文学”啦都有了，翻译得很好，不必再翻译了。

记者：这批文章是不是在毛泽东同志直接过问下发表的？

黎辛：博古说他译此文是为召开文艺座谈会，毛泽东同志叫他翻译的。毛泽东同志有《海上述林》，知道此文，博古译后直接交给我，不是毛泽东同志那儿送给副刊的。那时文艺是文化战线的排头兵、政治的晴雨表，文艺工作由毛泽东同志亲自抓，抓得深入具体。他是统帅，又是士兵。

我看毛泽东同志作“结论”，有些观点很明显就是从这儿来的。列宁说党的文学是党组织的齿轮和螺丝钉，毛泽东同志就说文学是党的工作的一部分，是要用来团结人民、教育人民，打击敌人、消灭敌人的，他不仅承认文学是党组织的螺丝钉，“一部分”的意思也就是党的文学了。他的讲话里面三四处引用了鲁迅的文章，几次讲到鲁迅。我看发表这些经典著作是为了引导会议顺利进行的。

记者：这几篇文章发表之后，当时对座谈会是不是起了一些积极作用？

黎辛：产生了一些积极作用。因为是配合这次座谈会发表的，总有些人赞成。可是作用也不大，因为思想的问题不是一下子能想通的。文艺座谈会作“结论”以后，也不是所有作家都赞成的，创作活跃、有成绩的人是赞成的，没有作品，或因故没有深入生活写不出反映人民生活与斗争的作品的人是不大赞成的。

记者：1942 年 5 月 23 日座谈会结束之后，毛泽东同志的《在延安文艺座谈会上的讲话》为什么一直到 1943 年 10 月才发表？拖了这么长时间，当时是出于什么考虑？

黎辛：胡乔木同志说过这个问题，他说为什么这么晚才发表呢？有两个原因：一个是慎重，另一个是太忙。我认为是慎重，不是忙。毛泽东同志是忙的，可是他的整风报告经过三四个月就发表了。毛泽东同志一个星期能给报纸写 3 个社论、3 个头条新闻，一个月内审看报社社论、重要新闻，审看中央负责同志的文章不知有多少，从来没有耽误过一分钟。开文艺座谈会的时候，文艺栏的主编是舒群，他跟毛泽东同志比较熟，见着毛泽东同志就催《讲话》的稿子。毛泽东同志最后说，你不要催了，这个问题我要考虑考虑，我写好了就送给你们，你们以后不要再催了。一直到 1943 年 10 月我们就没有再催，可是他忽然派人送来了。大概是 16 日送来，19 日发的。

记者： 这个稿子原件也是您亲手编发的吗？

黎辛： 是的。原件用的是延安最好的油光纸稿纸，自来水笔抄的，不是毛泽东同志的笔迹。当时是副刊部主任艾思奇拿来的，他说毛主席说了，早一点给我们送来，让我们早点打清样送给毛主席看。为此，他没有看这个稿子，希望大家也都不要看，送到排字房先排，排出来我们大家都看清样。社长博古也没看这篇文章，让我和林默涵编发这篇稿子。林默涵是管文艺理论的著名的老编辑，我则跟各个版面编辑都比较熟。《讲话》稿子比较长，要从第一版到第四版才能排完，我和其他版的编辑协商。所以是我们两个一起编发、一起校对了这篇文章。拿到稿子，我说这不是毛主席的字。林默涵说我看像胡乔木的，你看这是谁的？我说我看也像胡乔木的字，笔迹比较清秀。胡乔木平常写毛笔字，这次是用自来水笔写的。

毛泽东同志开始给报纸写稿用的是铅笔，他写一遍，改一遍，都是用铅笔在白色的连史纸上写的。排字工人有意见，那个时候排字是工人用手拣铅字排字，自己做的油墨也差，工人手上沾的都是油墨，再摸原稿，铅笔字都被弄黑了，校对就更看不清楚。工人说我们也难，校对也难。这个意见由博古传到毛泽东同志那里，以后毛泽东同志就改用毛笔写了。文艺座谈会《讲话》以前的稿子都是用毛笔写的。我们俩估计这次的笔迹不是毛泽东同志的，是胡乔木的，可能是胡乔木帮助毛泽东同志抄写的。后来胡乔木说，毛主席讲话时有人用速记法作记录，毛主席讲话又有一大摞提纲。胡乔木在回忆文艺座谈会时，说《讲话》是他根据毛泽东同志的提纲与速记员的记录稿整理的，他主要是调整了一些前后次序。

毛泽东同志讲话内容很丰富。整风报告、反对党八股报告，都是很丰富的。反对党八股报告我听了，毛泽东同志一开头就说，现在兵荒马乱，全世界的文章都要缩短。整个报告讲了半天，很长，可是发表出来只剩下五六千字。他讲党八股的弊病，谈了很多看法，他讲会上发的《宣传指南》小册子，每一条都讲得很详细，可是发表出来都没有了，许多宝贵意见没有了，很可惜。为什么这样？我看他考虑的主要是文章的严谨。

记者：《讲话》的稿子由胡乔木整理了一遍？

黎辛：对。整理后毛泽东同志一定还要看还要改的。那些中央负责人的文章他都改过的，所有重要的社论报道与观察家谈话，特别是中央重要会议的稿子，书记处传看，政治局传看，中央各位负责人都看过改过，最后我们在报社看定稿，都发现毛泽东同志改得第一好，第一高。

送来的稿子一个字没改，清清楚楚，是胡乔木的字。毛泽东同志说要看清样，我们 17 日排出来就送给他了。当天就又送回来。在清样上毛泽东同志去掉了有 600 字左右，增加了有 600 字左右。

这个清样一版 1.2 万字，你要抹掉 600 字容易，你要再加 600 字，这里改一个字，那里加几个字，就很难了，可是毛泽东同志在清样上加了 600 字，他加的地方清清楚楚，任何人都容易校对，容易修改。我们把清样退给毛泽东同志，毛泽东同志把清样送给我们，只用一天时间，说明毛泽东同志修改与校对迅速，不误报时。

记者：《讲话》为什么选择在 10 月 19 日鲁迅逝世纪念日发表呢？

黎辛：这个胡乔木也说了，可能是偶合，也可能是有意。我看是有意的。他尊重鲁迅，对鲁迅的评价很高。他赶到 17 日把《讲话》送来，而且按语也是写好了送来的，可以说他是考虑过发表的时间的，是为纪念鲁迅逝世7周年发表的。在文题后，正文前，写着：“今天是鲁迅先生逝世七周年纪念日。我们特发表毛泽东同志1942年5月在延安文艺座谈会上的讲话，以纪念这位中国文化革命的最伟大与最英勇的旗手。——编者”

记者：当时《解放日报》的发行量大不大？

黎辛：发行量不大，因为国民党不准发行，各抗日根据地由于日本侵略军的封锁，也发行不了，只有内部交通送一点。日本鬼子投降以后，在解放区发行量大一点，最多印到约1万份，少的时候不到1万份，内部交通送到很多地方，重庆都有。

记者：您给我们谈谈当时重庆报刊转载《讲话》的情况。

黎辛：重庆是1944年年初转载的。转载后，在周恩来公馆开过会，讨论毛泽东同志《在延安文艺座谈会上的讲话》，胡风也参加了，他说了些不同意见，当时就受到了批评。

在延安，文艺座谈会开过后就开始整风。整风的时候，光说说不行，要有措施，一般的措施还不行，要有具体措施，所以我说当时是大整顿、大学习。学习《讲话》，必须理论和实践相结合。《讲话》讲了你要深入生活，要跟工农兵结合，你不懂，你格格不入，那不行。要弄懂，还要贯彻到实践中去。毛泽东同志说了他的经验，觉得牛粪不脏。我们在实践中也要做到这一点。在劳动的时候我们背粪，一背一筐，弄得全身里外都是粪，我们也不觉得脏。华君武在大生产的时候，从鲁艺进城路过飞机场，见到一堆牛粪，觉得丢了可惜，他想捡起来，怎么捡呢？他把帽子脱下来，把牛粪捧到帽子里，带到鲁艺，然后回去把帽子洗洗接着戴。

经过整风学习、参加大生产以后，作家的思想感情有了变化，不觉得农民脏了，觉得农民思想很干净。《讲话》以后，创作上迅速出现大量中国气派的、民族作风的、群众喜闻乐见的作品。比如贺敬之等人写的民歌，贺敬之的《南泥湾》《挑花篮》等，现在很多人还在唱，曲都是张鲁与安波等人写的，延安叫他们“小调大王”。《白毛女》的歌曲也主要是安波和张鲁写的。

记者：《王贵与李香香》这个叙事诗当时是怎么送到你们报馆的？你们看到后有什么反应？

黎辛：抗战中期相持阶段，为召开党的七大做准备时，党为反攻培养干部，党的七大代表与高级干部到中央党校学习，普通的干部像李季这样的，调到延安来培养。李季大概是 1942 年从前方到延安的。在前方的时候他当连指导员，经常参加战斗。那时候非常困难，没吃、没穿、没子弹。战士背的子弹袋里头只有三四颗子弹，别的装的都是高粱秆。为了节约子弹，打仗时要等敌人到了 50 米、30 米远的时候才开枪。手榴弹也是土造的，甩起来很难的。李季到延安之前只上过初中，热爱文艺，已经发表过一些通讯报道作品了。他开始想考鲁艺，主考是何其芳，他是文学系主任。何其芳 1936 年在《大公报》发表《画梦录》并因此获得《大公报》的文艺奖。《画梦录》是朦胧散文，李季没看过这些，也看不懂，我也看不懂，我们是搞革命文艺这一套的。李季谈创作思想，可能跟何其芳谈不拢，没录取他。后来分配到三边地委的党报做副刊编辑。从那时起，李季就开始收集民歌，并当《解放日报》的通讯员，为中央党报写稿。当时考不上鲁艺文学系的还有罗烽等人。

记者：李季在三边生活时间很长吧？

黎辛：他 1942 年就到三边，1947 年解放战争中才离开。他是报纸的通讯员，给报纸写小故事，像《救生粮》，就是几百字的民间救灾故事；《黎明前的黑暗》是篇通讯，写他从前方回延安的危险经历，写在抗战最艰难的时候广大群众包括敌占区的群众也相信抗战要胜利的。另外他还发表过两三篇小说，最好的小说叫《老阴阳怒打"虫郎爷"》，8000 字，主题是反对迷信。庄稼长了虫，那时候的旧办法，就是老百姓请阴阳巫师求神拜佛，结果失败了，最后还是按照政府讲的扑虫办法才消灭了虫害。

记者：李季为什么用信天游的形式写作？

黎辛：他把他收集的信天游都寄给我看，都是两句一首的。有旧的，比如"你妈妈打你不成材，这么大的露水你穿红鞋"；也有革命的，比如"红军来了怎么样，鸡叫、狗喊，当红军的哥哥回来了"。他想用信天游创作，我说你写短的也可以，写长的也可以。他在三边报社工作，有条件用油光纸的稿纸写作。当时有很多作者只能用马兰纸、土纸写。

记者：李季的《王贵与李香香》是怎么出现的？

黎辛：1946 年 3 月，李季寄来长诗《王贵与李香香》。这时副刊版的主编是刘祖春，这个人做过中宣部的副部长，是个文学家，属于京派，出版过小说集《淡血》，他初到报社时做国际版编辑，跟我比较熟，谈得来。日本鬼子投降后，陈企霞去了华北，改由我发稿，现在叫执行编辑。李季的诗寄来了，我看了觉得非常好。我对刘祖春说应该写文章介绍，他说你写吧。我说你先看看这个诗。他说看什么，你写就是了。我说我写文章还得两天，你看看吧。他看了后说非常好。我写了文章。李季的这首诗 1946 年 3 月在副刊头题发表，我的介绍文章题目是《关于〈王贵与李香香〉》，不长（报上的介绍稿子都不能很长，普遍都是 2500 字左右），发表在同日版上左辟栏的位置，发表时署名"解清"，这是我在延安的笔名。

发表3天以后，当时中宣部部长陆定一又写了一篇稿子介绍李季的诗，几百字，题目叫《读了一首诗》。这首诗还是新华社第一篇被译为英文广播的文艺作品。有个美国专家叫李敦白在新华社工作，他首先把这首诗翻译成英文，传播到国外。

记者：《王贵与李香香》发表时有修改吗？

黎辛：个别文字可能有改动。全稿没有改。题目是我改的。最早的题目叫《红旗插到死羊湾》，我感到没劲，请他改，他改为《太阳会从西边出来吗》，较省劲，又显一般化。我提出改为《王贵与李香香》，李季表示同意。

记者：请您再谈点文艺座谈会以后的情况。

黎辛：文艺座谈会以后，大家主要结合整风进行学习，开展批评与自我批评，议论作家深入生活，改变立场观点，与工农兵即人民大众相结合。

第一次披露《讲话》的部分内容，是1943年3月13日《解放日报》头版头题报道中央文委与中央组织部召开党的文艺工作者会议的情况，这篇报道有7000字长，标题八栏高，是报纸出版6年来发表的最长、最显著的消息。报道以鲁迅提出文艺和群众与实际斗争结合为导语，写毛泽东同志指示的“文艺应为工农兵服务”约1000字。还报道了书记处书记刘少奇同志的临时讲话，他说：“要学习得好，读书不如耳闻，耳闻不如目见，旁观又不如动手。文艺工作者，直接向实际学习，直接从改造实际中学习，这从学习的质上乃是找到了主要的基本的方法。”还报道了中央组织部部长陈云与中央宣传部代部长凯丰与报社社长博古等的讲话。

文艺座谈会以后，文艺创作与活动最早出现的新气象是1943年春节文艺活动中表演了新的陕北秧歌剧，各文艺团体、学校、机关、部队几十支文艺宣传队都表演秧歌剧与扭秧歌。主要的秧歌剧有《兄妹开荒》《牛永贵挂彩》《夫妻识字》等。其他作品有艾青的口语化叙事长诗《吴满友》、古元的木刻年画《吴满友》——吴满友是当时的劳动模范。接着又出现了孙犁的《荷花淀》、邵子南的《李勇大摆地雷阵》、丁玲的《田保霖》、欧阳山的《活在新社会里》；太行区发表了赵树理的《小二黑结婚》《李有才板话》；晋绥区发表了马烽、西戎的《吕梁英雄传》；还有京剧《逼上梁山》、盲艺人韩起祥的说书；等等。

文艺座谈会以后，出现了文艺创作的大繁荣，出现了五四运动以后从未有过的文艺创作与表演的大繁荣，开创了革命文艺与人民文艺的新时代与新天地，如同解放区由人民群众当家作主一样，人民大众成了文艺舞台上的主角。

毛主席说，漫画要发展的

华君武

华君武（1915—2010） 江苏无锡人。1938年到延安，在鲁迅艺术学院美术系研究班、美术工场及美术工作团工作。1940年加入中国共产党。创作漫画《前方将士要军粮》《逆流》《中山先生的信徒们》。1942年，延安曾举办华君武、蔡若虹、张谔讽刺画联展。1942年5月参加延安文艺座谈会。主要作品有《最后一个傀儡》《榜样》《诱降》《磨好刀再杀》《在反革命的后台》等。新中国成立后，历任人民日报社文学艺术部主任、中国美协秘书长、中国文联书记处书记、中国美协副主席兼常务书记等职。

记者：您是哪年到延安的？

华君武：1938年，从上海去的延安。在路上走了3个月，经过香港、广州、长沙、武汉、重庆、成都、秦岭、宝鸡、西安。先到陕北公学，在陕北公学待了1个月，后来陕北公学校长成仿吾护送我们十几个人到延安。去延安一路上非常艰苦，可是我们都很乐观。

记者：您在延安待了几年？生活上怎么样？

华君武：在延安待了7年。我觉得延安生活确实很艰苦，但是人的精神却是愉快的。我是偷偷地离家的，我离开上海时没有告诉我妈妈。一到延安，果然像书上讲的那样，官兵是平等的，军民是平等的。延安的天地确实不一样，真是新天地。记得到延安第一天晚上，我兜里一分钱也没有了。开完晚会回来肚子饿了，怎么办呢？白天糊窗户纸有糨糊，用了一半还有一半，就把它吃掉了。现在想想也是蛮有意思的。这种事情多得很。比方说我们延安鲁艺都是搞文艺的，散漫一点，小米粥里头有时候偶尔给你撒点红枣进去，大家就去抢，抢着去捞枣，吃面条也抢，抢得相当厉害。比方溜冰。我在上海不会溜冰，4个轮子的，也不会。于蓝是电影演员，她的哥哥叫于亚伦，以前在北京念书，后来参加革命，他会溜冰，就带着我们到山上日本人轰炸过的地方去捡炸弹皮，捡回来到铁匠铺打冰刀。我就是把那样做的冰刀捆在脚上面，练习溜冰的。

记者：您是哪一年离开延安的？

华君武：离开是在1945年8月，到东北去了。我们到东北沈阳的时候是11月，路上走了3个月。

记者：在东北哪儿工作？

华君武：在东北日报社。1948年11月2日沈阳解放，人民日报社调我，我就到了人民日报社。我记得1948年12月30日的晚饭是在人民日报社吃的。

记者：在延安鲁艺的时候，您是老师吗？

华君武：我算是研究员，后来算老师，我这个老师也不教课的。

记者：当时您在鲁艺的时候，一个窑洞里面住多少人？

华君武：我那个时候一个人住一个窑洞，教师一般都是一个人、两个人住。学生住的多一点，也就是几个人。上课一般都是在户外，后来盖了教室在教室上课，大部分时间在露天上课，那时候条件比较困难。下雨、下雪就不出去了。当时延安生活确实是比较艰苦的，可我那时候也没在意，精神是完全解放的，非常愉快的。当然也有想家的，回去的也有，但很少，我现在只记得有两个人。

◆鲁艺校址旧影

记者：当时您主要搞漫画？

华君武：我只会搞漫画，别的不会。

记者：当时鲁艺人很多，平常在一块儿，在创作上经常切磋吗？

华君武：在鲁艺我们办了一个漫画墙报。漫画墙报很简单，我们几个搞漫画的每人画一幅漫画，我到总务科领一块蓝布，然后把画粘在蓝布上面，挂在我们两个窑洞外边的墙上，就算完成了。大概是一个月出一期，全校很多人都来看。有一次讽刺了一个科长，这个科长是位老红军，他是个矮个儿，有幅漫画夸张了他的个头，他看着就不高兴了，还到周扬那儿去告状，周扬跟他解释解释也就算了。大家喜欢看这个漫画墙报。那个时候漫画不可能都拿去报纸上发表，也用不了那么多漫画，只好靠鲁艺这个墙报练一练。

1942 年的时候，蔡若虹、张谔和我，我们 3 个人开了个漫画展览会。当时我们在延安已经生活 4 年了，也看到了一些现象。办展时间大约是 1942 年 1 月。当时在延安，因为大家没见过漫画，很好奇，都来参观。来的人大多是干部，也有八路军的官兵。很多人都来看，引起了轰动。展览会开到差不多一半的时候，毛泽东同志也来看。那天我正在会场值班，毛泽东同志看了一遍，对有的画不太明白，就问我，我就给他作了解释。毛泽东同志看完要走了，我请毛泽东同志批评，毛泽东同志说，漫画要发展的。那个时候我也不大懂“发展”是什么意思，也不好意思去问他。

现在看起来，当时有的漫画是有毛病的。当时在延安，有些女的要找首长结婚。我就画了一幅漫画：两个女的在那儿谈天，一个女的说，“一个科长就嫁了”？意思是科长太小了。题目就叫《首长路线》。严格来讲，这是不妥当的。还有一幅漫画讲延安开会不准时。那个时候连个手表都没有，哪能准时啊？说起来，要求准时也是对的，但是延安当时没有这个条件。在漫画里强调了这些东西，可能就有点不合适。经过很长时间以后，我才慢慢觉悟到我的漫画有两个错误：第一个是把这些东西夸大了，有片面性；第二个就是在民族矛盾很尖锐的抗战时期，去画这些东西干吗？那个时候应该讲一致抗日。

记者：您当时心里还有点不服气是吗？

华君武：“文化大革命”中有人说毛泽东同志严厉批评了我们。根本没这个事，对我们确实没有批评。后来过了一段时间，我逐渐觉悟了，我觉得我们是有错误的。5 月延安文艺座谈会上也没谈这个事。8 月毛泽东同志找我们 3 个画漫画的到他枣园家里面去见见面，吃了一顿饭，喝了点酒。当时也谈了很多东西。我现在只讲这么件事情：毛泽东同志看见我在延安《解放日报》上有幅漫画，这幅画上边画了一棵树，就是很小的一棵树，没人管它，马咬了，驴啃了，就死了。

在当时的延河边是有这种现象的，我就给这幅漫画起了一个名字叫作《1939 年延安植的树》。毛泽东同志就拿这张画开头，他说，延河植树植得不好，应该批评，但要分清个别和一般，比方说王家坪植树不好，就

◆鲁艺吴玉章同志和华君武、干学伟在一起

◈田方和华君武（右）

应该批评延安王家坪植树。他说，你这样一讲，就好像是说整个的延河植树都不好，这不准确。他说，你要分清楚这是个别的，还是一般的，是局部的，还是全局的。毛泽东同志这个话讲得很简单，他说要区别两个关系，一个是个别和一般的关系，另一个是局部和全局的关系。这一点很重要。在我自己感觉中，漫画长期以来存在片面性，总是强调夸张，因此，讽刺性就不准确了。再加上片面地一夸张，就更不得了了。比方说现在一个这么大的国家，有一部分干部贪污，不能说一部分干部贪污就是整个的贪污，这样就错了。所以，毛泽东同志的这两个“区别”对我以后的漫画创作起了大作用。不能说我以后的漫画都是很准确的，但用什么词，用什么题目，怎样构图，怎样立意，我还是比较注意把握两个“区别”的。

记者：延安文艺座谈会当时您是作为鲁艺的代表去的，您以一个漫画家的身份参加座谈会，有哪些事值得一说？

华君武：延安文艺座谈会对我很有触动。以前在上海画漫画，我没想到画工人、农民，我的对象就是知识分子、市民，市民最多了。另外，那时的世界观、艺术观也都是旧的，根本没想文艺还要改造还要变化。听了文艺座谈会上的讲话，虽然不是很理解，但也是有一些理解的。到了延安，到了鲁艺以后，总要跟老百姓接触，延安实际上大都是农民。农民多，红军战士大都是农民，红军的干部也大都是农民。毛泽东同志这样讲：八路军是穿了军人衣服的农民。当时漫画的对象跟上海的不一样了。我在上海画画学一个外国人的，那无所谓，但到了延安，要把我的漫画放到墙报上，就有问题了。在延安桥儿沟我们办一个墙报，老百姓看到我们的漫画，看不懂，扭头就走了。作品嘛都希望有人看，老百姓看不懂我的漫画，或者不喜欢漫画，那问题就来了。问题是什么？就是毛泽东同志讲的，你是从上海亭子间走到延安这个广大工农兵的天地当中来的，你的东西要变化。毛泽东同志要召开文艺座谈会，就是要解决我们创作中存在的这样一些问题。所以，参加文艺座谈会，毛泽东同志的讲话引起了我的思考。慢慢体会，我认识到自己要改，怎么改？到实践中去摸索。

那个时候我给《解放日报》画画，我们创作的漫画都主要由陆定一负责审查。漫画跟政治联系是非常紧的。我举一个例子：画蒋介石，有时候能发表，有时候就不能发表，要看当时的形势，如果正是我们在和蒋介石谈什么问题的时候就不要发表，谈判成功了也不要发表，谈判破裂了再发表。当时刊登有关蒋介石的漫画，有时可以把蒋介石的脸部画得很清楚，有的时候就需要模模糊糊的。比如，我有一次画墨索里尼被吊死的画，里面画了一个日本人，还有蒋介石，就没画蒋介石的脸，只画他穿了一件大氅，人家可以看出是蒋介石，但看不到他的脸。1945年以后，谈判破裂，打起来了，我就什么都画了。因此，当时漫画画出来，有的不用，有的改一改再用，对它所起的政治作用非常重视，比艺术功能更加看重，大致都要根据“有理、有利、有节”的原则。

记者：在《在延安文艺座谈会上的讲话》里头讲了政治标准第一，艺术标准第二，漫画对此体现得是否比较充分？

华君武：应该可以这么讲，政治标准第一嘛。当然漫画只是文艺当中一个小小的门类。其实《讲话》发表后整个文艺都发生了很大的变化。我认为延安文艺座谈会是破天荒，开天辟地的第一次。

记者：您还记得开文艺座谈会的时候，毛泽东同志是怎么进到会场，他讲话过程当中很幽默的一些事吗？

华君武：毛泽东同志讲话从来是幽默的，但是那个时候尤其像我这样的人，要站在毛泽东同志旁边，还不敢，都是年纪大一点的，参加革命时间长一点的，他们去站去，你看照片上我是在最后一排。毛泽东同志席会上的讲话我现在都记不大清了，只记得何其芳，文学家，四川人，他讲话快得不得了，比现在主持人发言还要快，毛泽东同志后来跟他旁边的人——周扬还是谁我记不清了，说他说话怎么这么快呀。毛泽东同志笑了一笑。还记得会上有速记的人，我记得大概一分钟可以记多少字。现在我只记得这样一些事情，别的事情我想不起来了。

记者：还记得开会期间，安排的伙食比平时要好？

华君武：那当然，伙食比平时好得多，不过也好不到哪里去，就是可以吃馒头了，肉当然也可以吃两块，别的也没什么特别的。那个时候延安八路军政治部出了个《连环画报》，每年过年都要请我们画画的人到他们那儿去聚一聚。那个时候肉食是用脸盆装的，4个脸盆，起码有肉，还有别的。鱼是吃不到的，延河里没有鱼。我跟古元两个人到后沟去找，最后找了两条不到一寸长的鱼，怎么吃啊？鱼吃不到，水果吃不到，只能吃酸枣。王朝闻发明用酸枣的叶子当茶叶泡着喝。后来不喝了，因为茶是刮肠子的，油水本就不多，再喝茶受不了。延安的生活确实是很特殊的一种情况。

记者：文艺座谈会之后，对漫画创作而言，您觉得是不是受到了一些束缚？

华君武：束缚应该有的。假如正跟蒋介石谈判，你忽然把他画出蒋光头来，他当然不高兴了。这有道理。总而言之，那个时候党很重视漫画，到新中国成立以后，应该说一直到“文化大革命”以前，党还是重视漫画的。可惜现在报纸不大重视漫画了，尤其是批评的、政治性的漫画不大受重视了，只剩下搞笑的漫画，我认为这是不对的。漫画当然应该笑，但是不能光为了笑，笑的目的是什么？可以说，现在就漫画来讲，也是碰到了一些新的问题。

漫画的民族化和大众化是我追求的东西。大众化，大家看得懂；民族化，要看出是我们中国人的画。不是外国人的画不能学，外国的可以学，但不要把自己的画变成外国的就行了。有许多讽刺的方法、比喻的方法，中国人跟外国人不一样，中国人有很多成语俗语，什么“黄鼠狼给鸡拜年”“过河拆桥”啦，这都是中国人的东西，外国人没有的。要熟悉中国人的东西。

记者：《讲话》在今天看，现实意义还是很强的。

华君武：有些情况改变了，有些东西也是那个时候可以做，现在不好做了，也许那个时候不好做的现在可以做了。时代在变化，所以现在有许多问题还是要根据今天的具体情况来谈。比如为人民服务就比为工农兵服务更广泛些。

不管怎样，我们国家的大事情还是要反映的，可是现在文艺不去反映这些，比方说电视，当然不是说电视没有好片子，也有好片子，但是好片子少了一点，我现在看电视就看新闻、足球，娱乐我就很少看了。还有表现帝王将相可不可以？过去一讲那还得了！毛泽东同志就批帝王将相、才子佳人，可是现在我看电视上都是帝王将相、才子佳人，我看把清朝的皇帝都拍得差不多了，有些帝王将相看起来比革命领袖还要好。讲帝王将相你去批判什么也可以，但是你没完没了地反映，也不怎么批判，这不太好。这种情况我觉得值得我们注意。

延安是很自由、很活跃的

曾　克

曾克（1917—2009）女，原名曾佩兰。1940 年到延安，在陕甘宁边区文艺界抗敌协会工作。1942 年参加延安文艺座谈会。在延安创作有《过年》《养猪英雄杜老汉》《典狱长党宏魁》《悼熊德安同志》等小说、散文。新中国成立后，曾任西南区文化艺术工作者联合会副主席。

记者： 长征的时候您还在念书吗？

曾克： 我是一二·九以后参加革命活动的。

记者： 您是哪一年到的延安？

曾克： 我是1940年9月初从重庆出发，在路上走了3个月，12月圣诞节那一天到的延安。同行的还有两个泰国华侨。路上最险的一次，就是这两个华侨去买棉衣。离开重庆的时候还是穿夹衣的，路上冷了，他们就去买件棉袄，结果不慎暴露了自己的身份，被扣在那儿。怎么办呢？我就给中华全国文艺界抗敌协会打电话，老舍的秘书接了，接了以后找冯玉祥。冯玉祥交代他的秘书给这个检查站打电话，说他们确实是一战区的什么干部。最后才化险为夷。那一次最危险，如果没有"文抗"的帮助，我们就要被捕了。

◆知识青年即将奔赴延安

记者：当年你们从重庆到延安去，据说在路途上很多都是乔装打扮，遇到很多困难，这方面的情况请给我们说一下。

曾克：当时我们到延安去，也确实不简单，完全是咱们重庆办事处周恩来同志作的安排。周恩来同志非常关心我们要到延安去的事情，当然他不能直接出面办理，是让中华全国文艺界抗敌协会负责办理的。他们就给我们想办法，在国民党第一战区的部队里面，安排了两个下级军官的职务。于黑丁和一个泰国华侨扮成军官，我和另一个泰国女华侨就作为他们的家属随军走。这两个泰国华侨非常好，在泰国受到我们党很多的教育。男的叫叶托，当时家里还有一个已经怀了孩子的爱人，现在我们出了一本《到过延安的人》的书里面就有他，他在解放战争中牺牲了。女的叫李素娟，是一个追求抗日的女青年，新中国成立后李素娟在咱们国务院做外事工作，好久没有联系了。

记者：当时都乔装打扮了？

曾克：都乔装打扮了。女的都扮成男的夫人、爱人，男的当时都装成去接家属的。男同志穿的是军装，我们穿的是老百姓的衣裳，有时候穿旗袍，每到一个关口就进行一次检查。

记者：国民党军队的检查？

曾克：我们坐的是拿钱租的车。什么车呢？是国民党到西北地区拉苏联援助他们的军火的车。当然是那些司机敲竹杠，那就不用说了。沿路检查怎么办呢？就跟司机说通，在快要到站的四五公里的地方先停下来作一些安排，我们徒步越过检查站再上车。晚上怎么办呢？在 12 点旅店没有查房以前，我跟老黑、叶托、李素娟各算是夫妇分别睡，检查完了以后我就和叶托换位。两男两女分开休息。

记者：到延安之后情况怎样？

曾克：住进窑洞。12月了嘛，挺冷的，到延河边想打点水，都冻冰了，我遇到了我的老师柯仲平。这个情况我写在了一篇文章里面。这篇文章叫《盗天火的诗人》，先在《人民日报》上发表，后来收在五年制中学语文课本里头。

记者：柯仲平当时在延安搞的街头诗……

曾克：他当时是边区文联主席，也是民众剧团的头头。他们在广场上演出，不仅在延安市区，也去延安郊区。柯仲平在延安是个名副其实的大众诗人，有一点胡子。他夜里在广场上朗诵时，毛泽东同志就坐在草垫上听，这是确确实实的。

记者：柯仲平当时在延安搞的街头诗影响还是很大的。您还记得其中的一些细节吗？给我们讲讲。

曾克：影响很大，具体的事我记不清楚了。实际上在没开延安文艺座谈会之前，他已经带着民众剧团到乡下去了。等到开过那个会以后，他就更兴奋了。这个人不简单。现在我们延安文艺协会也在准备，云南文联也跟我们联系，想给他百岁做点纪念活动。

记者：当时“文抗”在凤凰山的山腰是吗？

曾克：我到的时候“文抗”是在杨家岭，在毛泽东同志他们住的那个山上头，后来搬到延河的对面，叫蓝家坪。

记者：当时集中了很多作家在那儿住。

曾克：当时作家集中在3个地方，一个是边区文联，一个是鲁艺，一个是“文抗”。左联时候的那些人大部分在“文抗”，其中有作曲的塞克，作家丁玲、萧军、舒群、白朗、罗烽、黑丁、雷加，还有陈学昭、欧阳山、草明等。

记者：我看老同志写的回忆录，这些人集中在一块儿，平时很活跃，经常搞一些活动。

曾克：都很活跃，我们“文抗”还有个文艺俱乐部呢。里面有小卖部，卖点瓜子、花生这些东西。每个星期六有一次活动，也举办舞会，毛泽东、周恩来、朱德等同志有时候还去参加。延安并不像大家想象的，好像去了跟坐监狱似的，延安是很自由、很活跃的。当然，活跃以后很多思想问题暴露出来了，这也是必然的。去的时候都是追求光明去的，虽然不一定对共产党有多么深入的了解，只知道共产党是抗日的，延安是抗日根据地，这一点大家都是很清楚的。当然每个人的身上都带着他从出生到后来的经历、职业的烙印。烙印这个提法是我自己说的，毛泽东同志也说了这个问题，说基本上都是小资产阶级思想。其实知识分子在延安很活跃，不是什么反革命。后来康生搞“肃反”是太“左”了。

记者：当时开文艺座谈会，比较直接的原因有哪几个呢？

曾克：直接的原因是毛泽东同志还是想让文艺工作真正地变成革命机器的一个组成部分，让作家认识到自己不是在独立地写作。比如，文艺和政治的关系，文艺和生活的关系，《在延安文艺座谈会上的讲话》中都讲得非常清楚，他提出来的这些问题，当时都是有针对性的。

记者：是有感而发的？

曾克：他有感而发，这个“感”是从哪里来的？当时延安有很多知识分子。像柯岗同志（当时是上海大夏大学的毕业生，现在是我老伴），他 1938 年到抗日军政大学以后，上了大半年学就到前方去了。他还好，很快就适应了延安的生活。作为知识分子，他一天开一亩地，后来得了“边区劳动青年”奖章，是毛泽东同志亲自给他戴上的。当时也有很多不适应的。不适应的怎么办呢？那时候也允许你说自己的不同看法。丁玲在《解放日报》主编文艺副刊，在那里可以把不同看法发表出来。当时还有个最有名的诗人萧三，是从苏联回来的，他在延安大砭沟组织了一个文化俱乐部，经常有活动，歌唱晚会啊跳舞啊，都搞。门口辟出来半条街那样长的壁报栏，谁都可以去贴，有什么文章和意见都可以去发表。后来咱们有“百花齐放，百家争鸣”的“双百”方针，那时候没有提这个口号，但是并没有禁止大家说话，文艺工作者也好，青年知识分子也好，老百姓也好，都可以说话。我们常常去那里看，但是我没在那上面发表过东西。

记者：参加文艺座谈会的人里面仍健在的不是很多了，所以现在很多人，包括我们对文艺座谈会开会时的一些细节都很模糊。我们想，您是这个会议的亲历者，能不能讲讲当时会议的气氛怎样？毛泽东发言时的穿戴、讲话的语气怎样？这些细节我们都想了解一下。

曾克：毛泽东同志一直就是那一身衣裳，他的衣服没有什么特别。

我刚才说过，座谈会开会以前，在一些地方每个人都可以随便发表自己的意见。那时候“文抗”也出过一个刊物，我现在已记不太清楚了。丁玲同志主编的《解放日报》文艺栏上，也发表过短篇小说《一个钉子》《厂长追猪去了》《间隔》和丁玲的散文《三八节有感》，这篇散文曾引起领导和读者的意见，认为对工农出身的领导干部的缺点，有夸大的描写。就是在那个被称为“文化沟”的大砭沟，壁报上面经常出现一些用小资产阶级知识分子的思想、感情对老干部、对文化水平低的人提出的一些看法。其中青委编的《轻骑队》最活跃。他们觉得延安生活中有些东西不像想象的那样，他们觉得延安是共产党领导的革命根据地，不应该存在这些东西。比如那时候红军干部大都是单身，结婚带家属的很少，到这个年龄都是要找对象的，我的同学有不少都跟将军结婚了。壁报上就有一篇短文，写红军时候的一个老干部，可能至少是个团级干部——因为都有警卫员了嘛，说这个老干部跟一个有文化的女孩子恋爱了，这个女孩子因公到前方去了，在前方她给这个老同志写了一封信，最后写了一句话：给你一个吻。老干部的秘书也是没有多少文化的，他读信的时候把“吻”读成了“物”。这个老干部听说女孩子给他捎回了东西，就拿过信来看，对秘书说，东西在哪儿呢？你把这个东西给我找出来。这短文显然是编的，也许是真的。老干部不认识字，没有什么稀奇。作者为什么写这个东西呢？就是要暴露、讽刺。后来毛泽东同志《讲话》中说到了。这个例子很能说明问题。正因为有这些问题，所以才要召开座谈会。

在开这个会以前，毛泽东同志做得非常仔细，把萧军、艾青、罗烽、舒群、塞克等左联时候比较有名的人都一个一个地，还不是一起地，而是分别地找来谈话。这些谈话没有公开，但是我们也可以从毛泽东同志讲话中知道一些，大概他们也还是有一些意见，包括如何处理文艺和政治的关系问题、文艺和群众的关系问题等。像我们这些年轻作家没有这些问题，除了觉得延安生活有点艰苦以外，其他都好极了，心情非常舒畅。通过谈话，毛泽东同志对文艺界的情况已经掌握了很多很多，他就觉得必须开这个会，让所有的文艺工作者都解决这几个大问题，要让大家认识到文艺是整个革命工作的重要组成部分，文艺是要服从政治的；歌颂、暴露什么都要有的，但是歌颂是歌颂人民群众的，暴露是暴露敌人的。他从5月2日第一天“引言”讲话，到最后5月23日作“总结”，反反复复都在讲这些问题。他讲的时候大家是一起听的，听的时候大家鼓掌，就是大家同意他的讲话。然后分组讨论，对毛泽东同志的讲话拥护的还是比较多。

记者：参会的人是不是都得到了一份请柬？

曾克：是的，列席的没有。我的请柬没有保存下来。特别是“文化大革命”，连自己生活上的一些东西都没有了。

记者：开幕那天，毛泽东同志来了，是不是和所有的代表都握握手？

曾克：没有都握。

记者：当时开会的时候您坐第几排？

曾克：这些记不清楚了。人很多，会议结束时合了影，照片上就有 100 多人。照片上我是站立的一排，左数第 12 人。我认为那个时候开会的都很兴奋。只是有一些人对毛泽东同志的《讲话》还不太理解，或者是还有些意见想跟毛泽东同志商量。

记者：当时开会毛泽东同志“引言”讲话之后分头讨论是在院里边还是在屋里进行的？

曾克：在屋里。你们去过延安吗？延安那个杨家岭中央大礼堂现在不是还在吗？大会是在那个大礼堂里开的，讨论不是，是分散在其他的屋里进行的。

记者：毛泽东同志讲话很幽默是吗？

曾克：很幽默。毛泽东同志的《讲话》，当时我用手抄了一份，一直带在兜兜里。自从开过座谈会以后，除了“文化大革命”这 10 年以外，其他的时间基本上没有离开过我的身边。到大别山去，我差一点让敌人的小保队杀了，但《讲话》也还带在我身上。“文化大革命”的时候我的东西，看的书、写的书，都被抄走了，不但抄走了，上面还写上黑书、禁书，后来找回来了一部分。

记者：请您从自己的创作经历，谈一下毛泽东同志的《讲话》对您的创作和人生的影响。

曾克：影响太大了！如果没有《讲话》，尽管我到了延安，或者仍然从事写作，但我这个路不会走得很直，因为不明确革命文艺的基本道理。《讲话》之前我对革命、对文艺都认识不深，只知道打日本。我曾跟钱俊瑞、臧克家、黄碧野等一起到国民党第五战区去宣传抗日，也对部队进行了采访。采访后写了一些文章。写是写了，但写得很肤浅。为什么呢？就是没有一个正确思想的指导。听了毛泽东同志《讲话》以后，我拥有了一个正确的指导思想。就是不搞文艺，也坚定了自己革命的立场，确实是这样。所以我说《在延安文艺座谈会上的讲话》不但是整个文艺战线上的指路明灯，更是我自己的指路明灯，它鼓舞了我一辈子。《讲话》之后我的创作有了很大提高，也写了很多东西。结果"文化大革命"的时候都被抄走了，所以直到现在我还编不成一个文集。

开过文艺座谈会以后，很快边区就召开了劳模大会。我们"文抗"就组织一些人去参加，女的有我、陈学昭，陈学昭是留法博士，还有崔璇——金肇野的爱人，最近她还写了一部回忆录，我给她写的序。当时是12月，延安天寒地冻，屋里就烧点木炭。但是我们三人就不烧，把分给我们的木炭都端到劳模屋里去。我们跟劳模很亲近。就在很短的十来天的会上，我写了几篇人物速写：《养猪英雄杜老汉》《种菜能手王玉根》《典狱长党宏魁》等。

后来凡是有什么接触群众的活动我都去。整风的时候，"文抗"的大多数同志都到中央党校三部去了。后来三部被称为"文化人部"。中央党校还有四部、五部。在那里学习的都是各个解放区来的部队营、连级干部和地方县、区干部。这些人都是做基层工作的。我觉得到四部、五部去生活是个好机会，既能了解他们建设根据地的过程，又能够了解他们这些人。所以后来经我争取，组织同意，就去了四部、五部。到那里跟他们一块儿学习，开会的时候听他们讲战斗故事。这期间我写了五六篇东西，一二十万字。

记者：您后来跟刘邓大军在二野，在二野做什么？

曾克：也就是我在三部学习，又在四部、五部深入生活的时候。陈锡联同志在一部，他当时是八路军第129师的一个团长。我去开会或听大报告的时候，他常常也在那儿，就认识了。特别听说他是红四方面军的干部，放牛娃出身，我就对他很感兴趣。日本投降以后，我坚决要求到太行山去，太行山有一段在河南境内。后来组织上就批准我去了。

记者：您就谈谈怎么从二野到北京，然后怎么参加第一次文代会，文代会以后您的创作是不是继续受《讲话》精神的影响？

曾克：二野，原来叫晋冀鲁豫野战军。我到二野的时候，柯岗同志已经在那儿了。我们是老相识。1937年，八一三事变刚刚爆发的时候，我回到河南，和他还有黎辛同志一块儿编《争存》半月刊杂志。我到了太行山以后，先到太行文联，后来决定参军。一到部队，就被编到新华社野战军记者团。那个时候老柯已在那儿，一起去的还有葛洛、胡征、杜宏。新中国成立后杜宏跟周恩来同志去参加万隆会议，不幸因“克什米尔公主号”飞机失事牺牲了。我参加野战军记者团以后，没有在团部住上一天两天，领导就让我自己选择愿意到哪个军去。我就选择了陈锡联那里。那时候他们还不是军，是一个纵队，叫晋冀鲁豫野战军第三纵队。我就到他那里去了。那个时候部队对我们知识分子也是很好的。我去了以后，还给了我一匹马。但是一般的时候，也不骑马。在第三纵队我一直深入营连班去生活，打仗的时候前方指挥部也去过。一直到解放战争胜利，我都在二野第三纵队。

记者：在邯郸的时候跟刘、邓接触很多吗？

曾克：二野在邯郸休整了几天，然后准备挺进大别山。只有到了大别山，打到蒋介石南京的门口，才有后面的全国的解放，这是一次重要的战略战役。那里是敌占区，很危险，所以刘、邓规定，女同志除了文工团的演员和医务工作者一般都不要去。说我快30岁了，而且我当时还有一个6岁的小孩，不让我去。刘、邓两个人都跟我说，政治部主任张际春也跟我说。我几个夜晚睡不着觉。后来就要出发了，有一天半夜我起来了，我去他们住的地方找他们。快到的时候看见刘伯承同志在路上散步。我在后面叫了一声："刘帅，敬礼！"他说："曾克，是你，怎么半夜跑来了？"我说："不跑来不行，不跑来你们就把我送到后方去了。我一定要跟你们到大别山。"他把我带到他的屋里，说："来来，坐。"我说："你们这个规定不对，为什么卫生员能去，文工团能去，我不能去？"他说："你年龄大了一点，那些人都比较年轻。"我说："不要紧，我不拖后腿。"后来他说："我给小平同志打个电话。"打过电话，他说："批准了，你去吧！"后来我就参加了挺进大别山的战略反攻行动。

在我一生的战斗历程中，到大别山这段是最艰险的。以前我一般就是在指挥部，或者去看地形，或者是收拾战场，再去参加座谈会。到了大别山以后，叫我到红四方面军起家的岳西县去恢复根据地。恢复根据地是什么意思？就是建立新政权和人民武装，分田地，打土豪。到那儿后，我当了二区的队长兼政委，在那儿仅有半年。那段时间，经常遇到危险，有一次几乎送了命。后来刘、邓部队分成两部分，一支返回中原，一支留在大别山。他们非要我一起回来，我就跟着回来了。

记者：曾老，您这些故事都写进回忆录了吧？

曾克：报告文学集《挺进大别山》和短篇小说曾写了一点。现在我正在写一本《征程琐忆》，30 多万字，这个时期的经历会写得多一些。

记者：后来是二野派您来参加第一次全国政治协商会议的？

曾克：是的。4 个野战军，每一个野战军有 10 个代表，其中有一个女的。其他 3 个军的女代表全是搞医务的，只有我是搞文艺宣传的。这事是小平同志定的，我在部队时跟小平同志有不少接触。

记者：您是怎么来到北京的？

曾克：部队想办法把我们送到北京来的。

记者：坐汽车还是坐火车？

曾克：坐火车。

记者：当时火车走的什么路线？

曾克：接到通知时，我正在浙江兰溪。先到上海，坐京沪线到北京。到北京的时候，文代会也将在北京召开，二野也要派代表参加。刘、邓他们又决定让我参加了。

记者：当时谁通知您参加文代会，您怎么接到通知的？

曾克：来北京后我们住在六国饭店。是参加政协会的二野代表团领导通知的。

记者：讲一讲当时参加文代会的情况。

曾克：参加第一次文代会的时候，我非常兴奋，但还是有一点自卑感。因为那时候还有解放区以外的作家参加了会议，和他们相比，感觉到我们解放区作家东西写得少，没人家写得好。另外，那个时候参加政协会议，参加文代会，看见人家都有照相机，我心里面很馋，就像小孩想吃糖一样。

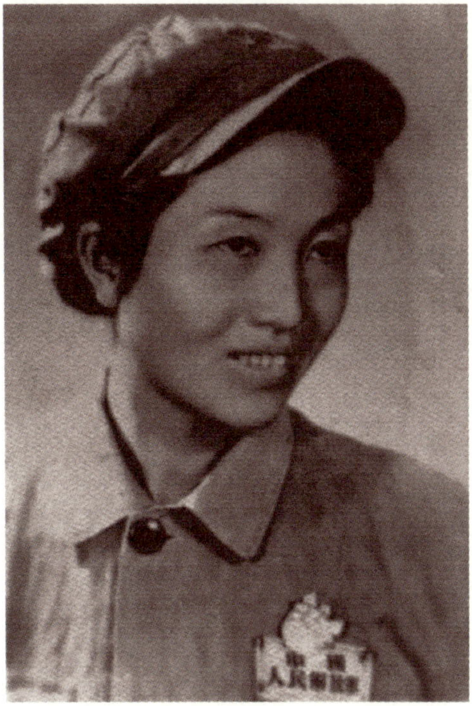
◆曾克参加第一次全国文代会

后来我们代表团的副团长张南生，把我的想法反映给小平同志了。小平同志说这好嘛，你就想办法给她买一个。后来就在王府井一个拍卖行买了一台 120 照相机，德国产，旧的，因为新的咱们买不起呀。

小平同志知道给我买了照相机，就说，这是送给你的第二个战斗武器，第一个就是你自己拿的笔。你要好好地使用这个武器。后来一直到“文化大革命”结束以后，我第二次到北京来，邓小平复出，他又约我到他那里去。问我那个照相机弄到哪里去了，我说“文化大革命”的时候丢了。他还让我跟他说说老柯的情况。我说老柯被造反派杀了五刀，腰脊椎骨也断了。他说残疾不是残废，鼓励他好好地干。

记者：第一次文代会的主题是什么呢？

曾克：就是庆祝中华人民共和国成立，全国的文艺工作者大团结。那时候两军会师，咱们解放区的文艺工作者演出，他们也演出。咱们演出延安文艺座谈会召开以后创作的一些歌剧，他们也表演他们的节目，还有外国的电影明星也到会表演。

记者： 参加文代会的时候，跟您一起参加小组讨论的都有谁？

曾克： 我还是参加的部队小组，记得的有胡奇、艾炎、曹欣等，另外，还重逢了久别的茅盾、周扬、刘白羽等。

我接触的国统区来的就是茅盾，他在香港办过刊物《文艺阵地》，发过我在重庆写的一个中篇通讯《在汤阴火线》，他曾著文推荐。后来我又写了一部报告文学《挺进大别山》，他给我写了一个像序言的文章，没叫序言，后来这本书在武汉出版了。所以开这次文代会的时候，我去见了茅盾，当时心里特别紧张。

记者： 第一次文代会上您跟茅盾有过接触，除了谈这本书以外还谈什么呢？茅盾有没有谈新中国成立以后他自己的创作怎么搞，有没有指导您以后怎么创作？

曾克： 没有说太多。他说我到延安去，参加了延安文艺座谈会，这个路走得太对了。知道我接着要去开政协会，他说你看领导多么重视你呀。他问我，你还继续去解放大西南吗？我说当然要去。当时大家都怕我到北京来，又参加了文代会，是不是就不想去战斗了。都问我，后来连刘、邓都来问我。我说怎么不去呀。

记者： 在战争年代您自己保存下来的东西有吗？

曾克： 都没有了。

记者： 您出版过的书？

曾克： 大多找不到了。这是我开政协会的时候，戴在胸脯上的照片。穿的衣服是美军俘虏的。这个是艾青的儿子艾轩给我画的画像。这个在国际上都得奖了。

记者： 您最近还有时间创作吗？

曾克： 我现在主要在做两件事：一个是写一部长篇，叫《朝圣者之歌》，“朝圣”就是朝拜圣城延安，是以 1942 年同赴延安的两位泰国华侨的战斗事迹为题材的；另外就是写一部回忆录——《征程琐忆》。

记者：您作为参加文艺座谈会的成员，又来参加全国第七次文代会，有什么感受？

曾克：我这次是第六次做全国文代会代表，不是第七次文代会的代表。参加第六次文代会我非常高兴。过去和现在是一脉相承的，没有那个时候哪有今天？从延安文艺座谈会那个时候起，我就更明确写作是为人民服务，更明确要走什么道路，怎么走下去，怎么坚持。从那个时候起一直到现在。我始终没有动摇。

要为农民、为士兵演戏

张　庚

张庚（1911—2003）原名姚禹玄。湖南长沙人。1938年到延安，任鲁迅艺术学院戏剧系主任，讲授戏剧概论和话剧运动史。1942年出版专著《戏剧艺术引论》，参加延安文艺座谈会。1943年任鲁艺工作团团长。1946年编辑出版《秧歌剧选》（三册）。新中国成立后，曾任中央戏剧学院副院长、中国戏曲研究院副院长、中国艺术研究院副院长等职。

记者：您什么时候到的延安？

张庚：我是 1938 年 3 月到的延安。

记者：筹备鲁艺的时候，您参加了，请您给我们讲一讲当时的情况。

张庚：鲁艺筹备的前段我不在延安，我那时候在一个流动演剧队里。是吕骥同志在那里筹备。

记者：鲁艺最初在北关的时候，4 个系是分开还是一块儿？也是住窑洞吗？

张庚：最初的时候鲁艺主要是戏剧系，还有音乐系、美术系，没有文学系，文学系是后来才办的。人都住在山上的窑洞里，底下有房子，是教室。

记者：戏剧系一开始都是由谁在负责工作？

张庚：开始的时候我是一个，还有崔嵬同志、丁里同志。

记者：您还记得从北关向桥儿沟搬迁时候的一些事吗？

张庚：在北关办学校条件不好，领导说到桥儿沟看看那里行不行。那里有一个教堂，教堂里原来有人，后来走了。

记者：鲁艺搬到那儿之后，戏剧系在什么地方办公？

张庚：戏剧系在山下。

记者：上课也在那房子里面？条件还真不错！

张庚：比较好。

记者：鲁艺戏剧系有一段时间从组织教学到演出还挺正规的。

张庚：我记得第一年每天都演戏，后来党的领导布置我们注重教学，演戏大大地减少了，以培养为主了。那个时候前方非常需要文艺人才，我们本来想把学制搞长一点，可是不行。我记得第一期搞了 3 个月，学生毕业后就送前方了，第二期稍微长一点，到后来才更长一点。

记者：戏剧系一共办了几期？一共有多少人？

张庚：办了4期。第一期人不多，后来人就慢慢多了。具体多少人我记不得了。

记者：鲁艺戏剧系毕业的学生，后来都成为党的戏剧工作的骨干了。

张庚：这些人后来到各个解放区去主持戏剧工作，差不多都是骨干。

记者：当时演戏的条件怎么样？

张庚：不光是鲁艺艰苦，那时演剧队都很艰苦，没有钱做布景，那时候没有这么回事。

记者：你们搞演出，这些问题怎么解决？

张庚：在台上演出时，能布上一点景就布，布不上就算了。鲁艺还好一点，演戏都还搞一点布景。

记者：那时候你们演什么戏？

张庚：自己写的戏，都是抗战戏。

记者：文艺座谈会召开时，鲁艺戏剧系去参加座谈会的人不少是吗？

张庚：不少，我也不记得都有谁了。

记者：当时是谁送的邀请函？你们怎么去参加座谈会的？

张庚：没有邀请，那是通知，不像现在，那时地方也小，上级跟下级的关系也比较密切，接到通知就去了。

记者：还记得开会的时候一些有意思的事吗？

张庚：我们这个戏剧系开始搞的时候，当然就是演一些宣传抗日的戏。但后来慢慢地正规化，就演了一些比较有名的戏，如

《日出》《带枪的人》等，外国的、中国的都有。演的都是话剧，因为那个时候我们只会搞话剧，不会搞别的。我们搞出来的这些戏和农民没有关系，农民也不喜欢看。单讲戏，没问题。可是让谁看呢，就有问题了。所以党提议，对于这些问题要研究。第一个就是说你们要为农民、为士兵演戏。为什么叫工农兵呢？因为那个时候延安主要就是工农兵，干部也都是从工农兵来的。那时工人也没多少，所以讲工农兵，实际就是农兵，而兵也都是从农民来的，所以说，为工农兵演戏实际就是为农民演戏。为农民演戏就有一个问题——农民不大爱看话剧。那个地方的农民比中原的农民还要原始一些，都爱看唱的戏。因此经过整风，戏剧系第一件事就是搞扭秧歌，搞出了《兄妹开荒》《夫妻识字》这些戏。搞出这些戏也不是在剧场里面演，而是在街头演，因为农民习惯在街头看秧歌。这样一改，农民非常喜欢，那个时候报纸上宣传讲是“鲁艺家的秧歌”。

记者：鲁艺原来没有搞过秧歌，是怎么学来的？

张庚：参加鲁艺的人有很多，里面也有许多农民出身的，他们会搞，因此就搞成了。搞出了秧歌以后，话剧就演得少了。具体的情况是这样的。并不是话剧不

◆张庚在延安

行，话剧就要不得，不是这样的。那时候延安有一个评剧团，就是京剧团，原来也是跟鲁艺在一起的，后来从鲁艺分出去了。毛泽东同志叫他们搞新的京戏，这样就有了《逼上梁山》这出戏。

记者：《白毛女》这个戏是怎么个由来？

张庚：《白毛女》不是延安的故事，是西北战地服务团从敌后带来的，那个地方老百姓中有这个传说，当时在敌后工作的文艺界的同志很重视，就把这个故事记下来带回来了。周扬同志说这是个很好的题材，可以写戏。这样就写了这个戏，是贺敬之、丁毅执笔。为什么用歌剧的形式呢？因为歌剧大家爱看，容易接受。《白毛女》排出来以后很受欢迎，差不多晋察冀的每一个剧团都演，甚至每个农村自己的剧团都演，几乎每个城市都演过《白毛女》。

记者：当时的影响真是很大。《白毛女》在演出过程中，根据领导和群众的意见作了很多修改，当时群众提了哪些意见？

张庚：意见很多了。我记得在排《白毛女》的时候，鲁艺出了一个墙报，这个墙报专门给《白毛女》挑刺、提意见。

记者：演出之后中央提了3条意见，这3条意见您还记得吗？

张庚：一条是，这个戏是写农村里的农民跟地主的斗争，预示着一个新的革命阶段的到来，这个戏很适宜。第二条我忘记了。第三条，这个戏好，群众喜欢。

记者：当时中央这3条意见通过什么途径传达的，是派来的人还是写来的信？

张庚：没写什么信，第一天毛泽东同志的话就传下来了。毛泽东同志的意见也不是他个人的，也有很多老同志共同的意见，都有一些。

记者： 整风之后，延安组织了5个工作团奔赴各边区，鲁艺是到绥德去，当时是您负责的，工作团的一些情况您能给我们讲一讲吗？

张庚： 绥德是一个比较开放的城市，那里学校很多，知识分子也很多，我们这回去，就是要把新秧歌带去。

记者： 老百姓很欢迎？

张庚： 老百姓欢迎。我们去不完全是给老百姓演戏，还要帮助当地的知识分子，让他们能够学我们编的新秧歌、新戏，为老乡去演出。这样，把那边的群众文艺都带起来了。

记者： 在绥德的时候收集了不少民歌，像《东方红》也是那里的？

张庚： 收集民歌是必然的。

记者： 是咱们主动去找那些人，还是正好碰上了？

张庚： 当然是去找的。我们那个时候下乡除了演戏以外，还收集民歌、故事，这也是一个任务。这个工作团在绥德收获很大。我自己也创作了很多。

记者： 您觉得在座谈会之后，鲁艺戏剧运动的变化主要就是深入群众了？

张庚： 对。当时我在《解放日报》上发表过一篇文章——《鲁艺工作团对于秧歌剧的一些经验》，作了一点小结。

记者： 后来鲁艺从延安到东北去了，当时也是您带队去的吗？

张庚： 我跟吕骥。

记者： 后来在东北转移了好多地方？

张庚： 到东北是打仗的时候，那时候打仗我们不占大城市，起码不占中间的城市，我们在两边。

记者：鲁艺一开始在哪个城市？

张庚：在齐齐哈尔。后来到了哈尔滨，哈尔滨是东北最远、最北方的一个中心城市，那个时候跟国民党打仗在南面，在吉林、沈阳这一带。后来我们到了佳木斯。还有一个变化，就是党觉得关起门来办学校不行，就让鲁艺改成 4 个演剧团，分开活动，这样比较适合战争环境。

记者：是什么时候到的北京，是不是在文代会之前从东北到的北京？

张庚：是文代会要开的时候把我叫去的，当时我们正在沈阳办学校——东北鲁艺。

记者：开第一次文代会之前有一个筹委会，一共 42 个人，您是成员之一。您还记得当时筹委会筹备文代会的情况吗？

张庚：我虽然是筹委会成员，筹备过程我没参加，我到了北京的时候，实际上筹委会已经开始讨论如何开会的问题了。

记者：您还记得在开会之前，你和周扬等解放区来的人和郭沫若等国统区来的人，有没有谈如何一起开会这些事？

张庚：开这个会的时候是一个什么情况呢？就是长期在解放区工作的是一部分，长期在国统区工作的又是一部分。这些人过去当然也有许多是互相认识的，但也有七八年不见面了，各人做的工作也不一样了——国统区的工作和解放区的工作完全不一样，因此这两批人这次见面，党提出的口号是：大家互相团结，共同来为新中国的文艺发展尽力。

记者：很多老朋友多少年不见了，见面之后很兴奋吧？

张庚：当然。有些也是没有见过面的，有的是从来没有到过大城市的，这些人需要在一起交流，不然没有共同语言啦。

◆延安鲁艺赴东北途中部分同志合影

记者：在哪儿开的会？你们住在什么地方？

张庚：在现在的中南海怀仁堂开的会。跟我们团体住在一起。

记者：开会的时候，毛泽东同志、周恩来同志，还有郭沫若、茅盾、周扬等同志都讲话了，您对谁的讲话印象最深？

张庚：当然是毛泽东同志的。毛泽东同志那个时候讲话关于文艺的问题谈得不多，主要是谈政治。

记者：谈文艺怎么为政治服务？

张庚：主要谈政治形势。我接触比较多的是周恩来同志，周恩来同志对两方面的文艺工作者都熟悉，都认识，他在大后方的时候，跟那些文艺工作者来往比较多，到了延安，跟我们来往比较多，因此在这个会上，他做了一些事情，做了一些工作。

记者：从毛泽东同志的《在延安文艺座谈会上的讲话》到邓小平同志的“二为”方针，您觉得这是不是很重要的一个发展？

张庚：他们都是根据当时的具体实际来谈的，他们谈的都是当下的情况。两位领导人的基本思想是一致的，基本精神是一个，但要解决的具体问题是不一样的，如为人民服务，为政治服务。邓小平同志提出为人民服务，为社会主义服务。

文艺座谈会把我的脑子打开了

蔡若虹

蔡若虹（1910—2002） 原名蔡雍，笔名雷萌。江西九江人。1939—1945 年在延安鲁迅艺术文学院美术系任教员、系主任，并为陕甘宁边区文化协会执委会成员。1942 年 5 月参加延安文艺座谈会。在延安时期创作和展出有连环画《旗》，漫画《三个寡妇》《时间是我们的裁判者》《两种衣服的吵架》《醉了的白山》《和平的鼾声》《爱神坐了飞机》《批评摇摆而来》《科长会客》《开会》等。新中国成立后，任人民日报社美术编辑、文化部艺术局副局长、中国美术家协会副主席等职。

记者： 在上海的时候，您参加了左联，见过鲁迅先生吗？

蔡若虹： 没有。那个时候在上海，国民党看见左联的人就抓去坐牢，左联搞的是地下活动。直到“八一三”上海抗战的时候，我才开始读到毛泽东同志的著作，第一本是《论持久战》，这一点我还记得。这一本著作是抗战胜利的根本基础。后来我也看过别的，也看过美国记者斯诺写的《西行漫记》。参加左联以后，革命意识才开始进入脑子里。

记者： 刚到延安的时候，您内心的感受如何？

蔡若虹： 这个都写在我的回忆录《赤脚天堂》里头了。我刚到延安给我的感受是什么呢？就是开荒。我刚刚到，我在上海认识的作家丁玲已经在延安，她说你不要马上参加开荒，等几天，你先休息休息，少不了你的。我心里很急，一到了傍晚，我就从窑洞里走出去，到山下看，看他们回来没有。这个时候我听到一阵歌声从山上传过来，那个时候大概是十五，我朝山顶一看，一轮很圆的月亮，月亮露出半边，歌声从远到近，原来他们从别的地方开荒回来了。我看到他们裤腿卷起来，衣服挂在锄头上，一共有四五个人，一边唱一边往我这边走。他们走的时候，两只脚跨过那个月亮，那个月亮就好像在摇动似的。这个景象使我感动得不得了，我说这景象哪儿也找不到，在电影里头也找不到两只脚从月亮上跨过的那种雄伟景象。所以我一回到窑洞就开始写诗，我就赶快要求参加开荒了。

记者： 请您讲讲当时延安的一些情况。

蔡若虹： 毛泽东同志是我最崇拜的革命领袖，他经常到鲁艺来参加晚会，我常常和他见面。虽然他很忙，参加晚会的时候，却非常用心，大家笑他也笑，而且笑得非常真诚。

开文艺座谈会的时候，在毛泽东同志发言的前一天，先开了一个小会，专门听我们文艺界的同志发言。那天我的座位离毛泽东同志的座位很近，我两只眼睛盯着他看，看他的一举一动。同志们发言的时候，他作记录，一摞白纸，用铅笔很认真地写。裤子上两块很长很大的补丁——我们的衣服上都没有补丁，当时只有毛泽东同志的衣服上有补丁。从这一点上看，他不仅是一个精神劳动者，而且是一个体力劳动者，这和他参加二万五千里长征是有关系的。所以我非常喜欢他的《在延安文艺座谈会上的讲话》。

◆年轻时期的蔡若虹

从我个人来说，他提出文艺为工农兵服务这一点，我从来没有想过。我在上海画画的时候，只晓得为革命，不晓得为工农兵。我只有一个空头的革命，不晓得具体的工农兵。从这一点上，文艺座谈会把我的脑子打开了。所以，后来我写了好几篇关于文艺座谈会的文章，一直到今天我还在做毛泽东同志的诗词总结。现在我 90 多岁，不能做别的事情，只能写诗。毛泽东同志的诗对我有很大的影响，我经常从他的诗里面得到我所需要的思想和情感，这一点我一直到今天都不会忘记的。

自己必须成为人民的一分子

王朝闻

王朝闻（1909—2004）原名王昭文。四川泸州合江人。1940年到延安，1942年1月加入中国共产党。先后在延安鲁迅艺术文学院、华北联合大学文艺学院从事艺术教育和美术创作。主要作品有雕塑《毛泽东同志胸像》《毛泽东同志浮雕》《斯大林浮雕像》《鲁迅浮雕像》《毛之江像》《叶立平像》《梁正宇像》《史琳像》，素描《郭生源像》《政工干部》《老羊倌》等。新中国成立后，任中国艺术研究院副院长、中国美术家协会副主席等职。

记者：您在延安的时候主要搞雕塑创作，当时在延安搞雕塑创作的人不多吧？

王朝闻：不多，从事舞台装置的钟敬之做过圆雕《小八路》。

记者：您当时给毛泽东同志塑过一个像，是吗？

王朝闻：是的。后来胡宗南进攻延安，把它打了一个洞，到现在还没修复。“文化大革命”当中有人来外调，问我这个作品怎么做出来的，说我们在延安叫人修复，修复不了，你给我们一点参考。我就把我创作的浮雕照片与作参考的照片给他了，可惜还是没修复好，直到现在塑像上还是有一个圆洞。

在延安工作的时候做的那个毛泽东浮雕的遭遇有点意思。当浮雕在建筑墙洞里尚未安正之前，给人以脸面朝天的错觉，在场上围观的学员就大喊：我们的毛主席不是这个样子！浮雕按设计安正后，场上学员态度转变了，说这还差不多。这一事例也是我如何接受群众教育的经历。为人民服务的艺术应当具有表现人民的意志与爱憎的作用。

记者：您做这个浮雕原来想表现什么？

王朝闻：毛泽东同志是思想家、政治家、诗人，我认为只有着重表现他思想家的这一特点才能代表其他特点。中央党校的学员所理解的人民领袖的伟大，和我着重表现毛泽东同志作为一位思想家及我对毛泽东同志的理解是一致的，和对《在延安文艺座谈会上的讲话》关于如何为人民服务的理解也是一致的。我们要为人民服务，自己必须成为人民的一分子，站在人民的角度观察事物与感觉现实；要不然，作品难免夸夸其谈。教条主义和形式主义的工作作风，不是毛泽东同志提出的实事求是的工作作风。延安精神的一个重要方面，就是实事求是。

记者：毛泽东同志本人对您塑的像有什么看法？

王朝闻：不知道，也没有打听过。

记者：您能给我们谈谈1942年延安文艺座谈会的情况吗？

王朝闻：1942年春末夏初，我与夏风同志到甘谷驿体验生活去了，第一次座谈会我未能参加。后来打电话让我回来参加第二次和第三次座谈会。

记者：照片上没有看到您……

王朝闻：照片上一定有我，我清楚地记得当时照了。有些人拼命挤到前面，好跟毛泽东同志一块照相。我和一些同志站到后头去了。有人曾从照片上认出我来了。但是现在我自己也认不出来了。人多，照片上面部特征也不是很清楚。在延安那一段的生活，虽很艰苦，但我们的精神是愉快的。即使有康生捣鬼，"抢救运动"扩大化了，但毛泽东同志向大家道歉，受过委屈的同志继

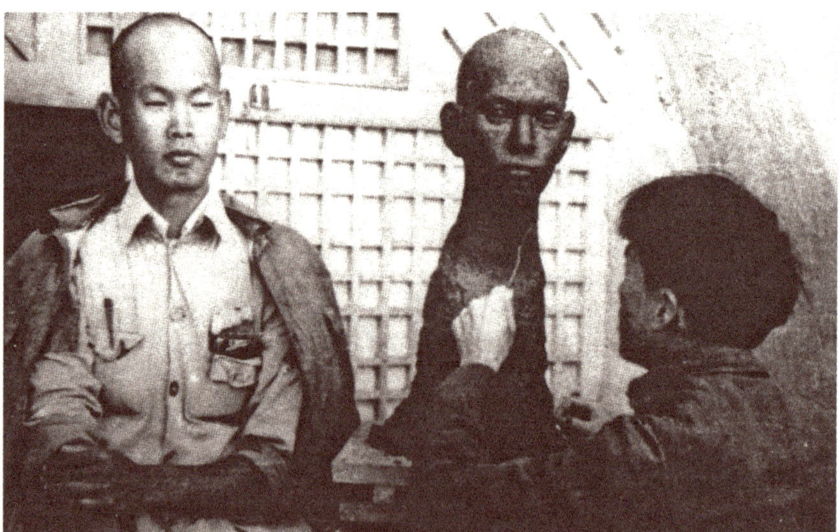

◆鲁艺美术系教员王朝闻在创作雕塑作品

续革命，为全国解放作出了巨大的奉献。文艺工作者的革命自觉性，和毛泽东同志《在延安文艺座谈会上的讲话》的基本精神是相联系的。知识分子的思想变化很大，有要求进步的自觉性。抗日战争爆发后，我放弃了学业，参加革命，1937 年冬天在浙江入党，入党以后就在敌后工作。到现在为止，我仍然认为，我们为抗日战争放弃了学业，提着脑袋也要到延安，要去解放全中国，把自己的一生跟人民抗日的需要、跟中国的未来解放、跟农民的解放结合起来，我不后悔当年的人生选择。尽管人家骂我，我不在乎。有人骂徐悲鸿，说他在抗日战争时到东南亚去开展览会卖钱是投机，可他卖钱是为了捐给抗日嘛，这有什么不好呢？这种批评太不公正了。

说到对毛泽东同志《讲话》的理解，毛泽东同志所讲的为人民服务牵涉到艺术家深入生活，与群众相结合这几道关。艺术家必须接受艺术反映生活的观点。生活对艺术来说，不只是艺术的对象与题材，而且是艺术想象的依据。如果没有生活，就没有艺术。当然，如果没有艺术的感受，只有生活，也不能创造艺术作品。生活是多种多样的，其中既有精华和糟粕，也有正面和反面，怎样使生活成为艺术的源泉，怎样在艺术中作出集中和概括的反映才对人民有好处，才能为群众所喜闻乐见？毛泽东同志《讲话》以辩证唯物主义对待这些问题。有关典型化的 6 个“更”字，特别是最后那句“更带普遍性”，一直为我所尊重，我所强调的艺术创作的单纯化与丰富性的相互依赖，并未背离《讲话》所提出的 6 个“更”字。

20 世纪 50 年代在北京开过一个绘画展览会，毛泽东同志会后要看画。美协把那些画送到中南海，由蔡若虹、我和张谔陪着毛泽东同志看画。他看了好久，一言不发，忽然回过头来，带点开玩笑的口气问我："理论家，你看怎么样？"我回答说："这些作品尚未达到主席您《在延安文艺座谈会上的讲话》里所说的六个'更'字，素材味道太重，缺乏典型化。"毛泽东同志点点头。后来有人写回忆录，说毛泽东同志没问我，我主动发表意见。显然记错了。若不问我，我怎么敢于先做批评家呢？

记者：您为什么不多做雕塑，却搞起了美术理论？

王朝闻：这样的任务和我的兴趣相一致。因为天津《进步日报》有一个副刊叫《进步美术》，这个《进步美术》是党外人士主编的。我当时的领导江丰说，你给它写些文章，支持它一下。我照办了，但我并不是要放弃雕塑而改行。丁玲同志对我说，毛泽东同志问过工作人员：你看过王朝闻的文章没有？还有点马列主义呢。这个信息不只对我的写作工作大有鼓舞作用，也影响了向我约稿的报刊编者。

包括《讲话》，毛泽东同志的著作对我的思想有深远的影响，但我并非盲目崇拜者。其他在延安的文艺干部对毛泽东同志的崇拜，也不是盲目的。例如鲁艺戏剧系有个女同志叫熊焰，她告诉我说毛泽东同志爱跳舞。她说毛泽东同志一进延安鲁艺大礼堂，这间宽大的屋子，就好像突然变小了。从人际关系的特殊性着眼，熊焰的这个错觉很值得重视。是的，毛泽东同志个子很高，但是主要是她敬仰毛主席，所以她产生了毛泽东同志一进来，屋子就小了的错觉。

我确实也犯过盲从性的错误。20 世纪 50 年代末期，我对当时出现的新民歌与农民画很感兴趣，夸奖这些与浮夸风有内在联系的产物。不是我对浮夸风感兴趣，而是它们本身有艺术性。比如说四川民歌："梯田修到南天门……"这些农民诗富有创造性的想象力，说明我的错误里面也有积极因素。当年出现的浮夸风是错误估计形势而产生的严重错误。浮夸风既违背《讲话》所强调的实事求是的重要性，也违背他的正确观点——反对好就绝对好、一切皆好的错误态度。但是，我们也不可因此认为坏就绝对坏、一切皆坏。毛泽东同志认为看问题要全面，不要简单化。尽管"大跃进"他有错误，但不能因此否定他的功绩。后来有人说，没有毛泽东就没有新中国。这话是有道理的。

记者：您写的关于《讲话》的文章中您自己最喜欢哪篇？

王朝闻：《喜闻乐见》。1962年《人民日报》等报刊要发表纪念毛泽东同志《在延安文艺座谈会上的讲话》发表20周年的文章。周扬同志在新桥饭店主持召开会议，参加的有何其芳、张光年和我等撰稿人。分派我给《人民日报》写稿，张光年给《文艺报》写稿，何其芳给《文学评论》写稿。我写的叫《喜闻乐见》，论艺术如何为人民服务，即关于艺术美学中的主体与客体相互依赖相互作用的审美关系。"喜闻乐见"是毛泽东同志用过的原话，艺术作品能够为群众喜闻乐见时才有潜移默化的社会效应。艺术品的艺术性的高低主要是以作者审美感受的深浅为条件。在中国古代的诗歌里，诗人实际生活的感受的深刻印迹分明积极作用于他的作品的艺术性。唐代诗人刘禹锡的名作《乌衣巷》就是这样的力作。因为读诗者的审美个性不同，对它的社会功能的判断大有差别。过去的评论者认为此诗的性质是吊古，但这样的判断不能淹没它对现实的讽刺作用。虚心对待古人的劳绩，有助于克服某些歪风，也是在认真纪念《讲话》。关于如何为人民服务的议论，唤起我对古典艺术的社会功能的关心，它仍离不开正确意义的审美关系。

记者：除了《讲话》，您还重视毛泽东同志的什么著作？

王朝闻：毛泽东同志的哲学集中表现在《抗日游击战争的战略问题》《论持久战》《矛盾论》《实践论》《人的正确思想是从哪里来的》里。我从这些文章中接受到的毛泽东思想的影响，不少于《讲话》的影响。抗战必胜的信念有普遍性，这是毛泽东同志论抗日的文章的普遍作用。为人民服务的艺术家艺术思想的提高，首先要靠创造自己，即所谓思想改造。够格的艺术家的艺术活动，必须以有所发现为前提，没有发现就没有发明。发现与发明谈何容易？思想还不成熟的美术青年愿意重新创造自己，进行自我创造。《在延安文艺座谈会上的讲话》在国统区的影响也很大，客观原因在于爱国主义者有自我改造的自觉与自愿。

记者：也就是落后文化向先进文化转化这个意思吗？

王朝闻：可以这样说。记得我们在延安的时候，日本的飞机来炸了好几回，重庆国统区也多次挨炸。我先后做了两个梦，梦见我们在延河游泳并洗澡，日本飞机低飞到我们头上，停下来了。这样的梦境当然很荒唐。实际上飞机不能在空中停下来。可它停下来了，而且侧面大开，穿着和服的军官把尿盆朝着我们头顶倒下来了，然后关门走了。还有一次的梦境，是日军的飞机在低空停下，飞机脑袋跟飞机屁股分开成两段，然后屁股转一个圈又和头部连上，得意地飞走了。我们气坏了。那么，这些荒诞的梦完全是消极的吗？不。事实上我们没有先进的武器，对日寇的轰炸没有有效的武器进行抵抗。这种梦境的积极意义在于，它潜藏着我们不安于现状的进步愿望——必须创造新的条件，改变落后的现状。这种作为潜意识活动而形成的荒诞的梦境自身，也是不自觉的创造思维。把它们当作我们的认识对象，探索它们的成因，有助于我们对潜在意识与人格的内在联系的认识。为人民服务是崇高的，抗日战争和解放战争是这样，新中国的建设也是这样。修建康藏公路死了多少人啊！没有这些为人民服务的先进人物、英雄人物行吗？我们中国的新建设很不容易，没有这些富有献身精神的热血青年行吗？这是历史，不是任何荒谬的信口开河否定得了的！

毛主席讲得很有说服力

于　敏

于敏（1914—2014） 原名于民。山东潍县（今潍坊市）人。1938年春赴延安，入陕北公学学习，毕业后任《新中华报》记者、编辑，鲁迅艺术文学院戏剧系教师，鲁艺实验剧团党支部书记。新中国成立后，曾任长春电影制片厂编剧、中国电影家协会书记处书记等职。

记者：请您谈谈当时鲁艺的一些情况。

于敏：我是1940年到的鲁艺。1940年以前的鲁艺是一个短期训练班的性质，每期3个月，学生学习完了以后到前方去。1940年鲁艺开始有些变化，就是它想把学生学期延长一点，要让学生学的内容更多一点，学制延长到一年；组织方面也有些变化，分了戏剧、音乐、美术、文学4个部，每个部里面有2个单位，一个是系，负责教学，另一个单位就是工作团，包括实验剧团、文学工作团、美术工作团等。

记者：当时鲁艺参加座谈会的人挺多吧？

于敏：鲁艺4个部的教员都去了，另外，一些领导同志也去了，周扬他是领导，也去了。

记者：座谈会以前鲁艺和“文抗”是不是有些不团结？

于敏：有一些不团结的现象，但是表面上也不是很突出。没有吵架这种事情，就是在关系上互不相睦，你搞你的，我搞我的，互相瞧不起也有的。鲁艺的水平要高一点，“文抗”的作品比较多，各有层次。鲁艺搞“关门提高”，时间也并不长。柯仲平他们有个民众剧团，在陕甘宁边区到处受欢迎，柯仲平很自豪地说，你到我们民众剧团来，你怎么找？你看哪个山沟沟里面地上有鸡蛋皮就找到我们剧团了。为什么呢？当时剧团演出不收票子，老百姓为了感谢他们就送鸡蛋给他们吃，所以他们吃了不少鸡蛋。

记者：当时鲁艺参加座谈会的很多教员，据说在会上发言很有意思。

于敏：每个人的发言我记不住了。我当时是有记录的，后来经过战争丢失了。鲁艺的周扬、何其芳这些人都发言了，“文抗”的欧阳山、草明、丁玲也都发言了。我印象比较深的是这么几点：一点就是有的人发言不是从我们文艺界的实际情况出发，而是从书本出发，有点像讲文学概论那样讲，讲世界观和创作的关系，用外国文学的一些历史情况来证明他的论点。后来毛泽东同志作结论的时候讲了一些，虽然不是指名道姓，但是很有针对性地批评了这些不正确的意见。另外一些人很可笑，都是从个人的需要来谈的，而且都是从个人生活的需要来谈的，跟文艺不搭边的，这不谈了。当时环境是很紧张的，敌后的抗战非常残酷，敌人用“三光”政策向我们不断地进攻，国民党的30万大军也包围着我们。大会的第一天有人向毛泽东同志提出一个问题，说国民党会不会进攻延安？毛泽东同志笑了，他说他来我就让给他，无非是打碎一些坛坛罐罐。听说你们把下蛋的鸡也杀了吃。大家听了哈哈笑，都很轻松。《在延安文艺座谈会上的讲话》产生时，大的环境是紧张的战争环境，从延安本身的环境来讲，也有些不团结的现象，一些不健康的情绪，教学中也存在一些脱离实际、脱离抗战需要的情况，所以从这方面讲就有必要开这个会。

记者：您在座谈会上发言了吗？

于敏：我没有发言，不敢发言，因为水平太低。

记者：毛泽东同志讲了几次话？

于敏：讲了两次话，第一次讲话是“引言”，第二次讲话是最后作“结论”。

记者：他作“结论”的时候很严肃吗？

于敏：毛泽东同志从来不是板着面孔讲话的，他讲得非常轻松、非常幽默，没有那种盛气凌人的东西、教训人的东西。但是他的发言针对性很强，逻辑性很强，思想的深刻性也是明显能感觉到的。他在座谈会上特别强调一个问题，就是知识分子到了延安以后，不只改换了一个地方，而是改换了一个时代，到了人民大众当权的新时代。他说对这个问题好多同志没有很深刻的认识，特别强调一点就是文艺家需要一个立场的改变——从小资产阶级立场转变到无产阶级立场。这个转变的过程不是轻易能够完成的，要经过痛苦的磨炼。他讲他自己的例子，他说我小的时候也瞧不起工人、农民，我自己挑一担水都是觉得不光彩的。后来参加革命了，同工人、农民在一起，我们的士兵就是穿上了军装的农民，同他们在一起才感觉到他们的灵魂是干净的。而有些知识分子的灵魂不一定那么干净。他这些话当然是发人深省的。知识分子必须改变立场。

记者：不改变会怎样呢？

于敏：不改变就是各说各的。

记者：不改变对当时抗日战争会有什么影响？

于敏：完全脱离需要了。柯仲平这个老实人讲过，他说你们鲁艺提高什么？关起门来提高，他不赞成的。他不赞成是有道理的。因为那样就把年轻人的眼光不是引导到抗日战争的迫切需要上去，而是引导到一种艺术性比较高的东西上去。而艺术性比较高的东西我们又没条件做到，比如说我们当时戏剧要提高，就要学习斯坦尼斯拉夫斯基，研究他的体系，根据那个体系来训练演员，培养学生。但是他的书一共有 16 章，我们当时才有 13 章——翻译成中文的一共只有 13 章。全书都还没拿到，居然学习斯坦尼斯拉夫斯基，是不符合实际的。提高的愿望无可厚非，但是怎么提高，就是一个问题了。不是不需要提高，而是用什么方法提高，这是一个很大的问题。后来毛泽东同志讲了普及和提高的关系，就是针对这个来讲的。

记者：讲鲁艺早期戏剧，人们说是“大洋古”和“关起门来提高”，什么叫“大洋古”？

于敏：从两个方面讲。一个方面，学生学习的东西都是大的、洋的、古的，这就不必多解释了；另一方面就是我们实验剧团排大戏，当时排出了《日出》。

《日出》那个戏应当说非常成功，按照历次我看的各个地方的演出，一直到现在我还认为鲁艺那台演出是没人能超过的。这不是我一个人的评价，是很多人的评价。那一台演员演绝了，这个不去具体讲了。当时这个戏演出以后轰动了延安，很多人看了都称赞。延安一举一动的影响不是局限在延安这个地区，它是影响各个根据地的。各个根据地搞文艺工作的看鲁艺排《日出》，排大戏，他们也去排大戏。前方当然不具备这个条件。有个问题必须讲清楚，就是说艺术是不是有功利主义的目的？从政策上讲，我们不讲功利主义，艺术不是功利主义的，但是文艺要在一定的时期里面才能起到应有的作用。在抗日战争这么紧张、这么严酷的时候，文艺工作怎么帮助战争，帮助老百姓更加坚定抗日战争必胜这个信念呢？这是第一位的工作。鲁艺搞的排大戏，和第一位的工作是不相适应的。“关门提高”不能全部否定，不能说它一点好处没有，的确还是提高了一些，没有这个提高鲁艺排不出大戏来。但是把年轻人的眼光从抗日战争严酷的现实，引到大的、洋的、古的这方面来，是与当时的形势不相适应的。

记者：《日出》演出老百姓能看懂吗，他们喜欢看吗？

于敏：都是干部和学生看。延安的干部和学生一共两三万人，给他们演了很长的时间。

记者：《讲话》以后鲁艺方面是不是有很大的改变？

于敏：有很大的改变。这有一个过程。1942 年前后，战争空前残酷，我们的根据地相对缩小，延安被国民党军队包围，它是一粒粮食也不给你，一颗子弹也不给你，而且几十万大军时刻准备进攻陕甘宁边区，准备进攻延安。在这种情况下，文艺方面到底应当采取什么对策，这是《讲话》要解决的问题。《讲话》里面讲的主要是解决人的思想、人的世界观的问题，解决立场的问题。

记者：说到立场的问题，好像有一次毛泽东同志讲得非常严厉，说不改变立场，可能就要亡党、亡国？

于敏：他原话不是那样讲的。他是说，党不能依你们小资产阶级知识分子，依你们就有亡党、亡国的危险。这个话当时听起来是很刺耳的，但是后来经过文艺整风的学习觉得心悦诚服，因为在那种严酷的斗争中，你必须非常集中，集中指挥，集中领导，不能三心二意，你搞你的一套，我搞我的一套。现在情况不一样。

记者：毛泽东同志讲话以后您给他鼓掌了吗？

于敏：当然鼓掌，大家都鼓掌。因为毛泽东同志讲得很有说服力，大家听了以后觉得这个道理讲得对，心悦诚服。

1942 年延安文艺座谈会之前就已经开始整风了，当时整风有 22 个文件，《讲话》也就包含在这 22 个文件里头。这个《讲话》的精神不是只适用于文艺界，其他各界也都有可参考的地方。鲁艺经过文艺整风以后，发生了很大的变化。这个说起来很有意思。我刚到延安的时候，听不惯这里的信天游、迷胡调，那个信天游唱起来一会儿高八度，一会儿低八度。后来经过延安整风以后，觉得信天游很好听，我一听那个调就感到非常亲切，因为感情起了变化。延安文艺整风以后，1943 年年初到年底的时候，大批干部和学生到民间去了，了解老百姓的生活情况，学习民间的艺术，学习民间的语言，记录了很多民歌，曲谱也记录了，唱词也记录了，收获是很显著的。

记者：当时您下乡了吗？

于敏：没有，我当时留在学校里面工作。开始是搞秧歌剧。秧歌是陕北民间的艺术活动，它的动作很甩得开，很雄壮。秧歌完全是一种民间的东西，民族的形式。把它改造了，比方说原来民间的秧歌队前面一个男的、一个女的，化了妆样子也不太好看，花花绿绿的。改造以后，一个工人、一个农民，也是一个男的、一个女的，一个拿镰刀，一个拿斧头，一边歌一边舞，很好看。1943 年的冬天，过新年的时候，秧歌演遍了延安的各个地方，也到附近的各个县里去演，到处受到欢迎。然后就发展秧歌剧，最早是《兄妹开荒》。《兄妹开荒》确实是一种新的东西，过去没有的，是大家吸收民间艺术精华，又加以提高和改造形成的秧歌剧。秧歌剧非常受欢迎，有很多这样的戏，《夫妻识字》《刘永贵挂彩》等等，不光是鲁艺的人演，其他机关也搞了秧歌队。1944 年的春节，可以说是个秧歌年。如果说 1938 年的时候，在延安，在陕甘宁，到处是歌声。到了 1943 年的时候，也是一片歌声。1938 年是抗战歌声，1943 年是大生产歌声。歌声都很嘹亮，但曲调不完全一样了，1943 年的歌唱，吸收了很多民间的东西加以改造得以提高。正如毛泽东同志在《讲话》里讲的，秧歌剧确实做到了在普及的基础上提高。首先向老百姓学习，又把它加以提高，然后又给老百姓看，很受欢迎。后来更有发展了，出现了《白毛女》。《白毛女》也可以说是秧歌剧的集大成了。

提高，你说有没有需要呢？有这个需要。毛泽东同志在《讲话》里面讲了，不能光给老百姓看小放牛，还要看中放牛、大放牛。那是比喻的说法，就是应当给予老百姓更好一点的东西，更高一点的东西。但是当时一说提高，好像就是考虑我们怎样学习斯坦尼斯拉夫斯基的戏剧。斯坦尼斯拉夫斯基确实有独到的地方，他有本书叫《演员自我修养》，从演员内情到外情，从外情到内情，谈演员应具备的修养。他有一个学生加拉伯特，写了一本书叫作《演剧教程》，我们翻译过来了，就是训练演员从最初的肌肉放松开始，一步一步让你进出角色。两本书都是很有系统的，而且具有科学性。我们在鲁艺搞戏剧，按照这个教程来训练学生，但是很难进行，因为当时延安不具备这种提高的条件，其他如文学方面、音乐方面也都是这样的。

记者：就是说鲁艺提高的方向是不合时宜的？

于敏：对。它离开当时抗日战争的实际需要来搞这种提高，所以出现矛盾了，这个矛盾怎么解决呢？延安文艺座谈会就是解决这个矛盾的。

记者：接下来说说电影。您 1947 年到了东北，直接到了兴山？

于敏：日本投降以后，1945 年冬天，鲁艺的大部分都到东北去了，少数人到了其他的地方。1946 年夏天我离开延安，到了华东。国民党军进攻华东，我就转到山东，在山东大学文学系做讲师，但是没上课。形势更严峻，我们教员就跟华东局的干部临时撤退到胶东。我是想从威海过海，没过成，然后到了里岛，从里岛到了丹东。这个时候我就知道东北电影制片厂已经在拍战地纪录片，那里面有我几个很要好的朋友。其中一个是我从小的同学，一块参加革命，一块参加工作的；还有田方，田方是个很好的演员；王滨也是个很好的导演，《日出》就是他排的，《带枪的人》也是他排的。我就到哈尔滨去找他们，到了哈尔滨便加入了东北电影制片厂。那是 1947 年的冬天。战争形势发生了很大的变化，按毛泽东同志的说法，我们已经从内线作战转入外线作战，从战略防御转入战略反攻。形势发展得很快，我们原来都是在乡村里面，随着形势的发展，我们占领了很多城市。当时袁牧之、陈波儿还有其他一些同志就考虑一个问题了——要拍故事片。

当时在兴山的人倒是不少，多半是鲁艺的人，搞舞台剧很有经验，但是懂电影的人很少，最多不过七八个人。袁牧之、陈波儿、田方他们都是搞过电影的；其他一些人根本不懂电影，大部分人是从山沟沟的干部、穿草鞋的干部中来的，电影看得都很少，更不要说拍电影。当时就有人讲了，什么阿猫阿狗也来拍电影。事实证明"阿猫阿狗"后来也成为很好的导演了，像成荫、张水华他们都是"阿猫阿狗"出来的。但当时确实不行，都不懂，器材也不全，是从伪满的电影厂搞到的，只能试拍，试验一下。

当时艺术干部事前做了分工，还是按照延安文艺座谈会那个思路，先去深入生活。农村正在搞土改，工厂还是为战争服务的，所以大家就分工了，有的人下了部队，有的人下农村去参加土改，有的人下了工厂。我就下了工厂。我到工厂去的时候给自己提了一个口号："先给后要。"就是我先给你服务，然后我再从你那里获得素材，进行创作。那个厂子是中苏合办的，苏联厂长管技术，中国厂长管行政、管工会这些方面的事情，所以我到了工厂以后，首先帮助我们中方厂长办工人学习班。这个学习班是短期的，一个月一期。有一个很深的感受，是什么呢？马克思主义的道理工人很容易接受，而且接受了以后，他们立刻就行动。一个月能讲多少东西？讲不了多少东西，而且他们过去也没有接触过这些东西。我讲得很粗浅，实际上只讲社会发展史，讲工人阶级在革命中的地位。我在黑板上画一个图，前面画一个火车头，后面画一节一节的车厢，我说你们工人阶级是火车头，后面是各个不同的阶级，农民阶级、小资产阶级，你们这个车头是拉他们前进的。这个他们很容易接受，而且他们回到车间以后，很快就行动起来。当时劳动保护品很缺少。我到车间里看，他们修炉子的时候用耐火砖，耐火砖又沉又粗糙，有很多工人没戴手套在那里干活，手都磨破了皮，可是他们还在继续干活。当时我很感动，我把他们的手拿着看，我说同志，你真是个好同志。我立刻就找中国厂长，我说这不行的，一定要解决劳动保护品的问题，困难也不行，必须解决这些问题。

记者：这些事情后来都写到您的《桥》里面了吗？

于敏：有一些，但不是全部。我在工厂待了大概有 3 个月，后来就撤出来，速战速决，写了《桥》这个剧本。内容就是写工人在很困难的条件下，发挥自己的智慧和经验，克服了很多困难，解决了修桥最需要的部件问题，因此使得这座桥很顺利地修成了。这座桥在对敌人的战斗中起到了重大作用。因此这个剧本如果用一句话来概括的话，那就是“尽一切可能为战争服务”。

记者：当时您的领导和同行是不是对您的剧本评价很高？

于敏：剧本写出来以后，要请各个方面的人看，提高见。东北的宣传部门看过基本上同意了，提了一些意见。当时东北的铁路局也看过，也提了一些意见。我作了一些修改。《桥》这个剧本通过以后，我就交给导演王滨，我就去采访赵一曼的材料了。

记者：王滨导演看了您的剧本是不是很有激情？

于敏：是的。王滨是经常下部队的，对战争比较熟悉，在这个方面他对剧本作了一些丰富和补充，出现了若干个战争场面，战争气氛更浓了，更加突出了工人的劳动是为战争服务的主题。

记者：整个拍摄过程您参与了吗？

于敏：整个拍摄过程我没参与。因为是很好的朋友，剧本交给他，我就不管了。

记者：在放映的时候您肯定是第一批看到的人之一。

于敏：第一次放映我没有看到。我是后来在哈尔滨开的第六次职工代表大会上看的。我当时出了一身汗，因为什么呢？拍内景的时候灯光不够，因此画面比较暗；另外，除了照明以外，好多演员都是舞台出身，舞台表演的痕迹很明显；导演虽然拍过电影，但是他拍这种影片，也是第一次，这是个新的题材。这部影片公正地讲是不够完善的，内容不够完善，技术不够完善，表演也不够成熟。

记者：《桥》的意义在于什么呢？

于敏：服从了客观需要，为战争服务这一点是很明确的。另外就是歌颂劳动，歌颂工人阶级。

记者：同时，是不是它也是新中国自己的导演创作的第一部电影？

于敏：通常讲它是新中国的第一部影片。它成为第一部影片是带有偶然性的。当时写农村的写好了的话，会成为第一部，写士兵的也是一样，如果剧本很快通过了，也可以成为第一部，所以说《桥》成为第一部是偶然的。

记者：《桥》也是新中国第一部故事片？

于敏：是新中国第一部故事片，另外它也是第一次把工人阶级的形象反映到银幕上去。

记者：当时的影响也是比较大的吧？

于敏：影响比较大。但是也有一些批评的意见，说它有缺陷。稍有电影经验的人就说陈强演的工人怎么像农民啊？他说你不知道

◆于敏编剧的电影《桥》

我们的工人都是农民来的。实际上陈强演的老工人非常好。陈强自己认为，他演的戏虽然不是很多，但在这个戏里是个很好的形象。

记者：在这以后您一直从事电影工作吗？

于敏：关于《桥》我可以再讲一讲，因为这样的意见那样的意见，传到上面了，传到周总理那里去了，他就讲过一句话。虽然是一句很普通的话，但是有很深刻的意义。周总理说，《桥》这个作品虽然有缺点，但是它肯定是一个好的作品，它是我们自己的。我听了以后，觉得这句话很普通，但是很深刻。对自己的作品到底是个什么样的态度？你可以批评它，但是你要爱护它，在爱护的前提下提出它的缺点，帮助它成长。《桥》这个作品有缺点，记住这个经验以后可以提高啊。所以我想我是在铺砖，我铺了一块砖，别人可以踩着这块砖往前走，《桥》有这个意义，它为后来的电影发展铺路了。

记者：《桥》这个故事片也是您参加座谈会几年以后，受《讲话》精神影响的结果？

于敏：不完全是。我可以说我的文学艺术思想受两个方面的影响：一个是左翼文艺运动的影响，一个是苏联文学的影响。对高尔基的作品，对他的理论，我都是下功夫研究过一番的。研究高尔基的时候，我脑子里面就有这个印象，要想法表现劳动，表现劳动者——劳动者当然就是工人了。经过延安文艺座谈会整风，这个思想就更明确了，因此后来选择分工的时候，我就下了工厂了。

记者：您作为电影工作者，请您谈谈延安文艺座谈会对中国电影的发展有什么作用。

于敏：列宁曾经写过一篇文章——《马克思学说的历史命运》，延安文艺座谈会也有它的历史命运。在延安的时候，搞秧歌运动，搞秧歌剧，是完全根据《讲话》的精神去做的，影响很大，影响到国民党统治区。我们从延安出来的这批人，经过延安文艺整风，这个思想很明确，就是文艺要为工农兵服务。而且觉得我们的一些作品确实做到了这一点。过去左翼电影是很好的，起了很大的作用，但是它并没有把工人、农民、士兵放在第一位表现。不是不想，是不能啊。因为国民党不准。我们在延安就不同了，这是我们自己的天下嘛，而在人民中，工农兵是多数，当然要考虑为他们服务嘛。所以从《桥》开始一直到后来好长一段时间，大家都是遵循《讲话》的精神搞创作。我有一篇文章叫《中国电影的最辉煌时期》，文章里说我们电影的第一个辉煌时期就是 1951 年、1952 年。那时全国基本解放了，只有西南还没有解放。在一年里面放映了 26 部故事片，这 26 部故事片大多是写工人的、写士兵的、写农民的，也有写革命历史的，这应当说是大家遵循《讲话》的精神做出来的成果，也可以说是《讲话》的胜利吧。

人的社会生活是文艺的唯一源泉

欧阳山尊

欧阳山尊（1914—2009） 原名欧阳寿。湖南浏阳人。1938年到延安，参加部队文艺工作组赴华北前线，不久返回延安，任陕甘宁边区民众剧团教员、抗日军政大学总校文工团副团长。1940年调八路军第120师战斗剧社，任社长兼导演，创作有话剧《重圆》《警备队长》，导演《一万元》《黄河三部曲》《四十一》《旧恨新仇》等剧。1942年参加延安文艺座谈会。之后返晋西北组建鲁迅艺术文学院分院，任院长。1943年调陕甘宁晋绥五省联防军政治部宣传队，创作秧歌剧《贺宝元回家》。1944年作为模范工作者参加陕甘宁边区文教大会。新中国成立后，长期在北京人民艺术剧院工作。

记者： 请您谈谈卡尔森唱《游击队歌》的一些事。

欧阳山尊： 我是 1937 年年底到的前线，跟着八路军第 115 师做宣传工作。那时候，他们刚从平型关战役下来。我就跟他们谈平型关战斗的情形，谈英雄的故事，为他们唱《游击队歌》。《游击队歌》是贺绿汀写的，当时贺绿汀和我睡在一间屋子里。第一次给八路军将领、学生队学员演唱的时候，我吹口哨，贺绿汀指挥，大家一起演唱。听的有朱德、贺龙、萧克、杨尚昆等将领。第二次是跟卡尔森一起唱的。卡尔森到敌后去过两次，第一次是周立波做翻译，第二次是我做翻译。

当时刘白羽请示毛泽东，要组织一个部队文艺工作组，毛泽东同志同意了。他联络了几个人，有我，有汪洋——后来做了北影的厂长，金肇野——是一位摄影记者，还有一个诗人叫林山，我们几个人一起到解放区去。毛泽东同志给我们写了一封介绍信，那封信我见到过，现在刘白羽保存着。上面说八路军各级领导，今有刘白羽等同志到部队开展文艺宣传工作，请你们尽一切方便，给他们帮助。这封信了不得，我们带着它有可以满天飞的感觉，到了哪里大家都很热情。我们还带了个八路军护照，因为我们还要做统一战线工作。我们不但在我们自己的地方工作，还到了榆林，还到了蒙古的哈拉盖，就是马占山在的地方。那里都有我们的同志在做地下工作。到那里我们去加强统一战线工作。后来我们过黄河，从河曲到了晋西北，到了晋察冀，到了冀中、冀南，就是南宫，到了鲁西北。再后来我们到了豫西北，到郑州，从郑州回延安。

记者： 走了一大圈。

欧阳山尊： 总共走了 3000 多里。那时候年轻，每天走很多路，还记日记，我记了 9 万多字的日记。

一路上卡尔森都跟着我们，到郑州才分手。卡尔森是美国大使馆的参赞，他以前去过敌后，发表了一些言论，对我们是友好的。让他和我们一起走是毛泽东同志提出来的。毛泽东同志说让这样一个美国人跟我们一起走有好处。当时找不到翻译，他们知道我懂一点英文，就让我兼做翻译。他这个人非常友好。我写过一本书，写了一些关于他的事。

在保德县，我们遇到一个国民党的书记，但他不说自己的真实身份。他问卡尔森，你在延安见过毛泽东吗？卡尔森说见到他了，还见到很多共产党的负责同志。他又问，你觉得毛泽东怎么样呢？卡尔森说，我觉得毛泽东很有理想，而且他能够和他的干部一起来实现他的理想。那个人又问，你认为他那个理想怎么样？卡尔森说，他现在的理想就是要驱逐日本帝国主义，建立新中国。他这个理想就是全国人民的理想，我认为他这个理想能够实现。这个话把国民党的书记顶得很厉害。那个人就自己找台阶下，他说卡尔森先生，我不是共产党，也不是国民党，我只是想和你谈谈心。卡尔森说，我不是共产党，也不是国民党，我是美国人，我说这些话，也不是站在什么立场上，我是站在统一战线的立场上。我希望国民党和共产党紧密地团结起来，共同打击日本帝国主义。他这个立场非常鲜明。

后来我们一起来到郑州。卡尔森要去武汉，他说，欧阳，你跟我一起到武汉去吧。那时武汉还没有陷落。我说，不行。我的任务就是把你送到敌后，现在我的任务已经完成了，我要回延安了。卡尔森上火车的时候，他说，我们一起唱个歌吧。唱什么呢？他跟我们学过《游击队歌》，就说唱《游击队歌》。我、刘白羽就和他一起唱起来：“我们生长在这里，每一寸土地都是我们自己的，无论谁要抢占去，我们就跟他拼到底……”我们都很激动，我们流出了眼泪，卡尔森也流了眼泪。这时火车开动了。

记者：您是什么时候回到延安的？您觉得当时延安的气氛怎么样？

欧阳山尊：1942年春夏之交，我从敌后回到延安。当时敌后是前方，延安是后方，延安和前方不同，我刚到延安的时候有些不习惯。比如延安跳交际舞，我一看说，哎哟，怎么抗战还跳交际舞！就不大理解。其实这是个习惯问题。后来看得多了，慢慢地我就接受了。当时在延安，大家都穿着草鞋在黄土地上跳舞，而且毛泽东同志也跳，朱德同志跟着乐队一起奏乐，他弹的是扬琴。大家手拉手，扭秧歌。这个娱乐形式，促进了同志间的友谊。我也参加了。我跳的时候，打着裹腿，系着风纪扣，帽子戴得很正，还是前方的味道。周围很多同志虽然穿着军服，但不系皮带，也不打裹腿，我也看不惯。后来我明白，噢，这是延安嘛，为什么一定要像前方行军那样打裹腿？后来就慢慢习惯了。

当时延安有些现象我说不太准。有一种墙报，被人称作《轻骑队》。我一看说这有点像从前上海报屁股上登的东西，专门揭别人的隐私，谁结了几次婚，谁离了几次婚，等等。我也说不清这个事情到底该怎样看。当时有人说要封，但是毛泽东同志说不能封，要让它出，要让大家自己来鉴定。这就像后来美国跟我们搞乒乓球外交，美国队里面有个留长头发、长胡子的人，他问周恩来同志，你感觉我这个打扮怎么样啊？周恩来同志说，这个由你自己看，你会了解怎样办好。毛泽东同志也是这样的心情，《轻骑队》亦无不可，也不会影响社会稳定。

还有，从大后方到延安来了很多文艺家、专家。他们在一起不大团结。他们相互之间，你说我的散文是发泄，我说他的散文是盲肠，可以一段一段割下来不要。还有人闹待遇，甚至有人还要动武。我就看不惯，我说应该把他们送到前方，让他们听听炮声，听听枪声，过过封锁线，他们就不会这样了。当然，这种想法是很幼稚的。我们主要是要解决思想问题，首先要解决文艺思想问题。所以我觉得召开文艺座谈会非常有价值。

记者：您参加延安文艺座谈会了吗？

欧阳山尊：参加了。在 4 月 20 日以前我就接到通知，要我参加这个会。我说好，这样可以见到毛泽东同志，见到许多大后方来的专家、艺术家，这是一个很好的学习机会。第一天开会是在中央礼堂旁边那个会议室。我们大家都坐好了，坐了一圈。毛泽东同志来了，大家起来。毛泽东同志一个一个握手。到了我，毛泽东同志握着我的手说，欧阳同志，你从前方回来。我很感动，毛泽东同志还记得我到前方了。当时握手的情形我还记得很清楚。他不是握着你的手跟另外一个人讲话，他是握着你的手，握得很紧，眼睛看着你，跟你讲完话以后等你有表示，然后松开跟另一个人握手。他握你的手是真心实意的，而且他的眼睛也是看到你的心里的。这也体现了毛泽东同志的群众观点。

那天开会，毛泽东同志讲的就是后来《讲话》的“引言”部分。有一点我记得比较清楚，就是毛泽东同志说，同志们有什么意见，下次会大家可以说，而且可以写信给我。我就胆大了，会后我给毛泽东同志写了一封信。信的内容第一点就是前方非常需要文艺工作者，希望延安的专家、艺术家、文学家能够到前方，为部队、为老百姓服务。第二点是希望把延安的文学艺术家组织起来，了解他们的一些情况，给他们一些帮助。主要就是这些内容。只过了 3 天，毛泽东同志就给我回信了，这是我得到的毛泽东同志第一封回信。信上说："欧阳山尊同志，你的意见是对的。此致，布礼！毛泽东"看到毛泽东同志的回信，我当时很兴奋，也受到鼓舞，我就敢于在会上发言了。

开会的时候，有的专家发言说得很长，很有理论性。我也没有那么高的理论，我就汇报前方的情况。第一点，前方军民，他们需要文艺，但是文艺工作者去了应该有一个正确的态度，前方部队、老百姓要什么你就得给什么。不能因为你是拍电影的，你就说要我唱歌我不会。那不行。前方有个习惯：你说不会唱啊，大家就说再来，哗啦啦鼓掌。要是你还不唱，大家就会很失望。你唱好唱不好都要唱。我举这个例子并不是没有事实根据。再比如，部队布置救亡展览时，要你写几个美术字。你说我不会，我是诗人。那不行。你会写字就写几笔，你会画画你就画几幅。画好画不好没关系。你真心诚意地为老百姓服务就行。第二点，你到前方，老百姓要把你的五脏六腑都掏得干干净净，但是你收获的东西要比你付出的多得多。第三点，部队宣传队一些搞宣传工作的人，他们有一些想法。他们说我们搞到最后也就是个排级干部。他们有些情绪。依我说，当哪级干部，这不应该是首先要考虑的，首先要考虑的是为部队、为人民做了多少工作。但是我也提出来，中央应该考虑在部队搞宣传时间比较长的同志，他们属于哪一级编制可以不考虑，但是要考虑他们的待遇。比如说排级干部，连级、团级干部参加的活动他们也可以参加。不限于排级，团级干部看的文件他们也应该可以看。说了这些以后，我是很害怕的。这次座谈会，中央领导都参加了。凯丰同志是主持会的，朱德同志、陈云同志都参加了，大后方来的专家也都参加了。我怕在他们面前出丑。我说我这些话假如有错误，希望得到大家的批评。但是，后来我听周扬同志说，当时毛泽东同志听了我的话对他说，到底是从前方回来的。我听到这句话后很激动，当然这不是夸我一个人的。我觉得在实际生活中、在战斗中，才能够说出这些比较有内容的东西。人的社会生活是文艺的唯一源泉。

记者：作结论那天毛泽东同志说了一些什么？

欧阳山尊：毛泽东同志作结论的时候，天慢慢暗下来了。院子里架起个三脚架，下面吊着汽灯。我正坐在汽灯附近。毛泽东同志就站在汽灯下讲话。毛泽东同志的讲话都是写了提纲的，而且还用红蓝铅笔在上面画了一条条的线。我坐在他后面，看得清清楚楚。他开头说其实朱总司令的发言已经是结论，非常谦虚。他说我现在的发言不是最后结论，要等到中央大家讨论后作出的结论才算最后结论。我当时非常感动，一个是毛泽东同志那么谦虚，一个是毛泽东同志非常尊重中央的集体领导制度。毛泽东同志讲的话，我都一个字一个字地非常认真地记了下来。后来，我回到住处还是非常兴奋。

毛泽东同志后来到鲁艺又作了一次报告，也是谈文艺座谈会上那些内容。我也去听了。在篮球场上摆了一张桌子一张凳子，毛泽东同志根本没有坐，就站着讲，讲得非常通俗。根据鲁艺的现实，毛泽东同志说你们这个鲁艺是“小鲁艺”，你们应该到“大鲁艺”中去。“大鲁艺”就是社会。当时鲁艺有些“关门提高”倾向，毛泽东同志没有直接说，而是说你们要离开“小鲁艺”，应该到“大鲁艺”去。还非常通俗地讲了文艺应该怎样。他说你们不是演《带枪的人》吗？里面有列宁。列宁不是死了吗？可是你们的戏里他还活着。列宁不是在莫斯科吗？但是在你们戏里，列宁到了中国，不但到了中国，还到了延安。这就是文艺的特点。在你们戏

◆1938年5月，欧阳山尊、刘白羽、金肇野、林彬、汪洋（左起）在延安

里，写了列宁跟前方战士打电话，写了列宁给斯大林打电话，写了列宁跟孟什维克作斗争。但是你们没有写列宁吃饭，没有写列宁拉屎。他说人不吃饭要饿死，不拉屎也会得肚胀病，也会死。列宁也是人，也要吃饭、拉屎，但是文艺不写这些。为什么？因为文艺更集中、更典型。就这样，毛泽东同志用那么通俗的语言把那么深的道理说出来了。

记者：请您谈谈毛泽东同志给您的第二封信。

欧阳山尊：在鲁艺学习一段时间后，我要回到晋西北。到绥德时，战斗剧社正在演出莫里哀的《悭吝人》、曹禺的《雷雨》等。当时延安演过很多大戏名戏。晋西北就学着演。贺龙同志说让战斗剧社到延安去演出，战斗剧社的同志们就很紧张，讨论到底去延安演什么。演《悭吝人》《雷雨》，怕延安专家、艺术家笑话。演一些前方排的小戏，比如描写我们战士的机智、敌人的愚蠢，也怕不上档次，拿到延安去演，被人笑话。正在讨论的时候，我到了绥德。我向大家传达毛泽东同志《在延安文艺座谈会上的讲话》，他们听了以后思想就很明确了。战斗剧社的同志最后决定带着反映前方战斗生活的这些小戏到延安去演。

在延安演出，中央一些领导同志先看了。然后反映给毛泽东同志，毛泽东同志也来看了。11 月 25 日，毛泽东同志写了封信给我们——这是写给我们的第二封信，说是你们的剧，我认为是好的。延安和陕甘宁边区正需要这些反映敌后斗争的戏，希望你们多演这些好戏。根据我的了解，毛泽东同志为戏写过两封信，一封是看过《逼上梁山》后给齐燕铭他们写的。里面说要把颠倒过去的历史再颠倒过来，让过去人们看不起的下层人做戏里的主人。就是要文艺为人民服务。给我们的信是写给话剧的，就是讲文艺工作者要到实际生活中去，到唯一的源泉中去，吸收源泉，经过加工创作来反映现实。

文艺座谈会以后，延安文艺蓬勃发展。像《兄妹开荒》《夫妻识字》《打黑龙寨》《白毛女》等，还有话剧《把眼光放远一点》，当然也包括战斗剧社到延安演的一些戏，都是很不错的，在当时影响很大。

记者：您认为在今天应该怎么看延安文艺座谈会？

欧阳山尊：现在很多人说延安文艺座谈会讲的为工农兵服务已经过时了。我认为非但没有过时，而且在过去、现在、将来都有它的现实意义。《在延安文艺座谈会上的讲话》是马克思列宁主义的普遍真理同中国文艺具体实践相结合的典范。它的原理、原则无论过去、现在还是将来都不会过时。

新木刻运动的中国作风和中国气派

力　群

力群（1912—2012）原名郝丽春，曾用名郝力群。山西灵石人。1940年年初到延安，任鲁迅艺术文学院美术系教员。1941年11月加入中国共产党。1942年参加延安文艺座谈会。在延安时期，主要作品有木刻《帮助抗属锄草》《饮》《伐木》等。新中国成立后，任中国美协书记处书记、山西省文联副主席等职。

记者： 新兴木刻运动是在鲁迅的帮助下开展起来的，请您给我们说一下当时鲁迅都做了哪些工作。

力群： 鲁迅先生对中国新兴木刻功劳很大，木刻是他一手提倡起来的。他提倡新兴木刻就是为了革命的需要，这是他自己讲的。他在1929年主持成立了朝华社，给我们介绍了许多外国的版画，介绍了世界上的近代木刻，后来又介绍了苏联的版画，举办了苏联木刻画展，出版了苏联版画集，对于我们学习木刻的人有很大的帮助。

当时国民党的艺术学校只有油画、中国画，没有版画这一门课程。我们很多人学版画都是自己成立版画会，比如说上海的MK木刻研究会，我们是木铃木刻研究会，广东有现代版画会。在鲁迅的帮助下，中国的新型版画开始成长起来了。我们这些人为什么学习木刻呢？由于当时处在九一八事变以后，国难当头，我们感觉到学校提倡的“为艺术而艺术”不对，我们应该为人生而艺术，为拯救祖国而艺术。所以我们这些思想进步、爱国的青年就从事版画创作了。从鲁迅印出来的《木刻纪程》当中可以看到我们当时刻的木刻。

◆1936年，鲁迅与青年木刻家在一起

记者： 1936年鲁迅去世后，您去给他画了遗像，您画遗像的情况能介绍一下吗？

力群： 我画鲁迅的像有两次。一次是1936年，鲁迅还活着，我刻了木刻鲁迅像，通过曹白寄给他。他收到以后，在写给曹白的信里，说谢谢我给他刻了像，并说我的作品没有李桦和罗清桢木刻的毛病，鼓励了我。当时有个日本进步女士叫池田幸子，她丈夫叫鹿地亘，和鲁迅关系很好。这个池田幸子跟我说："你要不要见鲁迅？我可以领你去。"我当时有点害怕，为什么？鲁迅那么伟大，我又没事去打扰他，觉得去了无话可说，就不敢去。现在想起来也很后悔。直到鲁迅先生去世，池田幸子和曹白到我住的上海西郊，叫我赶快去给鲁迅先生画像，我才见到鲁迅。所以我没见过活着的鲁迅，但看到了去世的鲁迅，我带着痛苦、悲哀给鲁迅画了像，现在这个像还在。

记者：鲁迅先生对您搞木刻有什么直接的影响？

力群：多了。我跟鲁迅先生虽然没见过面，也没有直接通过信，但是我刻木刻受他的影响，我给他寄过作品，他也鼓励过我，所以我对鲁迅先生有很深的印象。我印象最深的就是 1936 年我在太原，当时红军东渡黄河打到太原附近，阎锡山实行白色恐怖，很可怕的。我和曹白经常有联系，他知道我的情况，就写信告诉鲁迅，力群没有什么问题。鲁迅回信说"关于力群的消息我很高兴"。这两封信都收在《鲁迅全集》里面。当时我看到这个信很感动。鲁迅能够关心我，实际是关心我们那个时代的革命青年，应该这样理解。我当时刻的木刻画差不多都通过曹白寄给鲁迅先生了，鲁迅先生就在给曹白的信上经常对我的木刻有指点，他觉得我刻的木刻很生动，但是有时候人物画得不够准确，说明技术还不够好。1936 年我刻了《采叶》，让曹白寄给鲁迅。当时曹白给他寄了几幅我的木刻，有《采叶》，还有《三个受难的青年》。鲁迅回信说："我认为《采叶》最好，《三个受难的青年》粗看还好，细看三个青年的面孔不清楚。"他认为这是毛病。总的来说，鲁迅先生对我鼓励很大，也对我有教导。

记者：您到延安的时候觉得延安美术界和上海最大的区别是什么？

力群：最大的区别就是共产党支持版画。在上海我们刻木刻，国民党迫害我们，抓我们坐监牢，认为我们是共产党领导下的。而且我们在上海刻木刻基本上没有人民群众的生活，没有创作的源泉，到了延安我们获得了生活的源泉。这两点很重要。整个鲁艺没有油画，没有国画，因为没有工具等条件，美术系只有版画和漫画这两门课程。所以共产党是支持刻木刻的。鲁艺就在一个村里头，我们周围都是农民，我们刻起木刻来就能够看到老百姓的形象。所以在延安是非常好的。

◆力群创作的鲁迅像

记者：你们搞过一个木刻展，是在什么情况下搞的？

力群：那个时候延安已经有了俱乐部。俱乐部经常需要组织文化活动。我们鲁艺，大概是江丰同志组织的吧，就让我、古元、刘岘和夏风去举行展览。展览以后艾青写了评论文章，他特别喜欢古元和我的作品。

记者：当时看展览的人多吗？

力群：看的人不少。

记者：展览本身对你们后来的创作有什么好的影响？

力群：当时对我们主要就是起一种鼓励作用。因为开这个展览会，艾青写了评论文章，这个文章后来收在《艾青全集》里头。新中国成立以后，艾青看了我的木刻展览会，又写了评论，继续延安时期他的评论，又增加了很多内容。

记者：开文艺座谈会您也参加了，您还记得印象比较深的事吗？

力群：5月2日开座谈会时，鲁艺的教员都去了。去了后毛泽东同志还没有来，我们都在等待。人不多，100多人，都是鲁艺的教员和“文抗”的作家，如刘白羽、周扬、萧军、艾青这些人。这个会议和别的会议不同的就是，因为人不多，毛泽东同志来了后，与开会的人一个一个握手问候，问在哪儿工作，名字叫什么。然后毛泽东同志就讲“引言”部分，提出了立场问题、态度问题、工作对象问题、学习问题，让我们讨论。多少年过去了，我还记得在讨论的时候，杨尚昆的妻子李伯钊同志说：我们有的同志写小说写到我们的红军向从国民党地区来的女同志求爱，他怎么说呢？说是癞蛤蟆想吃天鹅肉。这还有什么正确的立场？李伯钊同志的话给我印象很深，批评得很好。像我这个人对红军是非常尊敬的，对红军两万五千里长征我们实在钦佩。怎么能够说出这样的话来呢！对老红军太不尊重了。

◆力群创作的木刻画《延安鲁艺大礼堂》

记者：毛泽东同志在讲话当中对美术，或者具体对木刻工作有没有谈到一些？

力群：没有具体谈到，他总体地说我们的美术家应向群众的美术学习。

记者：在会议讨论中，你们美术界的同志们，对毛泽东同志的讲话有没有一些争论或者有什么感想？

力群：在会上没有什么争论。但我们想到我们的木刻作品始终没有受到群众欢迎，这是个大问题，这个问题很严重。总的来说，延安文艺座谈会以前，应该说鲁艺是脱离群众的。比方我们鲁艺演俄罗斯作曲家柴可夫斯基的《天鹅湖》，鲁艺的老师、学生都欣赏。可是鲁艺到乡下演出，老百姓一点不喜欢，泼了一头冷水，这事我记得很清楚。《白毛女》和《兄妹开荒》那就不同了，很受老百姓欢迎。

记者：你们专门刻木刻的这些美术家，当时在延安，在《讲话》之前和《讲话》之后创作上有什么明显的变化？

力群：有很大的变化。比方说在延安文艺座谈会之前，我们所刻的木刻都有些欧化的味道，因为受外国木刻的影响。虽然我1940年到延安之后刻的木刻，已经逐渐有了我自己的风格，但是基本上还没有脱离外国影响，老百姓不喜欢看。延安文艺座谈会之后，我们为了使自己的作品有中国作风、中国气派，就不再向外国木刻学习，而向中国的传统年画学习了。这样做的不止我一人，大家的作品都有了中国作风、中国气派，老百姓喜欢了。比方说我刻的《小姑贤》插图，就是根据鲁艺所在地桥儿沟的老百姓自己创作的剧本刻的木刻画插图。有人把我的插图贴在桥儿沟的街头墙报上，老百姓围着看，很喜欢。这样，我们的作品就和老百姓打成一片了。

记者：在延安和解放区，木刻产生了什么独特的作用？

力群：当时报纸上发表美术作品都是用我们的木刻原版，甚至《解放日报》要发表漫画也是要我们木刻家把它刻出来才能发表的，因为当时还不能制版。后来到了晋绥边区，邮票、粮票都是由我们木刻家来刻制的，所以我们的木刻正如鲁迅先生所期望的，对革命有很大的贡献。

记者：从艺术形式上看，延安时期的版画为后来的版画创作树立了一个什么样的好传统？

力群：延安的版画分两个时期：延安文艺座谈会之前，延安文艺座谈会之后。延安文艺座谈会之前的版画与20世纪30年代国统区的版画相比，有了很大的变化，但从形式上看，还没有脱离外国影响。延安文艺座谈会以后，我们的木刻，不光古元和我，还有其他同志，都脱离了外国影响，建立了中国的作风、中国的气派。在新中国成立以后很长一个时期，我们的木刻艺术就是在延安木刻的基础上发展的，就是继续创作不受外国影响的、有我们自己作风的版画。这是很明显的。

记者：力群先生，您搞美术有六七十年了，大半个世纪，您觉得毛泽东同志在延安文艺座谈会上的讲话，对您这大半生的美术创作，对您的艺术道路，最深刻的影响是什么？

力群：我认为我应该感谢毛泽东同志。从1942年到现在，我的创作都没有脱离毛泽东《在延安文艺座谈会上的讲话》的精神。它是我的版画的雨露。现在我的作品都有我自己的风格，没有外国的影响，同时也是比较明快的。外国油画有一个特点——特别讲究光线明暗；中国的美术没有这个光的问题，传统的国画人物画都是不讲究明暗的。这是个很重要的问题。中国老百姓不欣赏版画上有明暗的人物的面孔，认为是阴阳脸。从《讲话》之后，我们的木刻画不再有阴阳脸了，像中国年画一样，因此有了中国作风、中国气派。这在艺术上是很重要的。

记者：您觉得《讲话》对今天的美术还有什么意义？

力群：今天的美术应该分两部分，一部分继承了革命美术的传统，新起来的青年人却很少继承我们的传统，他们热衷于现代派的那些创作，因此是脱离群众的。这个问题也没有办法。邓小平同志已经预见到这个问题，他说打开窗子让新鲜空气进来，难免飞进几只苍蝇来。这说得很好，我们美术上的问题就是有几只苍蝇，我就是要和这种苍蝇作斗争。

记者：您能不能从《讲话》的精神，对现在美术界的一些现象作一个分析？

力群：目前有种理论，认为我们是保守的，就是说毛泽东同志《在延安文艺座谈会上的讲话》过时了。怎么过时了呢？因为他们喜欢走的道路就是西方现代派艺术的道路。但这实际上也是旧的，并不是什么新东西。目前美术界开展览会我经常去看，有些国画还是继承了中国的美术传统的。但有的油画连我也看不懂。他们提倡变形，把人变得不像人，很丑陋的，丑化了工农兵。我看了很恶心。这种现象也没人管。现在就是愿意怎样画就怎样画。有一个美术家对这个问题作过调查，他说人家外国人来鼓励我们搞现代派，有政治目的，就是要使中国的美术不为社会主义服务。这种行动本身就是企图来破坏我们的革命文艺，对这个现象要有个正确的认识。

大树是从苗苗长起来的

罗工柳

罗工柳（1916—2004） 原名罗瑞和。广东开平人。1938 年 7 月赴延安，入鲁迅艺术学院美术系学习，同年 10 月加入中国共产党，11 月曾随鲁艺木刻工作团到晋东南八路军总部和《新华日报》（华北版）编辑部工作，创作《矿工》等木刻作品及民间套色水印木刻新年画。1942 年 5 月参加延安文艺座谈会。后到边区农村深入生活，做农村基层工作，创作有《左权同志像》《学文化》《马本斋将军的母亲》等木刻。新中国成立后，任中央美术学院副院长、中国美协书记处书记等职。

记者：罗先生，请介绍一下您1938年到延安的情况，到延安以后怎么去的鲁艺，当时在鲁艺的美术界是一个什么情况？

罗工柳：我原来在武汉国民政府军事委员会政治部第三厅工作，我们的任务完成以后就到延安去了。听说我是第三厅的，就让我坐汽车到的延安，特别优待。到了延安以后，住到机关合作社，那是中央的一个招待所。东西放下以后，马上跑到鲁艺去了。鲁艺在北门外，我们进的是南门。到了北门，彩霞已经出来了，非常美。一出北门就是鲁艺了。第一个就碰到老朋友胡一川，他是老木刻家了，我们早就认识。后来又看见吕骥、沙可夫（副院长），我把我的介绍信给他们。他们看了以后说，行，你明天搬过来。就这样我进入鲁艺。到了延安，到了革命圣地，当然心情不一样。到延安的第二天，天还没亮我就起来，收拾行李去鲁艺。在城里走的时

◆1945年，鲁艺美术系部分师生在桥儿沟合影

候，听到满城都唱《延安颂》。延安的人没有不唱歌的。那个气氛真是忘不了。

到鲁艺后，就把我安排住在最高的小窑洞里。这里有几个同学，都很年轻，才 20 岁左右。我那时大一点，也才 22 岁。这些人后来都很了不起：郑律成，是朝鲜人，《延安颂》作曲者；陈荫，后来是很有名的电影导演……在窑洞里我们睡的是土炕。分配工作，把我安排到木刻研究班。这个班当时人不多，有几位老木刻家，胡一川、陈铁耕，还有沃渣；年轻的有第一期毕业的两个同学——焦心河、华山；新来的有我。我们班人不多。

记者：后来解放区整个的木刻运动就是通过你们这几个人发展起来的？

罗工柳：也不能这样说。人很多了，我们只是做了一部分工作。没多久，中央开了六届六中全会，决定到敌人的后方——华北发展我们的根据地。我们组织鲁艺木刻工作团，由胡一川当团长，其他的人有彦涵、华山和我，到前方去了。是李大章带我们去的。他曾跟周恩来同志一起在法国勤工俭学，后来曾是四川省省长，那个同志非常好。我刚从武汉来，突然去前方，什么也不懂，行李不会拿，背包也不会打。我当时以为起码给我一头毛驴吧，结果没有。第一天到了蟠龙，只好轻装，就打个背包自己背着一直走路。走了一个多月，走到八路军总部。快到总部那天早晨，我们朝东走，对面来了一批马队，朱德总司令在马上问，鲁艺木刻工作团来了没有？李大章答道，来了来了。总司令又说，明天赶到沁州去，在沁州开万人大会。当时八路军总部驻在上党的平原上，有三个大村，我们住的是北村，北村也是总司令、北方局首长住的地方。

到了八路军总部以后，领导对我们很关心。我记得一天晚饭后，李大章带了好几个首长来，有杨尚昆（中共中央北方局书记）、左权（副参谋长）、陆定一（政治部副主任）。首长到我们住的房子来看我们，说明当时的领导对文艺干部是非常重视的。毛泽东同志不是说过嘛，我们只有武的不行，还要有文的，要有两支队伍。当时的政策是这样的。文的队伍旗手是鲁迅。没武的队伍不行，没文的队伍也不行。那时候对我们这些小兵那么看重，我们实在不敢当，都有点脸红了。

记者：这个万人大会是一个什么活动？

罗工柳：就是动员大家抗战。那时汪精卫投降当了汉奸了，我们就利用这个会拥护蒋介石抗战，反对汪精卫投降，实际上是逼蒋介石抗战。

你看这张照片，这是后来发现的。当时决死队有一个干部，他自己有一个照相机，拍了很多照片，他也不知道照的是谁，但是他保存下来了。后来他拿到北京来，给总政看了以后，哎哟，这不是鲁艺木刻工作团的 4 个人吗？才发现的。这张照片是偶然发现的，现在成个宝贝了。

在万人大会上，我们开了个木刻展览。我们带了很多木刻，有全国的作品，我们从武汉带去的，加上延安的一些作品。可是老百姓不欢迎，不感兴趣。这里面有个问题，我们过去刻的木刻有两个缺点：第一个，在上海亭子间刻的，没有生活，内容不行；第二个，形式是从外国学来的，洋东西，老百姓看不惯。为什么呢？外国的木刻是阴刻，讲明暗。老百姓说不好看，说都是满脸胡子！我们碰了很大的钉子。以为拿这个去展览吃得开，其实却吃不开，百姓不欢迎。

在沁州开完万人大会以后，我和我老伴杨赟——她也参加木刻

◆1945 年，鲁艺美术系部分师生在桥儿沟合影

工作团，我们一块儿到了报馆工作。陈铁耕已经到了，我们 3 个人在《新华日报》（华北版）刻木刻。《新华日报》（华北版）是中共中央北方局的机关报，我们属于北方局领导。华山、胡一川、彦涵等分散到部队去体验生活了。体验生活回来，他们 3 个人都刻了一套连环画。连环画老百姓还是能接受的，但是刻连环画有一个困难——费时间。后来他们不住在北方局了，又搬到报馆跟我们住在一起了。这时鲁艺木刻工作团有 6 个人了，每周在《新华日报》（华北版）出一期"敌后方木刻"。

记者： 为什么当时在解放区木刻成为美术最流行的一种形式？

罗工柳： 这很简单，因为当时绘画没有造版条件，只能靠木刻来顶替制版。我们刻的那个木刻就跟铅字一样厚，排版时跟铅字一块排起来的。排齐以后打成纸版，然后上机器印刷。我们搞了一年以后，开会总结工作，大家感觉我们的工作做得不好，没有真正用我们的木刻动员老百姓起来抗战。为什么呢？因为报纸本身发行量不太大，顶多是区公所有一份，老百姓看不到的。怎么办呢？我们就想出一个办法：学老百姓的年画，用年画的形式印起来好看，也有颜色。后来我们就离开报馆，跟总部住在一起，在那儿开始搞套色木刻新年画。年画内容是旧的，什么门神、灶王爷这一类的，我们就把门神改变成民兵保家卫国。在艺术刻法上也不按年画的方式，年画的方法画是一个人，刻是一个人，印又是一个人，属于一种商品。我们就自己刻，自己印，成为我们自己创作的作品。我们刻的作品不完全像他们刻的一样，我们刻的线条都是要有表现力的。这些作品刻出来以后，李大章同志说不要发，发下去，老百姓会将它们看作宣传品。你们试试看能不能拿到西营镇去卖。我们那时候搬到武乡了，总部在浊漳河上边的王家峪。河边有条街，叫西营。胡一川、杨赟两个背着新年画去摆摊子，跟卖年画的唱对台戏——那边卖旧年画，这边卖新年画。他们挂出来一套，不多，搞了 8 张，卖的钱比旧年画低一点。结果一下子被抢光了。没买到新木刻画的老百姓，就到我们住的地方来买。我们送给朱德同志一套，朱德同志把它贴在围墙的外面给老百姓看，老百姓很喜欢，朱德同志也很高兴。彭德怀同志亲自给我们写了一封信鼓励我们。这封信现在在军事博物馆收藏，意思是说你们做得对，大众化喊了多少年了，谁也没有做到，你们现在走出第一步了，值得肯定。信很长，讲了很多鼓励的话，是彭德怀同志亲自给我们写的，很热情的信。

记者：在八路军总部由朱德同志主持开了个文艺座谈会，这个会您参加了没有？

罗工柳：他们去卖年画的那一天是农历腊月二十三。就在那一天，召开了文艺座谈会。这个文艺座谈会照片还在。这个照片是赵品三照的。赵品三是个老革命。院子很小，他爬到房顶上照下来的。那个院子是两层的，中间有个门，在离总司令部不远的地方。开会的时候抗大校部已经到达太行了，很多有名的文化人都来了。

记者：朱德总司令讲了什么内容？

罗工柳：这个会是总司令召集的，总司令参加这个会了，但是讲话的是陆定一。我记得，他说现在你们到前方工作，内容是没有问题的，关键就是形式问题，你们找到老百姓真正喜闻乐见的形式，就会成功的。这个提法我认为很有胆识。

记者：跟木刻有直接关系？

罗工柳：这个文艺座谈会是由于我们搞年画成功而召开的，比延安文艺座谈会的召开要早一年多。这是在 1941 年 1 月，延安文艺座谈会是在 1942 年。这个文艺座谈会开完不久，我们就到冀南去了，到华北大平原去了。在冀南，我们办了一个培训班，把部队和地方上画画的干部集中起来培训，教他们刻木刻，教他们印刷，为他们建立工厂。在那里大半年，大约在抗日战争中是最艰苦的环境了，牺牲很大。

记者：艰苦到什么程度？

罗工柳：我们在的时候敌人刚回师华北。日本侵略者本以为我们八路军没什么了不起，它想进攻大后方，把主力调到西北去了。我们发动百团大战以后把它吓坏了，原来八路军那么厉害呀。它就把主力拉回来。首先对付平原，搞碉堡，据点就多了。我们白天在这个村里面教学，天黑以后必须转移到另外一个村子。一旦敌人知道有人，夜里包围了就跑不了。一冬天没有脱过鞋子，穿好衣服，

◈《罗工柳艺术对话录》书影

穿好棉鞋，躺在老百姓的被子里睡觉。什么都要收拾好，一顶帽子也不能丢下，一点痕迹也不能留下，避免敌人进来看到。你这儿住过八路军，那可了不得，那老百姓得遭殃。敌人一来，站岗的人就到你的墙上用砖头打一下，就得赶快起来到指定的地方集中。我们很幸运，这个培训班搞了大半年，把他们都培养起来了，也没出事。当时胡一川病了，由我当代理团长。这个担子很重。对我一生是很大的锻炼。

记者：您是哪一年回到延安的？

罗工柳：胡一川先回延安，是1941年，那时候准备开七大，朱德同志回去了，杨尚昆同志也回去了。毛泽东同志也知道我们在前方搞的木刻很成功，就把胡一川调回去，让他把作品带回去影响延安文艺。这是个方向问题。但是阻力很大。胡一川带回很多作品。鲁艺那时候是讲提高，看不起我们的作品，胡一川回去就坐了冷板凳，不给他展览，也不给他宣传。这个就发生矛盾了，我们在前方做得很成功，到了延安不被承认，说我们水平不够高……

记者：鲁艺的戏剧、文艺创作都有这个倾向。

罗工柳：胡一川回去以后的情况，我当时不知道。我在前方还继续管鲁艺木刻工作团，当代理团长。到了第二年，1942 年春天，突然北方局的领导通知我说，中央来电报了，要我回延安。这样就回来了。回到延安，路过桥儿沟，鲁艺搬到这儿来了，见到很多老朋友，说你今天不要走了，在这儿住下。我就住在鲁艺了。第二天，我到中央组织部去报到，他们说那好，那就在鲁艺吧。就把我安排在鲁艺。住了没多久就开延安文艺座谈会了。

记者：文艺座谈会当时要解决什么问题？

罗工柳：文艺座谈会开了一个月，5 月初开第一次会。那个会场布置根本不是现在这个样子，不知是谁出的主意。那里是中央办公厅，中央办公厅一进门就是会议室，我们就在那里开的会。主持会议的是凯丰，凯丰当时是中宣部的副部长，中宣部部长是毛泽东同志兼的。会议室里摆一个四方桌子，摆着长板凳，毛泽东同志就坐在那儿。可能一共有 100 多人。参加文艺座谈会的有一部分是文艺界的，也不是很多，鲁艺有好多老师没参加。中央领导同志不少，朱德同志从头到尾几次会都参加了。

那个会议室进去得上楼，有个天桥，过去就是毛泽东同志住的地方。毛泽东同志从窑洞出来以后过那个天桥下楼就到这个会议室了。第一天开会，毛泽东同志是从后面进来的。有好多认识的，也有的不认识。毛泽东同志很周到，一个一个地握手认识。我记得我坐在进门的左边那个窗户底下，这一排就是蔡若虹这些人，都是美术界的人在一起。延安的人穿的衣服都是灰颜色的。我刚从前方回来，穿的是一套绿军衣。毛泽东同志到我跟前以后，看我穿绿军服，马上跟我握手，问我从哪里回来。我还没来得及说话呢，周围的人就说了，他是木刻工作团的，刚从太行山回来，叫罗工柳。

毛泽东同志想了一想，把我的手握得很紧，他说知道知道。我想，大概是朱德同志回来说我们搞年画搞成功了。我觉得这在我们党工作里面是小芝麻，但毛泽东同志还放在心里。我非常感动。那个时候我才 26 岁，是个小伙子，遇到这种情况我这一辈子都忘不了的，感到毛泽东同志对我们这些小兵很关心。

记者： 毛泽东同志讲话挺幽默的，是吗？

罗工柳： 认识完之后，凯丰宣布开会。毛泽东同志提出讨论的问题，谈了不长的话，就请大家发表意见，这样开始的。发言的人很多。我们开完第一次会以后，回去各个单位开小会了，大家发言，发言以后再记录下来送给毛泽东同志。中间毛泽东同志还请了好多人去单独谈话，都是一些比较有名望的人。在开会过程中，有一件事情给我印象很深，什么事情呢？有个向隅，音乐家，鲁艺一开始他就在，他是上海音专的，资格很老。他在发言里批评周扬，说周扬有宗派主义，他入党申请 3 年了，周扬都不给他解决。这还不重要，第二次开大会，毛泽东同志来得很早，来了以后就跟向隅坐在一块儿，问他问题。毛泽东同志认真地听他的意见。我对这个事印象很深。毛泽东同志对底下有意见的同志都是开会前与他们细谈，听他们的意见。我觉得作为一个领导，这种作风是非常好的，给我印象很深。

会上气氛还是很活跃的，大家有什么意见都可以讲，畅所欲言。萧军他是民主人士，东北人，到了上海，他写了一本小说，鲁迅给他出版了，给他写的序，他就有这个资本了。延安给他的地位很高的，当边区的参议员，政治待遇挺高。这都是历史了，回忆一下也可以。萧军讲，我是老子天下第六。为什么说“天下第六”呢？马、恩、列、斯、毛，第六就是他了。这是他的个性，他愿意这样讲也可以，讲就讲嘛。但是朱德同志就批评他了，他说，萧军，第六不能自己封，要群众来定。我没想到当总司令，干了几十年了，大家看到我还可以，就让我当总司令。你不能个人定第六。所以这个会议还是很活跃的。萧军发言时还说，你们现在整“三风”，我看你们将来还要整“六风”。很厉害。那是第二次大会。胡乔木坐在我旁边，就起来反驳他。我现在回过来看萧军说的也没错，我们党后来还是有问题，整“六风”，整得很厉害。

开会中这种细节还是挺多的，这个我就不多讲了。我就讲最后作结论的一天。白天开大会大家发言，结论是夜里作的。人很多，屋里坐不下，是在门口广场上开的。摆了一个小桌子，旁边有三根木头棍子。支起来挂一个演戏用的汽灯。大伙都在院子里。我坐在桌子旁边，看到毛泽东同志和邓发一块儿下来的——邓发也是很重要的领导人。我挨着毛泽东同志很近。他拿着稿子，一边看一边自言自语：“哎呀，这个文章很难做啊。”这是毛泽东同志说的，我听到了。

记者： 他为什么这样说呢？

罗工柳： 意见很多了，说到大家都能够接受，都能够同意，确实是难度很大的。人很多，彭真也来了，就坐在我对面。彭真那个时候在党校做校长，他的地位也是蛮高的。反正中央的人都来了，在延安的中央的同志都来了，都来听毛泽东同志的“结论”，就是现在所看到的那个《讲话》。

记者： 毛泽东同志讲话讲了多长时间，是站着还是坐着讲的？

罗工柳： 一直站着讲，他写了好多稿子。

记者： 讲完之后是不是时间很晚了？

◆中央党校副校长彭真

罗工柳： 也不是太晚。这个文艺座谈会以后，毛泽东同志又亲自到鲁艺来了一趟，为什么呢？因为文艺座谈会，鲁艺参加的人不可能太多。在延安有几方面的，一个是鲁艺，一个是“文抗”，还有马列学院，另外还有西北局。不光是鲁艺的，所以鲁艺参加的人不是很多。所以后来毛泽东同志亲自到鲁艺再讲一次。毛泽东同志站在鲁艺篮球场上，在篮球架底下讲，操场上都是鲁艺的师生。我记得毛泽东同志讲了两个问题，一个问题是说鲁艺还是个“小鲁艺”，整个社会生活才是“大鲁艺”。“小鲁艺”和“大鲁艺”这句名言，就是在这个时候讲的。意思是说，不要光待在鲁艺了，鲁艺是个“小鲁艺”，你们赶快下去吧，下乡，到生活中去。这是一个意思。还有一个意思是这样讲的，他说你不要看不起普及工作。他说鲁艺是讲提高，前方是讲普及，这两个矛盾怎么解决？他很通俗地讲，他说你们不要看不起普及工作。普及工作是个苗苗，你们千万不要把苗苗踏死了，大树是从苗苗长起来的，没有苗苗，你的大树是不可能有的。“大树是从苗苗长起来的”这又是一句名言。这次讲话很通俗，后来对鲁艺影响很大。

记者： 后来情况如何？

罗工柳：经过学习，大家思想转变了。春节，王大化和李波演出《兄妹开荒》，一下轰动了，老百姓喜欢，干部也叫好，延安有很多文艺团体，各个单位都演。整个文艺方向都改变了。以后，慢慢地发展起来，就出了《白毛女》,《白毛女》成为很感人的著名歌剧。那个时候的情况就是这样。

我们从感情上起了变化

干学伟

干学伟（1917—2016） 浙江宁波人。1938年到延安入鲁迅艺术学院戏剧系学习，毕业后留校任教，兼任鲁艺实验剧团演员。1942年参加延安文艺座谈会，后到绥德地委文工团工作，演出有《人命贩子》《矿山》《大丹河》《钦差大臣》《婚事》《带枪的人》《日出》等，导演有《周子山》《阿Q正传》《牛永贵挂彩》《白毛女》等。新中国成立后长期从事电影工作，先后任北京电影制片厂导演、北京电影学院教授。

记者：请您说说从国统区到延安鲁艺，您当时是不是觉得鲁艺很活跃，精神状态非常好？

干学伟：当然了，全国抗战一开始，全国的进步青年、革命青年好多都往延安去了。我到延安的时候，毛泽东同志还住在延安城里。延安城一半是在山上，那个山好像叫凤凰山。我到延安第二天就碰到了一些熟人——张庚、崔嵬、丁里、吕骥等。他们一看到我，都说你来得好，你就到鲁艺吧。原先我不知道有个鲁艺，头一天在路上也碰到过一个老同学，他叫我到鲁艺。张庚他们介绍说，鲁艺 1/3 政治，1/3 军事，1/3 艺术。这对我胃口，所以我就到鲁艺去了，是鲁艺第一期。这一期学习的同志有的在前方牺牲了，有的被国民党在成都活埋了。活到新中国成立后的到现在也大多去世了，只剩下四五个人。

记者：当时鲁艺办学条件很艰苦，但是精神生活很充实。

干学伟：精神上很愉快，基本上每个星期都可以看到毛泽东同志。毛泽东同志从他那个窑洞出来到城里的教堂看戏，不骑马，不坐车，走路过来。路上看到老百姓就跟他们说几句话，看到学生就跟学生问问，你从哪个学校来的？什么时候来的？看到干部、战士就随便聊聊天。

记者：您在路上和毛泽东同志交谈过吗？

干学伟：没有，但是我到他家里去过，还在那儿吃了饭。那是 1939 年秋，戏曲抗敌协会在文艺俱乐部开会，江青也参加了。我们在开会的时候，问题没有解决，天就黑下来了。江青说，走走，到我家吃饭去。就这样一路走着一路聊着就上了她家了。到了杨家岭，在毛泽东同志住的窑洞里边，一张小圆桌周围，有江青、张庚、王滨、田方和我，大概还有几个人在那儿吃饭。刚上几个菜，还没有开始吃，毛泽东同志披着棉袄进来。我们都站起来了。毛泽东同志点点头，说你们坐你们坐。他到别的地方去了，一张小圆桌围不下来这些人。吃饭时，大家研究演一些什么戏。江青就提出来演苏联奥斯特洛夫斯基的《大雷雨》，她在上海演过的。第二次江青又到鲁艺来，这时我们已经搬到桥儿沟。她谈了一下演员的分配，嫌我个子不够高。她要田方演鲍里斯和她配戏。过了几天，她讲她不演了。毛泽东同志说可以演《日出》。所以过去在白区演的戏，首先是毛泽东同志提出来在延安演的。这对文艺界统一战线有好处，文化艺术欣赏的范围还是比较宽的。

记者：鲁艺开学典礼您参加了吗？

干学伟：4月开学，我3月就到鲁艺了。开学典礼我参加了，印象不深了。后来毛泽东同志到鲁艺去，那时有一些照片。上海的中国历史纪念馆把这些照片挂在墙上，下面写着：毛主席在鲁艺讲话。

记者：您记得毛泽东同志那次到鲁艺去讲了一些什么？

干学伟：毛泽东同志讲话的主要内容给我的印象特别深。他讲话非常幽默，他说《红楼梦》里面有个大观园，大观园里面有林黛玉、贾宝玉；你们鲁艺是个小观园，你们就是小观园里面的贾宝玉、林黛玉，你们的大观园在太行山。他的意思就是说有出息的革命艺术家应该到革命中去，到战争中去。他还说苏联有一个作家叫法捷耶夫，他写了一个小小游击队，成为无产阶级的作家。他的意思就是说你们应该到火热的斗争当中去。下面他又讲道，你们要重视民间文学，夏天的时候老百姓在院子里面说故事，这就是人民的口头文学。你们要注意民歌。从这些东西里面能够看到、感觉到人民群众的生活、感情，人民的语言和人民的性格。所以我到内蒙古

◆1938 年，毛泽东同志在延安鲁艺

去拍第一部故事片《内蒙春光》的时候，叫内蒙古文工团把他们收集的内蒙古民歌都拿给我看，看了以后我选择里面最好的抄下来，抄了一本。从民歌当中知道这个民族的性格特点在哪里，这个民族用什么样的形象来比喻。

记者：冼星海创作《黄河大合唱》……

干学伟：那是 1939 年在延安北门外演出的。2000 年是《黄河大合唱》演出 60 周年纪念，鲁艺校友会在延安搞了一场纪念活动，上海电视台跟香港凤凰卫视记者也去拍摄了。

记者：当时演出《黄河大合唱》在延安轰动非常大？

干学伟：冼星海创作的时候，住得离我不远，当中隔了两个窑洞。我在旧窑洞，他住新修好的窑洞。因为他没有渡过黄河，他知道我从前方刚回来，渡过三四次黄河，他就来找我，把光未然写的东西给我看。我那时年轻，才22岁，也不知道高低，非常冒失，看了以后，就说这个歌词有些地方像民谣，有些地方像军歌，有些地方“之乎者也”，这怎么能够统一呢？当时，我不懂，这个作品要求的就是从不同的人物出发，描写不同的人物在全民抗战中各种各样的表现。前些年我参加座谈会，光未然也在，我纠正了说法，我说《黄河大合唱》实际上是史诗，它描写了一个时代的群众性的运动，描写的不是个人，而是群体。我看他很接受的样子。可是在延安时我对此却不太理解。

当时我说了对《黄河大合唱》的看法后，给冼星海讲了渡黄河的一些情况。渡船是木板锯成的，船到黄河中心冲上浪尖的时候，可以看到两岸的山，跌到浪谷的时候，就只能看到天空了。你要拉着牲口过河的话，非常危险，牲口一蹦要翻船的。如果惊慌失措控制不好牲口要挨骂的，所以非常紧张。黄河在晋西北有两个渡口，我都渡过。从上游那个码头上开船，船是斜着走的，要到下游一二百米远的地方才能靠岸。然后船夫再用纤绳把船拉回上游去。

记者：您给冼星海讲自己的渡河经历，对他的创作有影响吗？

干学伟：肯定有影响。冼星海在上海的时候曾经跟吴永刚合作过。吴永刚告诉我，他那个时候拍一部片子，里面涉及黄河。为创作好音乐，冼星海就想到河边体验一下。资本家不让他去，说音乐在电影里面，就好像家具上的油漆，能够装饰装饰就可以了。吴永刚是个大导演，他说，那不行，要去。音乐要成为电影有机的一部分，就要有观察。于是冼星海就到郑州以东黄泛区去看了看。但是当时他没有渡过黄河。从这个事实就可以看出冼星海是很注意生活体验的。我给他讲渡河经历也会对他有一定的影响。

记者：《黄河大合唱》在第一次演出的时候，场面怎么样？

干学伟：《黄河大合唱》第一次不是鲁艺演出的，是抗敌演出三队演的，指挥是邬析零。那时光未然是和这个队一起来延安的。

《黄河大合唱》是光未然在过黄河到延安来的路上写成的。当时他的胳膊跌断了，他说，旁边的人帮他记录下来。冼星海过去就认识光未然，到医院看他的时候，光未然就把这个词给冼星海看。冼星海看了以后说，这个东西由我来谱，我有把握把它谱好。结果5天就谱好了。5天里他吃了两只鸡、两斤白糖。冼星海喜欢吃水

◆鲁艺音乐系学生排练《黄河大合唱》

果糖，可是延安没有卖的。光未然就给他买了两斤白糖。他放在糖缸里面，一边写，一边抓一口吃。

记者：毛泽东同志和周恩来同志都看演出了吗？

干学伟：看了。演出过好多次。有一个美国女记者叫斯特朗到延安来了。为了欢迎她，演出了一场《黄河大合唱》。那次有 500 多人观看，台下都挤满了人。我坐在她的后几排。她觉得这个演出很新鲜，就拿照相机蹲在台下拍照。冼星海在台上指挥，《黄河大合唱》的《黄河船夫曲》一开始，“哎唷”几百人一齐吼，把她吓了一跳。那吼声确实震撼人心。国民党在西安有一个“战干团”，是和特务机关有联系的组织，专门抓捕去延安的青年，训练他们读三民主义。据说他们也要唱《黄河大合唱》，他们也知道这个歌曲好。前些年文化部老干部合唱团到新加坡、马来西亚演出也唱这部合唱。这部大合唱反映了一个时代，在音乐方面可以说是中国音乐一部划时代的巨作，是一个里程碑。冼星海后来在苏联写了一首《祖国交响乐》。那年江泽民同志去俄罗斯访问，参观冼星海故居时，用钢琴弹了一遍这首曲子。冼星海的女儿冼尼娜也在那儿。

记者：开延安文艺座谈会您是作为鲁艺的代表参加的？

干学伟：没有什么代表，反正是领导说你去，你就去。我在鲁艺戏剧系教表演课。

记者：开会第一天，大伙都是提前去的吗？

干学伟：对。当时到会的有 100 人左右，我们大家都坐好以后，毛泽东同志进来了，一个一个都握手，有的人认识，有的人不认识，不认识的也有人介绍。我记得在我的前面是一个青年记者，是他先发现了一位劳模，然后到我，以后毛泽东同志到塞克那儿站着，跟他握握手聊了几句天，然后又到萧军那儿握握手聊了几句天。这两个都是文艺界的党外人士。最后毛泽东同志朝南坐在一张桌子那儿，旁边有朱老总、胡乔木这些人。那次开会我印象很深，徐特立徐老迟到了，他最后进来。他进来的时候，所有椅子上都坐满了人，没有空的椅子了，大家都站起来让徐老坐——他是毛泽东同志的老师。他怎么也不肯坐，说“别别”，他跑到北边窗台前面，一跳就上了窗台了，侧坐在窗台上，一条腿屈起，另一条腿还拖在窗台下。后来毛泽东同志讲话的时候他从口袋里掏出一个小本子，一根这么短的铅笔头，小本子往腿上一搁，毛泽东同志讲话时就那么认真地记录。

记者：当时毛泽东同志有没有给您印象很深的有意思的一些细节？

于学伟：毛泽东同志讲话就是从这件事情开头的，他说我们的交椅少了几把，以后再多添几把交椅，让大家来坐。当时我心里想，怎么讲交椅，不就是椅子吗，什么意思啊？

第一个发言的，我记得是丁玲，丁玲发言主要是检讨，因为她那个时候主办《解放日报》的文艺副刊。在那儿她发了一篇文章叫《三八节有感》，感慨在延安有的人对妇女不够尊重。丁玲在检讨里面讲道，我虽然参加革命时间也不短了，但是从世界观上来说，我还应该“脱胎换骨”。这 4 个字绝对不会错。所以第一个发言的是丁玲。

萧军的发言在后面。他发言说：我不管政治上面怎么样，我就是要写作。我不光要成为中国的第一个作家，而且要成为世界的第一个作家……现在你们党整顿三风，我看这是“露阴狂”，再过几年你们还要整顿六风的。听了萧军这个讲话，胡乔木同志就站起来批评他，说我们党整顿三风是有群众基础的，有这个需要的。你不能那样认识这个问题。萧军知道胡乔木是毛泽东同志的秘书，就不敢多讲了。萧军的讲话，大家听了很刺耳，我印象中也很反感。5月23日第三次开会，下午最后一个发言的是朱总司令，朱总司令说作家应该是第一还是第二，这是由人民群众来封的，不是自封的。我看小资产阶级知识分子应该投降无产阶级，把屁股坐到无产阶级的方面来。我是旧军人出身的人，我觉得救中国只有参加中国共产党，我就到上海找共产党。共产党不要我，我就到了德国。在德国我终于参加了共产党。后来干了几年，大家觉得我还可以，就叫我当了个总司令。我这就是旧军人投降无产阶级。我看你们小资产阶级知识分子也应该投降无产阶级。

记者： 毛泽东同志对萧军这种态度有什么反应吗？

干学伟： 最后作结论的时候，毛泽东同志讲话非常幽默。他说，同志们，开了3次会，开得很好，对我帮助很大。我在文学艺术方面是个门外汉，是个小学生，现在大家要考我一考，题目就是“结论”。大家都笑了。接着毛泽东同志讲，朱总司令的讲话，就是中央的意见，中央的意见是一致的。我在一些具体问题上多讲几句话……很谦虚，很幽默。

《在延安文艺座谈会上的讲话》，根据我个人的理解，所要解决的一个最根本的问题就是世界观的改造。要成为一个为人民服务的、为工人阶级服务的人民艺术家，就应该改变自己的世界观，要注意自己的世界观是不是改造过来了，思想认识是不是正确，要不断学习进步！

记者： 这个座谈会主要是在会议室开的，为什么毛泽东同志作结论的时候，挪到院子里了？

干学伟： 因为在杨家岭要听毛泽东同志讲话的人太多了，屋子里挤不下，所以挪到院子里。当时天黑了，院子里面栽了三根木头，搭的架子上挂了一个汽灯。毛泽东同志一直站着讲，没有稿子。手里拿个小茶壶，讲一会儿喝一口，脸有点红。毛泽东同志讲话非常风趣，非常吸引人，给人印象非常深刻。

记者：在座谈会之后，延安文艺界大部分人都下乡了，鲁艺文工团派到绥德去工作，当时出于什么考虑？

干学伟：我们回到学校里又反反复复学习《讲话》精神，就联系到我们学校主要的情况。我们在鲁艺上学的时候，只学习了3个月。事实上很少上课，就是自己读书、演戏、写剧本，写完了以后请老师看一看，回校后又学3个月就上前方。我到了第120师贺龙同志的部队战斗剧社实习，毕业留校工作了。后来周扬同志来了，到鲁艺当副院长，就觉得应该让学生把基础打好一点，水平也要提高一点，结果就关门读书了，跟群众极少联系。鲁艺演过《日出》，1940年后开始演外国戏。头一个演出的是萧三同志翻译的《绿包袱》，那是高尔基的剧本。我参加了那次演出。后来剧协组织演了《钦差大臣》，我扮演钦差大臣。纪念学校成立两周年，我们第一期戏剧系的同学，都没经过老师，排演了果戈里的《婚事》，表现一个七品文官想娶亲，结果相亲的时候他担心结婚以后不自由，就跳窗户逃跑了。这是19世纪中叶俄罗斯的一种典型的，能说不能做的人物。

记者：我看到许多老同志写的回忆，说鲁艺到绥德深入民间，学了很多东西。

干学伟：我们演出《婚事》的时候，何其芳就写了一篇稿子贴在鲁艺的墙报上。当时我们鲁艺办的墙报稿子几十里外的人都跑来看。何其芳在稿子中写，冈察洛夫写的一部小说《奥勃洛莫夫》就是写一个不能行动的人，早上醒来在床上，躺在那儿想，时间就过

◆1941 年，干学伟在延安演出《带枪的人》中饰演列宁

去了。他说你们演的七品文官鲍阔拉钦也就是这类典型。当时延安的老百姓也来看戏，看完戏他们出去的时候说什么？说“嘿，傻子跳窗口”，“相亲、相亲，相亲又跑掉了”。他们对这出戏不理解，也不喜欢。我们虽然演出了，但是理解也不深。

记者：说明当时排的戏很脱离群众。毛泽东同志讲话也就是这个意思。所以才提出到群众中去。

干学伟：在杨家岭的延安文艺座谈会讲话以后，毛泽东同志又去了一趟鲁艺，在教堂旁边一个篮球场上讲了一番话，意思主要还是延安文艺座谈会讲话内容。后来鲁艺有一个文工团就去了绥德。鲁艺文工团一面演出，一面收集材料，一面编戏，搞出来不少歌剧。比如《周子山》就非常有意思。里面描写一个个人英雄主义者，最后成了叛徒。他土地革命的时候就参加了地下党，跟年轻人一块儿闹革命，自己是领导。到后来人家领导他了，他感觉很不服气，很委屈。他想起来，我跟白区的一个民团团总是拜把子弟兄，我去他那儿，把他那个队伍拉出来，那我不就立了一个大功了吗？那样我又可以在他上面了。未经过组织同意，他就去了。结果去了以后，人家就把他抓了起来，要他投降。他就投降成了叛匪。后来他又带着敌人来骚扰边区，被我们抓住了。这个戏里面有一场地下党人开会的情节。排戏的时候，我们的导演觉得排不出味道，就找了地下党的一个老同志，叫申红有，请他提提意见。申红有同志来了以后，听他们把剧情讲了一遍，就看排戏，看到地下党夜里在窑洞里开会，他说，开秘密会，得先看好退路，万一有情况的话，撤退的路在哪儿。开会的时候，一般是晚上，要用一个量米的斗放在地上。斗底朝窗子外，斗口朝里面，把油灯放在斗里面。这样的话，远处就看不到你窗子上有光了。否则敌人远远地一看，这个窗子里怎么有光啊，就知道有事，就会找来。还要叫这家的媳妇到窑洞外面厕所里放哨，只伸出一个头朝外望，人家看到她以为她是上厕所。万一看到有情况的话，她就抓一把土，扔到窗子上面去。窑洞的窗户上糊着一层纸，沙子、泥土扔上去会发出“唰”的响声，里面就听到了。或者往窑洞墙上敲几下，也可以给开会的人报信。

记者：毛泽东同志在鲁艺讲话之后，你们演出了很多秧歌，在陕北轰动很大。当时为什么选择了秧歌这种形式？

干学伟：开头也不大清楚。因为那时候我已经是党支部书记了，参与整风工作比较忙。王大化、李波，还有现在北京戏剧学院的严正，他们先扭秧歌。领导看过后指出，鼻子上抹白粉是丑化群众，要去掉，小辫子也拿掉。秧歌队领头的打了一把伞，后边有一个人拿扇子，象征风调雨顺。我们是在党的领导下的，所以秧歌队前面要用斧头、镰刀。经过这样的改造，秧歌这种民间艺术形式焕发了生机，新的秧歌运动开始了。新秧歌排出来后，有《兄妹开荒》《赵富贵自新》《张丕谟锄奸》等小节目，毛泽东同志和中央的其他领导同志看了都很喜欢。这样，延安几个文艺单位就都分到陕甘宁边区几个分区去演出。

我们到延安县去拜年，延安县的老百姓也回拜，我是那个时候头一回看到腰鼓。我真是吃惊，声音太洪亮了。现在的腰鼓根本没法比。那时的腰鼓又粗又长，两头的牛皮毛都没有刮光，打起来声音非常震耳，山沟里一回应更是雄壮，太棒了。

记者：鲁艺先有秧歌队，后来其他文艺单位也都组织了秧歌队？

干学伟：这个我不大清楚。可我的印象中鲁艺还是比较突出的。

我听从绥德回来的人说，当时思想政治工作抓得非常严！这对大家觉悟的提高，跟群众打成一片起了很好的作用。之所以取得很大成绩，根本的一条就是大家经过延安整风都注意了世界观的改造，就是毛泽东同志《在延安文艺座谈会上的讲话》里面讲的很重要的一点。他说他在当学生的时候，总有一种很强烈的学生习气，上学去的时候挑个担子，背个行李都觉得不像样子；觉得同学的衣服是干净的，知识分子的衣服是干净的，农民、工人的手总是黑的、脏的。参加革命以后，跟工农分子打成一片，感觉到没经改造的知识分子有时候是脏的，农民、工人是干净的。我们听了以后非常吃惊，对我们教育很大。我们下乡去的时候就很注意这一点。跟老百姓聊天，老头们拿支旱烟抽烟，递给你，你拿过来抽的时候就不会把烟嘴先擦一擦。

有一篇文章里面讲到世界纪录片之父伊文思，也学习《在延安文艺座谈会上的讲话》，他用英文版，给司徒慧敏的儿子司徒兆敦看，问司徒兆敦，你们是怎样跟群众打成一片的？司徒兆敦说，就是“三同”啊，同吃、同住、同劳动。伊文思笑了，他说你们劳动完了以后，放下工具就去休息了。你们知道劳动人民怎么样？他们拿石头，拿土块在镰刀上磨，让它更锋利。可见这位世界纪录片的大导演伊文思对毛泽东同志著作的理解，比我们有的同志感受得还要深刻。

记者：确实从感情上改造了？

干学伟：感情上起了变化。20 世纪 30 年代鲁迅在上海也搞大众文学，但是那里是国统区，他没有条件跟工农兵结合。陈赓同志去找鲁迅的时候，带去一份长征的资料，想请他来写。鲁迅觉得很难写，因为他没有这方面的生活，要刻画出一个生动的形象很难。国统区的知识分子、艺术家不可能跟劳动人民相结合，但是在根据地可以。《在延安文艺座谈会上的讲话》解决了鲁迅所没能解决的问题。

记者：现在我们谈谈《白毛女》的创作。《白毛女》当时好像是从晋察冀西战团带回来的故事，怎么传到鲁艺了呢？

干学伟：晋察冀西战团回到延安就在鲁艺住，就把这个故事带到鲁艺了。周扬同志，还有些创作人员，一听说这个故事，都很感动，于是就凑几个人来编这出戏，主要是贺敬之、丁毅创作的。我当时已去绥德分区文工团，不在鲁艺，从剧本的情况来看，我估计王滨同志也可能出了很多的力。他在上海的时候是电影导演。你看，戏在前边为了表现喜儿一生的一个剧变，先刻画一个农民家庭最欢乐、最向往的幸福生活——包饺子，贴门神，扎红头绳。接下来就是对比冲突，穆仁智来要债，然后黄世仁把杨白劳叫了去，黄家张灯结彩。再后来就是强迫杨白劳按手印卖女、自杀。这就有一种电影蒙太奇的意味。蒙太奇有一个很重要的规律性，就是A+B=AB。代数里面应该是A+B=C，不能成为AB，但是电影镜头的处理中，这场戏和下场戏结合在一块儿就会产生一种新的质的变化推进。你看前面一场过年，后面一场过年，结合在一起，悲剧的因素就产生了，发展了。

排这个戏的时候，我没有参加，当时我在绥德文工团做导演。那时候习仲勋同志是绥德地委书记，我接受他的指示，就把秦腔、秧歌戏、皮影、山西梆子组合在一块儿到处演出。习仲勋同志分析问题非常透彻，我非常佩服。他讲话没有提过毛泽东同志怎么说，但是他确实是实事求是，根据当地的情况，根据我们的力量大小，针对人民群众的风俗习惯开展工作。绥德文工团的人后来留在西北，都成了很重要的文艺干部和骨干。

记者：听说《白毛女》在创作的过程当中，吸收了很多群众的意见？

干学伟：贯彻了中央的指示，吸收了群众的意见。开头排的时候，据说，大家不知道这个戏的演出形式应该怎样，按秦腔剧那么演呢还是怎么办？里边有一个角色穆仁智，上来先唱上一段自己的身世，然后去讨债去。这样表现究竟可以不可以，很没有把握。后来舒强同志他们来了。他是个老戏剧家，他带来了翻译的斯坦尼斯拉夫斯基的《演员自我修养》一书。舒强跟我谈了一个钟头我就懂了。

记者：您在什么时候参加《白毛女》的导演的？

干学伟：我没参加鲁艺演的《白毛女》的工作。最初鲁艺的《白毛女》演喜儿的是王昆、林白，她们是AB组演这个角色。林白后来去了东北电影制片厂。绥德文工团排《白毛女》的时候，用的则是地方上的演员。

当时我正在绥德，有人把剧本带给我。我看了剧本，觉得故事很动人，词也很动人，音乐也很好，但是我不知道该怎么排，喜儿这个角色怎么样演好，舞台背景怎么布置，有好多问题。正好舒强他们路过，我留他们吃一顿饭，聊了一下午。大家分头学习。她是演白毛女的，我们团里谁演白毛女就跟她学习；他是演杨白劳的，我们团谁演杨白劳就跟他学习；我是导演，就跟导演之一舒强学习。他告诉我这个戏怎么样处理，一讲我就清楚了。因为我在鲁艺时，就学过一些斯氏体系。

记者：您是什么时候到的东北？

干学伟：大家都进城后，我又在绥德多留了半年。因为绥德一些青年人光顾演戏，没有进行较有系统的学习。这时他们就对我说，你给我们上上课，教一教，将来我们进城去也能够胜任工作，不然的话我们怎么办呢？我就没有马上走。当然耽误了我一些时间，但我现在一点也不后悔。解放战争开始的时候，绥德文工团解散了，演员都分配到部队里去打游击了。周恩来同志路过的时候听说了这个事情，就跟绥德分区的领导讲，听说你们文工团质量不错，你们应该把它找回来。你们绥德分区要是没有条件的话，就让他们去彭老总那儿，成为部队的文工团。这样绥德又把文工团的演员找回来，集合到一块儿搞演出。解放战争时期，把国民党俘虏抓来了以后，首先叫他们看《白毛女》。这些国民党的士兵看了都痛哭流涕，纷纷诉苦，一诉苦就一大堆。诉完苦以后，愿意回家就给路费，不回家就参加解放军。好多人参加了解放军。后来绥德文工团一些同志写了一本回忆录，记述了当时的这些情况，可以看出文艺演出在群众工作中确实很重要。

习仲勋同志当西北局书记的时候，把这个团改成西北文工团第二团。他们中有些人后来到了北京。我 1944 年认识他们，现在好多人都去世了。还有一些健在的也都离休了，我过年过节经常给他们打电话，也接到他们的贺卡、电话。

记者：您是从什么时候开始搞电影的？

干学伟：我是 1948 年开始搞电影的。东北解放后，我去东北参加土改。土改结束后到了哈尔滨。那时候哈尔滨不属于黑龙江省。当时黑龙江这块地方分了好几个省，有黑龙江省、松花江省等，哈尔滨属于松花江省。我进入松花江省文工团，是副团长、导演。在那儿我根据土改的材料组织了一个戏叫作《火》，是表现土改斗争的。刘炽作曲；古元美术设计，他后来担任了美术学院院长；胡零写的剧本，他原来是部队文工团的副团长。这个戏一演出很受观众欢迎，省委也很高兴。结果一演就在哈尔滨演了 30 多场。我们要下乡去演出，哈尔滨一些单位不让走，他们还要包场。我们说不行了，我们要下乡去。东北局在《东北日报》头版上发布嘉奖，还给了一点稿费、奖金。

演出这个戏以前，省里一些领导对我们提了一些无法完成的任务。宣传部部长在一次会上说，他一两个月就要看一部新的作品、大的作品。创作又不是吹肥皂泡，哪儿那么容易呀！我给东北电影制片厂写了一封信说想去他们那里。第四天就接到他们的回信，说欢迎您来。后来我就到东北电影制片厂去了。

我到东北电影制片厂的时候，当时导演组连陈波儿同志——艺术处处长算上一共只有 8 个人，有的人后来改做行政工作了，真正当上导演的大概是 6 个人。

抗战时候发表的毛泽东同志的《在延安文艺座谈会上的讲话》，几十年来译成许多种文字，产生了巨大的国际影响，根本一点就是应该真实地反映现实，指出现实发展的方向。照马克思、恩格斯的说法，应该真实地典型地反映现实，自然就会起到变革社会的作用，影响到人的精神面貌。《讲话》是马克思主义与中国革命实践相结合的内容最丰富最深刻的文艺理论，几十年过去了，《讲话》的精神仍然具有强大的生命力！

尝到了深入生活的甜头

于　蓝

于蓝（1921—2020）女，生于辽宁岫岩。1938年后在抗日军政大学、女子大学学习，课余参加了《还我的孩子》《火》《一二·九》等剧的演出。1940年任鲁迅艺术文学院实验话剧团演员，演出过《周子山》《佃户》《海滨渔妇》等剧。解放战争时期参加东北文艺工作团到沈阳，演出过《东北人民大翻身》《血泪仇》《日出》。新中国成立后，演出的剧目有《翠岗红旗》《龙须沟》《林家铺子》《革命家庭》《烈火中永生》等。

记者：您曾在延安鲁艺学习，您认为《在延安文艺座谈会上的讲话》前后是否有很大的变化？这个变化是个转折点吗？

于蓝：当时中央批评了鲁艺"关门提高"。怎么叫"关门提高"呢？就是前方的战争很紧张，后方的同志到前方比较困难，留在延安的人提出来要提高，有一点脱离群众，形象地说就是"关门提高"。我想很多人都知道，在"关门提高"的时候，我们也排了一些比较好的戏。

我当时很小，1942 年刚过 20 岁，刚参加演员工作，开座谈会时我没有去的资格，参加者都是一些有威望的老师，或者是来延安前已经很有成绩的一些同志。座谈会后不久，毛泽东同志到鲁艺来，当时《讲话》还没有发表，周扬同志请毛泽东同志给鲁艺"吃个小灶"，毛泽东同志答应了。来到鲁艺，他就站在我们的篮球场上讲话。我坐第一排地上，毛泽东同志衣服上的大补丁我都看得很清楚，当时我非常感动，觉得一个领袖，穿那么破，那么随便，面前一个小凳子上放着一杯水，可能都没有茶叶，他也不坐着，就站那儿讲，真了不起。说老实话，我还是一个年轻的兵，什么都不懂，但毛泽东同志的话都记住了，他说要走出"小鲁艺"，到"大鲁艺"中去。就是走出学校这个圈子，到人民火热的斗争中间去，那儿才是艺术创作的源泉。然后他也说了普及和提高的关系，应该在普及的基础上提高，关门的提高，脱离群众的提高，就跟黔驴技穷似的，没有出路。他还做了一个动作，把大家都逗笑了。毛泽东同志湖南口音，讲得又是非常深刻的道理，不是很好懂，但是大家都听明白了。

听了毛泽东同志在鲁艺的讲话之后，大家思想明确了：文艺应该为工农兵服务，作家、文艺家应该深入生活，应该到火热的斗争中间去，应该在普及的基础上提高。我们的学习和演出都起了很大的变化。1944 年的元旦我们到绥德、米脂一带去演出，那个时候我们确实是很努力的，完全是学八路军，打扫院子、端水。为了节约用水，我们女同志一个班 10 个人用一盆水洗脸，那不互相传染疾病吗？当时我们的卫生知识也不多，好像这些也不重要。这样做也是受一件事的教育。我记得很清楚，那个时候一个同志先下乡了，回来讲了个“三条毛巾”的故事。他说，我跟老乡同吃、同住、同劳动，但是吃饭的时候，我喜欢洗洗手。我用的是一条新毛巾，就挂在那儿。谁知道群众跟我不分彼此，他们回来也不洗手，就用我的毛巾擦汗。之后我就换了一条毛巾，我想他们应该知道我嫌脏了，不会用我这条毛巾了。谁知道他们不管那一套，又用了我第二条毛巾。我心里真是别扭，我就决心用第三条毛巾，挂在我的床头上。可是也不管用，他们回来照样跟我亲亲热热，拿我的毛巾擦手、擦嘴。后来我就想，我们什么都在一块了，我为什么还要保留这一点习惯呢？群众缺水，没有条件讲卫生，也不懂得卫生常识，就是这样很艰苦地生活，我干吗还要保留过去的习惯呢？

所以他也就不保留卫生习惯了。这就有了我们一盆水洗 10 个人的脸的事。那个时候真的是决心全心全意深入群众当中去。

记者：这样做给文艺工作带来了什么影响？

于蓝：他们文学系先下去，“三条毛巾”的故事就是他们讲的。深入生活后确实出了一些好作家、好作品。像孔厥就是很有名的，他的《苦人儿》，还有很多，当时我也都看过，都是很好的。他们用了群众的语言，反映了群众的生活。我们戏剧系刚一下去的时候，跟群众同吃、同住、同劳动，不分这个不分那个。我们还未体

◆电影《烈火中永生》剧照，江姐由于蓝饰演

会到深入生活的甜头。有一次我们到绥德去演出，领导张庚、王大化、马可等听说有一个红军时代的地下党员个人主义膨胀，敌人来收买他，他就叛变了。我们去攻打敌人的寨子时，又把他抓回来。这个人当时还在监狱里头。张庚、王大化、马可、安波，还有很多人都采访了他，他们后来就根据这件事写了一个秧歌剧本叫《惯匪周子山》，没完全用他的真名，用的是谐音。

在《惯匪周子山》的排演过程中，我们初步尝到了深入生活的甜头。这个戏是三幕五场，像一个五幕大歌剧似的。开始大家学唱学完了，上台一走，唱出来觉得没有预想的戏剧效果，排不下去了。大家觉得唱词也不错，怎么就排不好呢？这个时候张庚、张水华、王大化他们就想了一个办法，去找一位有这方面工作经验的人。经打听找到一位叫沈洪友的老同志，他是老红军，地下党员，闹过革命，土地革命的时候，他在这一带做过地下工作。我们演戏的时候，让他提提意见。在这个戏里面，刘炽演一位红军小队长，我演的是一个农妇，王大化演我的丈夫，是地下党的一个负责人。红军小队长要到我们这个地方来给我们传达任务，叫我们暴动。结果刘炽唱完就不知道该怎么演了。这个时候沈洪友就说，刘炽你要到哪儿去？他说，我到什么什么地方去。沈洪友说，那是白区还是红区？他说，当然是白区。沈洪友说，你穿着红军的衣服你不怕吗？他说，真的，我怎么穿着红军的衣服就来了？沈洪友说，赶紧去找老羊皮袄，反着穿。为什么反着穿？敌人来了，你就趴下，装成一只羊，可以躲过敌人。这一下地下斗争的紧张气氛就出来了。刘炽再唱这一段词的时候，就出气氛了，动作也自如了，因为他要看看羊啊，要看看有没有敌人，假如敌人来了他怎么办啊，那种心理表现得非常好。那场戏由沈洪友一点拨就活了。下一场，红军小队长来敲我的门了，我马上就按着秧歌点走去开门。沈洪友说停下停下，你给什么人开门？是自己人还是敌人？我说对对，我还不知道是自己人还是敌人。应该先听听暗号。我就先不开门，先贴着门仔细地听，敲两声停了，敲一声再停。这么一听，马上有白区的紧张气氛了。我判断好是自己人后，告诉丈夫是自己人，才把门打开请小队长进来。把小队长迎进来也不算完，外头敌人来了怎么办？我就拿上根棍子出去放哨。这个时候扮演我丈夫的王大化出场了，他拿着一盏油灯就出来了，沈洪友让他停下，说什么时候了？他说后半夜了。后半夜农村点灯吗？不点灯。沈洪友说，都不点灯，你拿着灯出来不怕有人看见吗？有人看见那不就坏事了吗？沈洪友说去找一个斗来。农村家家都有，就把斗拿来。沈洪友把油灯搁在斗里头，让王大化端着出场。一边走还要一边听，一边看。连唱带做什么都有了，这场戏一下子就活了。以后每场戏经这个人一点拨，全都像那么回事。生活真正是你的创作源泉，你什么都不懂怎么能排好戏呢？

这个戏后来就不叫《惯匪周子山》了，改叫《周子山》。张平演周子山，演得非常好，他是用我们话剧表演的方法，不是光唱完就完，唱的时候还充分地展示了内心的感觉，周子山对官职高的同志的不满意表现出来了，投降敌人后好像有这个有那个，自感非常舒服的劲头也都演出来了，演得非常好。在这个戏里，就连过场的演员，每一个人的服装、性格也都有特点。因为大家在农村都进行了生活调查，都有了生活经验，根据这些经验，大家化装，表演很到位，情绪非常饱满。这个戏演出后相当成功，获得陕甘宁边区文艺甲等奖，也为《白毛女》的创作积累了经验，如果没有这个戏，也出不来《白毛女》。第二年正式排《白毛女》，本来说让我演张二婶，后来，我下乡了，就没有让我演。

记者：据我们看到的一些回忆文章，《白毛女》也是不断听取群众的意见进行修改的。

于蓝：那个时候思想已经开了窍，张鲁、马可他们创作《北风吹》这段曲子时，选择《小白菜，地里黄》那个调子做基础，按照这个曲词进行加工改造，所以它就带有很浓厚的河北农村小调的味道。还有喜儿扎上红头绳这段，是王滨导演设计的。他在山东农村生活过，他就想，过年人家的孩子都有绸缎啊、吃喝啊等等，而杨白劳还要去躲债，什么都不能给孩子买，可是又爱自己的孩子，他会怎么办呢？王滨就设计了杨白劳给喜儿买二尺红头绳的情节，既表达了他爱自己女儿的心情，也符合家庭贫苦的情况。因为他跟田方是好朋友，常到我们家来，在写剧本的过程中，他想到了这一段，就讲给我们听。他一边讲，一边表演，当时挺有意思的。

记者：后来在东北您参加过几部故事片的演出。当时拍故事片还很艰苦，条件不具备，经验也不多。

于蓝：现在我觉得袁牧之同志是很不错的，很好的一个艺术家。他在白区工作了很长时间，到了延安，后来到苏联去了。他根

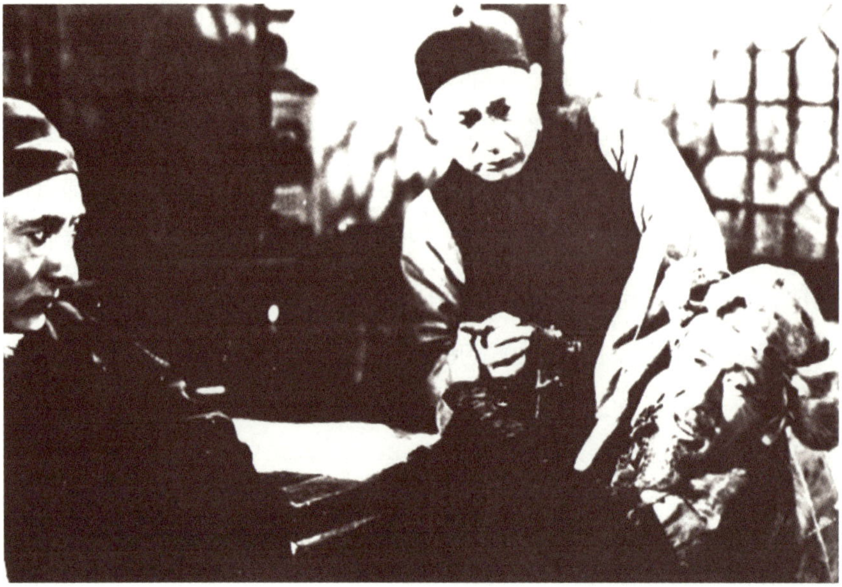

◈1945 年，《白毛女》在延安演出获得了极大的成功

据《讲话》精神，提出为工农兵服务，为战争服务。那时我们刚进行过土地改革，进入解放战争时期，他说一定要记录下东北战争、人民战争。我们最初不拍故事片，就拍纪录片，后来才开始拍美术片、故事片。袁牧之的爱人是陈波儿，一个非常优秀的共产党员，也搞过电影故事片，所以他们就帮助我们拍故事片。当时在东北搞电影的基本上都是解放区来的人，没有搞过电影，什么都是第一次，袁牧之与陈波儿给了我们很大的帮助。先搞了一个短片叫《留下他打老蒋》，伊琳同志导演，然后拍出第一部故事片《桥》，于敏的剧本，王滨同志导演。

那个时候，当演员不能光拍片子，还要为建厂付出劳动，比方到开办的训练班上课。训练什么呢？日本曾经占领东北 14 年，占领大连长达 40 年，所以东北很多年轻人都不知道自己是中国人，他们就知道是满洲国人。现在要告诉他们，他们是中国人，要让他们知道中国的这段历史，了解东北人民怎样丢掉了自己的土地，经过多少磨难又收复了这块土地。比方说还派我、张新实和一个老同志带领一些人下去参加土改。张新实是“满影”的人，东北解放前就和地下党接近，他领着“满影”的一些人来参加党领导的电影事业。我们3个人领着工作队下去土改，就是为了认识生活，认识人民群众，也是做生活的积累，对人生有一个正确的认识：搞清应该为谁服务，他们是怎样的，在旧社会怎样水深火热，现在怎样翻身做主人，翻身以后他们有什么样的感觉。于洋、凌元、于彦夫都是那个时候去的。只要是参加过土改的，就绝不会背叛人民，因为通过土改才会真的了解中国封建社会对人民群众的危害。我是1948年年底、1949年年初开始进入演员工作的，拍的电影是《白衣战士》。

记者：请您讲讲《白衣战士》拍摄时的一些情况。

于蓝：那个时候是很困难的，因为大家都是第一次拍电影，只有马守清在日本人那儿学过，拍过《留下他打老蒋》，但是那部电影比较简单，现在拍这么大一个戏他也很紧张。马守清一会儿说我们脖子长得太细了，一会儿说我们肩膀太薄了，说得我们一无是处，真是不知道该怎么演了。后来派一个日本的专家来帮忙。经过大家的努力，最后终于完成了这个戏。它思想内容是健康的，艺术质量稍微差一点。但后来还是得奖了。得什么奖？得了妇联给的一个奖，因为写的是女医疗队长——中国的南丁格尔李南丁的故事。我扮演那个医疗队长。

以后大家都是沿着工农兵的方向，深入生活，到火热的斗争中去，在斗争中寻找创作的源泉。像张骏祥拍《翠岗红旗》，就是先

◆电影《留下他打老蒋》剧照

深入生活，做了大量调查，然后才开始拍《翠岗红旗》。要不然他怎么拍呀？

记者：这些选题和选材都是为当时的战争和政治要求服务的。

于蓝：也不是那个意思。因为那个时候人民就是这些生活。我们不能写少爷、小姐吧？少爷、小姐没有了。我们在旧社会的时候也叫小姐，我们都参加革命了。我们也不会是坐在家里头，涂脂抹粉、谈情说爱，我们的生活就是火热的斗争。所以不是简单地为政治服务。事实上每一个阶级都要为它的阶级利益服务，什么时候你就要说什么样的话，那个时候是战争年代，需要《白衣战士》，需要我们写李南丁，写那些医务工作者怎么救死扶伤，怎样克服困难，完成了任务。

老百姓说鲁艺艺术家扭的是新秧歌

蒋玉衡

蒋玉衡（1921— ）女。江苏溧阳人。1938 年秋随父亲到达延安，入抗日军政大学女生队学习。1939 年春，随抗大女生队并入中国女子大学。1941 年 9 月考入鲁迅艺术文学院音乐系。1944 年与古元结婚。曾参加延安的新秧歌运动和大生产运动。新中国成立后，从事新闻纪录电影音乐的编选和作曲工作。

◆古元、蒋玉衡夫妇

记者：您和古元先生是同时到延安的吗？

蒋玉衡：很凑巧，他和我都是 1938 年九一八那天下午 3 点钟从广州黄沙车站乘火车到延安去的。可是当时我们谁也不认识谁。1944 年认识了以后，聊起天来才知道，我们原来是坐同一趟火车到的延安。我刚一到延安就被编到抗日军政大学女生二队去了，他被编到陕北公学学习。1939 年延安中国女子大学成立以后，抗大女生一队、二队并入了中国女子大学。古元在陕北公学大概不到半年，指导员发现他很有美术才能，就叫他去考鲁艺。去了就考上了。我比他晚，1941 年我才考进鲁艺音乐系。

记者：后来你们就一直在延安吗？您是什么时候参加电影团的？

蒋玉衡：抗战时期一直在延安。1945 年 8 月日本投降以后，11 月整个鲁艺大本营，戏剧系、音乐系、文学系、美术系师生一起出发到各个解放区去工作。首先到张家口，不再继续往前走了。当时就成立了鲁迅艺术文学院，属于华北联大的一部分。古元在美术系任教。那时候我已经有了个小孩，才 8 个月大，1946 年 3 月才离开延安赴张家口。我到张家口已经是 1946 年 5 月了。没过两个月，傅作义进攻张家口，我们又都疏散到华北乡下。后来我和古元又去东北，1947 年 5 月到了哈尔滨，在鲁艺三团工作，我没有在电影团工作过。

记者：在鲁艺的那段生活里，哪些事给您的印象比较深？

蒋玉衡：延安文艺座谈会以后，毛泽东同志又到鲁艺为我们学生讲了一次话，号召我们要面向工农兵，要到“大鲁艺”去，不要总待在“小鲁艺”。大家听了非常兴奋，心里想着一定要根据毛泽东同志的指示来搞我们的文艺工作，我们要面向工农兵，不再搞“关门提高”，不再搞大戏、大音乐会，不再搞美声唱法了，因为老百姓听不懂、不欢迎。后来我们就学民间唱法，老百姓挺欢迎的。

我们决心要走到群众中去，那么如何走？正好赶上 1943 年的新年春节，乡下老百姓为庆祝新年就扭秧歌、打腰鼓。我们以前不知道扭秧歌，也没见过打腰鼓，看不起这些东西。那时我们的观念转变了，认识到秧歌、腰鼓才是老百姓喜闻乐见的文艺，所以我们就向民间学习，从扭秧歌开始。

不过那个时候老百姓扭的秧歌都还是老秧歌。没有女的参加，都是男的在扭，领头的都是男人扮的小丑和丑婆子，把头发扎到头心中间，像个冲天柱似的，耳朵上吊着两个红辣椒，穿着大褂，两手撑着两只袖子口，样子很丑、很滑稽。一开始，我们还不懂分析批判地学习，鲁艺戏剧系的那些大演员们只是觉得应该认真地向老百姓学习，于是也照着老百姓的样子和打扮，扭起了大秧歌，一直扭到乡下、农村去了。老百姓评论说鲁艺艺术家扭的秧歌是骚情秧歌，真不好看。听到老百姓批评以后，大家受到很大的教育，于是，秧歌队就开会总结经验教训，认为不能照搬乡下陈旧的东西，不加批判地照搬是不受老百姓欢迎的。于是我们就改进了，改为领头的两个人，一个是拿镰刀的农民，一个是拿斧头的工人，头上扎着陕北农民式的头巾，身上穿着工人服和农民服，我们唱的也都是结合当时的形势、政治任务新编的歌词，这样扭出去以后得到了老百姓的好评和欢迎，老百姓说鲁艺艺术家扭的是新秧歌，非常好！

既然老百姓欢迎，我们就到机关学校和农村部队各个地方去扭，通过这种文艺形式来宣传、贯彻党的路线方针政策，实践毛泽东同志在延安文艺座谈会上讲话的精神。

渐渐地，我们秧歌队的名声在延安传开了，到处受欢迎。后来决定到枣园去演出。我们鲁艺住在桥儿沟，距离枣园很远，要走很多路，那时候哪有汽车，都靠走，而且要背着锣鼓走，挺累的，我们早早地就到了枣园。毛泽东同志很忙，也不知道秧歌队什么时候能到，后来听到我们在山底下已经打开锣鼓了，毛泽东同志就从山坡上匆匆往下跑。我们心里都在喊："毛主席，您别跑，我们等您。"毛泽东同志来了以后，坐在长板凳上从头看到尾，看完了以后还招待我们吃了一顿午饭，并跟大家亲热地握握手，表示鼓励。

以后，我们又总结了一些好的经验，觉得应该再提高一步才行，于是又编了许多新节目。比如《挑花篮》，去南泥湾慰劳第359旅，那时候王震是旅长；另外还有《胜利腰鼓》，庆祝苏联红军大反攻；等等。到各个部队去劳军，演出受到非常热烈的欢迎，我们也受到很大的鼓舞。

记者：当时劳动模范在哪儿坐着？

蒋玉衡：第359旅全都是劳动模范，他们也是席地而坐，看我们的节目。我们也是席地而坐，坐成一个圆圈，该谁表演谁就站到圈中间去，真是热火朝天！到延安去参加革命的青年人，都是不怕苦、不怕累，一心要听党的话，把革命工作干好。

记者：当时是不是音乐系也经常到陕北民间搜集一些歌？

蒋玉衡：我们在乡下一面演出，一面搜集民歌。我们唱的歌都是用民间曲调改编出来的。《兄妹开荒》里“太阳、太阳、太阳当头照……”是由陕北民歌改编的，还有“1943 年这是那好春天……”等也是陕北民歌的调子改编出来的。

记者：信天游有没有？

蒋玉衡：唱得更多了。学习了《在延安文艺座谈会上的讲话》以后，差不多所有的音乐、戏剧工作者都注意吸收民间的东西，包括美术工作者也是。在延安文艺座谈会以前，古元他们就是立足在乡下，他的很多作品都是从乡下那段生活中提炼出来的。

◆1943 年，秧歌剧《兄妹开荒》剧照

记者：是古元自己要求下乡的，还是……

蒋玉衡：当时是学校派下去的，文学系派了两个人，美术系派了古元一个人，三四个人同时下乡去的，到同一个地方。那时候周扬同志是我们的院长，他们那时已经想到应该让教员深入群众当中去。1942 年延安文艺座谈会讲话以后，这种思想就更明确了。那时古元正是由于经常深入农村，所以他早期的木刻全是反映陕北农村生活的。

记者：当地群众看了他的木刻之后是不是提了一些建议？

蒋玉衡：古元当时画了作品，都贴到炕头上让老百姓提意见。老百姓就根据非常实际的生活习惯给他提一些很具体的意见，提得很好。古元就按照老乡们的意见改进自己的创作方法和技巧，后来形成了古元版画的创新和特点。古元早期很崇拜德国女木刻家珂勒惠支的木刻手法——黑白对比特别强烈，古元也接受了这种表现手法，他初期的木刻也都是黑白分明，但老乡看了以后，说这个脸怎么是“阴阳脸”？不好看。古元就记住了这句话，以后他就不再画“阴阳脸”了，而是根据我们中国人的欣赏习惯来画。还有一次他画了一个牧羊小伙子赶了一群羊。老百姓看了以后说这个牧羊的小伙子应该带一个口袋，有时候羊在山坡上吃着草就生小羊了，他就可以用口袋把小羊背回来。后来古元就给牧羊小伙子背了一个口袋。由于他注重老百姓的欣赏习惯、实际生活，注意吸收老百姓的意见，所以他的木刻跟外国的不一样，他创作了具有民族特色、中国风格，适合中国人民吸收欣赏的民族风格版画，这也是实践了毛泽东同志号召的“从群众中来，到群众中去”的文艺思想。

记者：当时解放区对他的木刻评价非常高，国统区徐悲鸿对他的木刻评价也非常高。

◆1978 年，古元创作的版画《回忆延安》

蒋玉衡：评价非常高。他的木刻反映了毛泽东同志《在延安文艺座谈会上的讲话》以后解放区欣欣向荣、生气勃勃的风貌，影响很大。后来周恩来同志就把延安木刻家们的许多作品拿到重庆去开了一次展览会，这是第一次把解放区的文艺介绍出去。当时大后方的人看了以后，都被震动了，觉得解放区真是新鲜得很，大家都非常向往。徐悲鸿也去看了，看了古元的木刻后，发表了一篇讲话，说："我在中华民国三十一年十月十五日下午三时，发现艺术界一卓绝天才，乃中国共产党中之大艺术家古元……我惟对还没有二十年历史的中国新兴版画界已诞生一巨星，不禁深自庆贺。古元乃他日国际比赛中之一位选手，而他必将为中国取得光荣。"当时古元木刻比较突出的地方，一是他踏踏实实地反映了劳动人民的生活，二是他在木刻技巧方面具有独创性、民族性。

记者：深入老百姓生活中去，使他的木刻形成独特的风格。

蒋玉衡：对，他先吸收外国的木刻技巧、木刻方法，然后又深入农民生活当中，听取农民的意见，把农民的宝贵意见运用到木刻创作中去，创造出自己独特的风格。

记者：请您介绍一下在东北期间的情况。

蒋玉衡：在东北期间鲁艺分成4个团，分别在佳木斯、哈尔滨、牡丹江、丹东。我是在哈尔滨，我们团长是向隅。1948年的春天，在哈尔滨召开了一次东北的文代会，在文代会上决定成立东北音乐工作团，专门搞音乐工作，团长是吕骥。我就被调到音乐工作团去了，在吕骥同志领导下开始了建团工作。当时吸收了东北的许多青年学生作为团员，我们老同志则负责教，负责领导。在政治上、业务上、思想上，包括生活上都要关心他们，在技术上、艺术上都要培养他们。东北音乐工作团有一个很大很强的合唱队，指挥是作曲家刘炽，《我的祖国》就是他写的，他是合唱队指挥。还有一个较大的管弦乐队，指挥叫王卓，也比较强。1948年人民解放军攻打长春、沈阳的时候，我们音工团就跟着部队走，为部队演出。沈阳解放以后，我们音工团立即到电台去播唱“解放区的天是晴朗的天……”等许多解放区的革命歌曲。沈阳的人民听了以后非常兴奋和激动，他们从来没有听过这样活泼、愉快、豪迈的歌声。在沈阳时期，古元在东北美术出版社主要搞版画创作。他到哪儿都是搞专业创作，不搞别的，也不担任行政领导。

毛主席给我们鼓掌，说"好啊，好啊"

李　群

李群（1925—　）女。祖籍河北磁县，生于天津。1938年到延安，先后在陕北公学、鲁迅艺术学院音乐系学习。1942年后，曾参加新秧歌运动和大生产运动，当过演员，并收集整理了一些戏曲和民歌。1945年抗战胜利后，随华北文工团到晋察冀边区张家口，在华北联合大学文工团及文艺学院音乐系从事创作和教学工作。主要从事作曲工作。新中国成立后，历任人民音乐出版社第一编辑室主任、副总编辑，《儿童音乐》副主编等职。

记者：您最初到延安是直接进的鲁艺吗？

李群：不是，先到的陕北公学，后来又到延安中学，然后才到的鲁艺，到鲁艺是 1938 年年底。

记者：您到鲁艺的时候，鲁艺的创作气氛很好吧？

李群：我赶了第三期一个尾，然后参加了第四期。学期最长的就是这一期。第一、二、三期都是 3 个月，我们那时候算是比较正规，学期 3 年。但是没有到第三年，1942 年的时候，就开始整风运动了，我们的学习提前结束。

在鲁艺学习期间，我还有一个好的运气，就是正好赶上冼星海给我们上课，冼星海老师教了我们很长时间。

记者：您一直是在音乐系吗？

李群：一开始在音乐系，整风以后也就无所谓音乐系了，整个鲁艺就好像是一个大的文工团。

记者：李焕之老师去鲁艺比您早吗？

李群：对，他是第二期的。没有到延安之前，他就在上海音专学习过，他跟萧友梅学过和声，而且写过很多作品。在他们那期中，他是比较突出的，所以毕业后就留校担任教学工作了。

记者：他给您讲过课吗？

李群：讲过，教我们欣赏、指挥、视唱、练耳等。

记者：在《讲话》以后你们更多地是到群众当中去演出吗？

李群：对，应该是这样讲。我到鲁艺以后，说是学习，其实工作多得不得了，所有重要的节日晚会我们都要参加演出，实际上我们是在工作当中学习，在学习当中工作。到了 1942 年以后，大家基本上就把课都停下来，专门进行整风学习。

我记得毛泽东同志亲自召开延安文艺座谈会以后，没有多久，他就专门到鲁艺来给全体师生讲话。当时在篮球架子底下摆了一张木头的小破桌子，上面蒙了一个单子。毛泽东同志就站在桌子后面跟我们讲。他那个时候穿了一身灰的军装，黑的布鞋，没戴帽子——他不爱戴帽子。讲话的内容实际上也就是《在延安文艺座谈会上的讲话》的内容，就是普及与提高、继承传统、向工农兵学习、人生观的改造等很多问题。我当时觉得非常新鲜，好像从来没有考虑过。我记得非常清楚的就是讲到最后，他指着我们全体鲁艺师生说，你们是“小鲁艺”，你们应该走出“小鲁艺”到“大鲁艺”中去。这句话我印象非常深，这是他对我们的关心，也是对我们非常明确的要求。他讲话完了以后，全体师生就展开了非常热烈的学习和讨论。毛泽东同志要求我们走出“小鲁艺”，走到“大鲁艺”中，当然就是要我们到群众中去，到生活中去，向群众学习，跟群

◈青年艺术剧院在延安街头演出

众结合，改造我们自己的感情、世界观。我们怎么能够做到毛泽东同志给我们提出的这样一个要求呢？后来我们就想，音乐系跟戏剧系一起搞大秧歌吧。

记者：《南泥湾》是大生产运动的时候搞起来的？

李群：对。我觉得我们搞秧歌，也是一个逐步地深入生活，逐步地学习、理解、消化延安文艺座谈会精神的过程。开始的时候，我们做得不太好。在音乐上、化装上、表演上都没有做到推陈出新，有点照搬民间的东西。

比如说秧歌的领跳，民间的服装搞得花花绿绿的，头上梳着一个冲天的小辫子，实际是不好看的，我们也照搬过来。比如在推小车节目中一个老太太角色，勾一个三花脸，而且耳朵上挂两个红辣椒，这些都并不好，我们也照搬过来。在音乐上，我们也是照搬民歌的曲调。后来我们就不断总结、讨论，慢慢有所改变。我记得到了 1943 年就进了一大步。我们应该提高嘛，这个就是体现普及和提高的关系。我们既然是专业的文艺工作者，我们要向群众学习，但是我们必须比群众搞得更好，而且原来秧歌里面那些不好的东西，我们应该去掉。1943 年，大家经过学习、讨论、总结，有了一个比较大的改变。我们秧歌队出发的时候，前面有一个很长、很宽的仪仗队，打着横标“鲁艺秧歌队”。大的横标底下就是乐队，敲锣的，打鼓的，吹唢呐的，各种乐器都有。后头是标语队，举的标语就是当时所提的一些口号。再后面才是秧歌队，领舞的在前头，彻底改了样子，不是梳辫子，穿着乱七八糟的花衣裳，而是完全改变了，成了一个正面的工农兵的形象。再后面就是很长很长的秧歌队。对民间艺人来说，他们表演节目都是即兴创作的，你走到哪里，那是个什么环境，都可以即兴创作一段唱出来。当然，我们开始还没这种本事，一般我们都有预定，今天到哪几个机关，要走几场，这些词都编好了，到时候一配合就可以了。看到我们的演出，老乡高兴极了，非常喜欢看。后来我们鲁艺的秧歌队就非常出名了，只要我们一敲锣打鼓，准备出发，老百姓就跑过来看。看一场还不够，有的自己带着干粮和水，跟在我们后头，我们演出多少场，他们就看多少场。

记者：到什么时候你们就真正能自觉地利用这种形式来表达一个深刻的主题，或者创作一个完整的作品？

李群：这也有一个过程。开始都是比较小的节目，旧的调子配上一些新词。1943 年开始，我们的节目就比较有针对性了，能够配合当时延安的形势，甚至国际上的一些形势。举一个例子，比方说像《胜利腰鼓》，刘炽写的曲，谁写的词我记不起来了，当时正好配合了苏联反攻。演出时 20 个很高大的小伙子敲锣打鼓，彩带翻飞，非常有气势。

记者：从艺术形式上讲，比如说到了《南泥湾》，是否就发展成为秧歌剧了？

李群：你说到《南泥湾》，我可以接着讲。1943 年毛泽东同志提出“自己动手，丰衣足食”，延安开展大生产运动，为什么呢？因为当时延安处于非常困难的阶段，胡宗南几十万大军封锁得死死的，我们什么东西都没有，如果我们自己不动手，那么我们就没法活了，更谈不上抗战了。所以我们开展了大生产运动。走在最前面的就是王震将军所领导的第 359 旅，当时在南泥湾。为了慰劳第 359 旅，同时也为了把他们这种精神发扬光大，贺敬之同志就写了《南泥湾》这首歌，马可谱的曲子。然后我们就把这个节目纳入我们的大秧歌里面，去南泥湾慰劳他们。当时大概有 12 个女演员，有我，还有蒋玉衡、石风，还有其他的同学。这个节目跟《胜利腰鼓》风格非常不同，比较抒情，偏重歌唱和舞蹈，效果也是非常好的。后来我们到了南泥湾给部队演出，演到这个节目时，受到了热烈的欢迎。他们也给我们演出他们自编、自导、自唱的节目，表现他们生产、建设的过程。真是想象不出来，在深山老林里，又是豹子，又是狼、狐狸，很多野兽出没的地方，他们却建设成陕北的好江南。虽然我们自己在延安桥儿沟也搞大生产运动，但是跟他们一比，我们就容易多了。他们吃的那些苦，他们用自己的双手来改造天地的英雄气概真是让我感触特别深。我们还去参观他们的住处，他们的窑洞非常整洁，非常干净，还有一点装饰，什么装饰呢？他们就地取材，用小树杈，或者树皮，做一些小玩意挂在窑洞的墙上，或者摆在他们的桌子上。你可以看到战士们虽然一天劳动很累，但是他们非常乐观，对生活充满美好的向往。印象特别深的还有一点，就是他们请我们吃他们自己亲手种出来的大米。大米饭格外香甜，真想象不出他们是怎样在陕北种出大米来的。

记者：从南泥湾回到延安以后，是不是在不同的场合，也有一些领导人看了你们的演出？

李群：当然了，我们到王家坪，到杨家岭，给当时的中央领导演出。我记得有一次演出的时候，刮着那么大的风，毛泽东同志还在那儿乐呵呵的，一直坚持看完我们的演出。看完节目后毛泽东同志给我们鼓掌，说“好啊，好啊”。大家非常高兴，也都受到了鼓舞。

记者：您还能唱几句吗？

李群：“花篮的花儿香，听我们唱一唱……”这是第一段词。我记得那个时候穿上绸子做的衣服，当地农民姑娘的那种打扮，腰里扎条比较长的彩绸，跑起来风一吹，很好看。

记者：《南泥湾》是非常欢快的，演出也非常抒情，当时也有一些悲苦的曲目，像《白毛女》，您参加表演了吗？

李群：那是最后了。开始应该说处于初级阶段，后来就比较有针对性地演一些曲目。下乡的时候，又搞了一些小的曲目，当时比较有名的就是《兄妹开荒》，还有《夫妻识字》等。再后来发展到大型的曲目，如《周子山》《血泪仇》等。最后是《白毛女》，贺敬之跟丁毅执笔，作曲有好几个人，主要的是马可、张鲁、李焕之、瞿伟，乐队指挥是向隅。

◈延安民众剧团演出现代剧《血泪仇》

记者：李焕之老师创作的主要是哪些曲目？

李群：《白毛女》中有几段是他写的，还有一些是他和其他同志一起合作的。大家比较喜欢的，也是比较有特色的是他写的大春的一段唱腔，用了一个三拍子，表现大春的焦急情绪。那时候用三拍子不太多，比较有创新。李焕之在秧歌队里头，更多地担任乐队的工作，需要他打镲他就打镲，需要他打锣他就打锣。他吹笛子、拉手风琴也都不错。

记者：李焕之老师搞作曲，您走上文艺道路，有没有受到他的影响？

李群：我到鲁艺去之前并不认识他，我去鲁艺应该说是受我的老师冼星海的影响。冼星海老师听到我唱歌以后，他说你的声音很好，有音乐素质，应该到鲁艺去学习。我本来从小就喜欢音乐，他说这个话以后，我就更按捺不住学习音乐的追求了，这样我才去了鲁艺。

到了鲁艺以后，我就参加了《军民进行曲》的演出。它在延安可以说是第二个歌剧，第一个是《农村曲》。《军民进行曲》是冼星海写的。我在那里面演小兰姑娘，杜矢甲是个男低音，他演老爹，张颖演我的嫂嫂，这是几个主要的角色。干学伟也是搞戏剧的，他好像是演一个伤兵。我还参加了冼星海写的《生产大合唱》。因为我那个时候很小，也很瘦，我就蹲在地上演一只小公鸡。后来还参加了《黄河大合唱》的演出，冼星海直接指挥。特别是唱到最后那一句，要反复5遍，自己都觉得身上发麻，热血沸腾。

记者：请您谈点华北联大的事。

李群：日本投降以后，我们鲁艺分成两支大的队伍，一支到东北去，一支去了华北。我跟李焕之到了华北。很多人一起从延安步

◆华北联大表演秧歌剧《兄妹开荒》

行到张家口，当然也是吃了很多苦头，但大家非常兴奋，非常高兴。我们那时候叫华北文艺工作团，艾青是我们的团长；江丰，画家，他是我们的支书。我们这个团包括戏剧、美术、文学、音乐 4 个组。王昆、舒强都在我们团。

记者：在张家口时你们住在哪儿？

李群：我的印象里好像叫东山坡。后来成立了华北文艺学院，沙可夫是院长，也是 4 个系。他们需要教学人员，就把李焕之跟我从文工团调过去了，他当系主任，我在那里教课，当教员。

记者：那时候华北联大是一个文化中心？

李群：可以这么说。最早的时候院长是成仿吾。后来周扬担任过院长，吴老吴玉章也担任过院长。华北联大的历史也是很长的，我们在延安的时候，晋察冀就有联大。后来联大就改为华北大学。

我们在那里也演出《黄河大合唱》《白毛女》，也搞秧歌。在张家口时间不算长，大概也就一年，就说要撤退。撤退行军时吃了不少苦头，而且很紧张，和从延安出来时候的气氛不一样。我们开始从延安出来的时候，非常愉快。下多大的雨也要出发，到了地方以后，在老乡家把柴火架起来，把棉衣一拧，烤上。第二天不管它干不干，穿上就走，那时候仗着年轻。一过了黄河以后，气氛就不一样了。还经过无人区，给我留下了很深的印象。从张家口出来气氛就比较紧张，因为当时傅作义马上要进攻张家口。行军走了很久才到冀中平原，我们落脚在小李庄，院部在大李庄，都是住在老乡的家里。在那个时期，李焕之写了一个曲子，很快流传到大江南北，就是《胜利进行曲》，“看我们胜利的旗帜迎风飘扬……”非常铿锵有力，非常明快、自信。那是贺敬之同志写的词，他们俩合作完成的。后来形势又有了改变，就是我们要大反攻了，毛泽东同志发出一个号召是“将革命进行到底”。我们针对这个形势写了一个大合唱——《大反攻》，其中我写了一段叫《大生产》，后来也非常流行。这个时期我们就住在小李庄，一直到北平解放才离开。

新中国成立初期李焕之又写了《社会主义好》，这首歌很快就传唱起来，家喻户晓，没有人不会唱。我觉得因为它表现了一个历史时期集体的感情，所以大家才那么喜欢，它才能够流传下来。而且从音乐本身来说，它好学，好唱，好记，这也是这首歌曲能够流传下来的原因。

我在延安电影团

徐肖冰

徐肖冰（1916—2009） 浙江桐乡人。1937年全国抗战爆发后参加八路军，同年10月由太原赴延安抗日军政大学学习。1938年到延安电影团工作，参加大型纪录片《延安与八路军》的拍摄，同年加入中国共产党。1939年随电影团赴华北敌后抗日前线。1941年回延安，参加多部影片摄制工作，并继续进行摄影创作。1945年抗日战争胜利后，在张家口晋察冀画报社任电影科长，不久调东北电影制片厂工作。摄影代表作有《毛主席在抗大讲〈论持久战〉》《朱总司令在太行山上》等。新中国成立前，参加拍摄《中国人民政治协商会议》《毛主席朱总司令莅平阅兵》等影片。新中国成立后，拍摄《青春万岁》《万象更新》《人定胜天》《美丽的西双版纳》等影片。先后担任中央新闻纪录电影制片厂副厂长，中国摄影家协会主席等。

记者：延安电影团是怎么成立的？

徐肖冰：主要是出于党的宣传工作与纪录抗日战争史实的需要。毛泽东同志、周恩来同志等一直都非常重视电影工作，尤其是周恩来同志，可以说电影工作自始至终都是在他的直接指导下开展的。1937年全国抗战爆发后，我在太原下定决心参加革命队伍，当时周恩来同志对我说，虽然电影是一种很好的宣传工具，可当前我们的党和革命队伍还不具备拍电影的条件，等到以后我们一定会把电影事业搞起来的。

1938年5月，陕甘宁边区抗敌电影社派赵品三同志和我到汉口去采购电影器材。我们到汉口八路军办事处向周恩来同志请示汇报购买电影器材的事，他对我们说，拍电影的事已经聘请电影名家袁牧之和吴印咸正在办理中，有关的事儿，你们回到延安以后再说。我们按照周恩来同志的指示，在汉口待了3天就返回延安。

1938年9月底，袁牧之和吴印咸携带两台电影摄影机（其中一台35毫米的埃姆是伊文思大师送的）到达延安，我们会合，成立了八路军总政治部电影团。当时电影团的团长是总政治部主任谭政，电影团具体的运作主要由袁牧之、吴印咸他们负责。那时候周恩来同志在国民党统治区负责统战工作，他每次回到延安总要来看看电影团的几个人。

◆延安电影团摄影队队长吴印咸

延安电影团成立以

后，我们最早拍的一部纪录片，当时取了一个名字叫《延安与八路军》，就是要突出展现延安。因为延安是以毛泽东同志为首的党中央所在地，领导人开展的很多活动，延安各个方面的建设，边区政府，文艺、教育、宣传，都在延安。国民党统治区很多有志的年轻人千方百计投奔延安。后来国民党严密封锁，不然的话，全国各地还不知道要来多少年轻人。他们冒着生命危险，经过艰苦跋涉来到延安，真不容易。

记者：毛泽东同志曾经接见过你们电影团，是吗？

徐肖冰：是的。那是 1939 年 1 月下旬，当时我们完成了在延安的拍摄任务，准备离开延安奔赴华北的八路军抗日根据地。在此前夕，毛泽东同志接见了我们电影团几个主要的人，有袁牧之、吴印咸、李肃，还有我。我们接到接见的通知，心情非常激动。现在回想起来，当时连照相机都忘记带了。毛泽东同志留我们在他那里吃午饭，跟我们谈了方方面面的事，主要是要稳定我们这些电影工作者，做我们的思想工作。

记者：说了些什么？

徐肖冰：现在我能回想起来的，毛泽东同志对我们的工作、生活各个方面都很关心，关心我们这些在大城市搞电影的人一下子到延安这个环境，是不是习惯，有什么困难，有什么问题，特别是对我们的工作。毛泽东同志说现在看来，你们还是能够拍一点电影的。电影是需要很大投资的，但是我们革命队伍，我们共产党目前经济方面仍非常困难，而且器材来得也很不容易，也可以说你们是英雄无用武之地啊。但是毛泽东同志又讲，我们一定会把日本帝国主义赶出去，我们一定会取得抗战的胜利，而且我们还要解放全中国，成立新中国，到那个时候，你们要做的工作就会很多。我们在长征的时候连一张照片都没有，没有留下什么形象的东西，将来你们可以拍关于长征的电影，题材多得很，那个时候你们恐怕要拍什么都可以，条件就非常好了。毛泽东同志的科学预见坚定了我们的信心，坚定了我们的思想。而且他还特别关心我们的政治学习，他说你们现在参加了革命队伍，要学习革命理论，像《资本论》几大本你们也看不懂。毛泽东同志讲得很坦率。他介绍我们一定要看艾思奇那本叫《大众哲学》的书。后来我们在延安新华书店买到了，有时间我们就看《大众哲学》。可惜这本书我没能保存下来。

不久后，我们去了前方，经过晋西北先到了第 120 师，贺龙是师长，他也非常重视电影。从延安走的时候，电影团用了一头小毛驴驮着器材，到了第 120 师。尽管条件非常艰苦，我记得贺龙给袁牧之和吴印咸配备了马匹。可以看出当时我们党的各级领导对电影工作都是非常支持、非常关心的。我们从晋西北到晋察冀，要通过敌人的封锁线，记得那天是傍晚出发的，天黑了才接近敌占区。通过敌占区的时候，都是跑步，当然有部队掩护，那也是很紧张的，因为我们还没有这样的经历。到了晋察冀，聂荣臻、彭真同志非常热情地向我们介绍了根据地军民抗战的情况。我在晋察冀工作没多久，袁牧之就派我到冀中拍片子，就在河间那一带。冀中一片大平原，1939 年秋天还发了一场大水。在冀中一个多月时间，每天都是白天睡觉，晚上行军，经常还有战斗。我看到冀中的八路军部队和人民群众鱼水相亲，在那样艰苦的条件下坚持抗战，不断地扩大根据地，真是了不起。

记者：您在冀中前线拍摄解放区第一部大型纪录电影《延安与八路军》的时候，遇到过危险的情况吗？

徐肖冰：说到危险，在冀中，白天黑夜24小时好像都有危险。1939年的秋后，冀中正发大水，我们都在水里面行军。每天夜行军，每个人都拿绑带串起来，从前面的人，一直到最后的人，不管是司令员还是战士都紧串在一起，因为在这以前有一次夜里行军的时候，因为中间有人打瞌睡（边打瞌睡边行军），使前面跟后面脱开了，结果迷失到敌占区的人都被敌人杀害了。那是一次血的教训。我当时正打摆子，也没有什么药，很难受，可是也没有影响行军。行军时我身上还背了好多电影器材。即使这样，我在夜行军中也打瞌睡，好在我的胳膊上捆着绑带。

那个时候，村子里老百姓家都有狗，我们一进村狗就叫了。而日本鬼子在所有的村子里几乎都派有汉奸，汉奸知道我们进村就给日本鬼子打信号弹。当时一听到狗叫声，一看到信号弹，我心里就怦怦跳，因为那个时候平原上敌人的据点很密，我们还没有创造地道战，基本上就是在敌人的据点中穿行，非常危险。看到敌人的信号弹必须马上转移，不然就会被包围起来，就会吃亏，这时我们就凭两条腿，而敌人却有四个车轮。

冀中平原抗日根据地是在1938年4月建立起来的，以晋察冀第三纵队的司令员吕正操、政委王平、参谋长孙毅等率领晋察冀的一部分部队，还有贺龙第120师的两个主力团——第715团和第716团（老百姓称这两个团为“阿五、阿六”）为主，打了不少胜仗，站稳了脚跟。我到冀中以后，也参加了一些战斗。敌人从据点出来抢东西、抢粮食，我们就提前在村子里头老百姓屋顶上面埋伏起来。等敌人来了以后，跟敌人进行战斗。这样的战斗我参加过几次。但是在冀中我还没有碰到过真正的战斗，所以我在冀中几个月，几乎没有拍到什么东西。但是当时实战锻炼的经历在我的脑子里留下的印象还是很深的。

记者：随部队转移与作战的时候，或者拍摄电影的时候，是不是有部队掩护你们呢？

徐肖冰：对，部队领导方面对我们的工作非常重视，还专门派了参谋或者战士保护我。不管哪个部队，从司令员到战士都非常爱护和关照拍摄电影的人。

1938 年 10 月前后，我们从冀中回到晋察冀军区，跟电影团大部队会合，我和拍电影的袁牧之、吴印咸还有李肃到了一起。然

◆李达、邓小平、刘伯承、蔡树藩（左起）

后袁牧之、吴印咸给我任务，让我和吴本立等到晋冀鲁豫抗日根据地，也就是太行军区去。太行是八路军总部、刘邓大军、第 129 师部队所在地。我的主要任务就是去拍他们在前线的战斗情况，拍从总部到第 129 师师部的领导人在战斗中指挥作战的一些场面。

我以前在上海拍的都是故事片，从电通影片公司的《桃李劫》《自由神》《风云儿女》《都市风光》，一直到后来明星影片公司第二厂的《生死同心》《马路天使》，我差不多在六七部电影故事片的拍摄中当摄影助手，故事片的拍摄我比较熟悉。纪录片我没接触过，怎么拍，我没有经验。到了战场，完全不是那么回事了，但还是可以一面学习，一面思考如何把《延安与八路军》大型纪录片的战斗任务胜利完成。

记者：您还记得去八路军总部、第 129 师师部拍镜头的一些情况吗？

徐肖冰：两位老总还是很配合我们工作的。后来，我们到第 129 师拍刘伯承师长和邓小平政委的一组电影。上午只拍了几个镜头，吃过午饭接着干。有时，我认为拍得不够理想，就让他们再表演一次，由于我的摆布太过分了，小平同志有点不耐烦。这次拍电影的事，由在现场的一个叫杨国宇的参谋写在日记本上，他把这件事记得很详细。前几年，小平同志的小女儿毛毛写《我的父亲邓小平》时，采访了许多人，她在书里写小平同志拍电影这件事，是完全按杨国宇的记录摘的。毛毛在这个故事后面写了："……父亲平时连照相都不愿意照，更别说拍电影了。要让他做到自然而然，也的确够不容易的。"后来刘伯承同志就说了"自然而然，然而不然"的笑话，把气氛缓和下来了，我最后也完成了拍摄。

我在八路军总部招待所住的时候，一天黄昏，一匹高头大马引起我的注意，因为我们领导骑的都是蒙古、四川的小马，上下马都很方便。后来我问了饲养员，才知道这匹马是聂荣臻同志在晋察冀打仗时缴获的日本鬼子一个旅团长的，很漂亮，聂荣臻同志就把它送给了朱老总，送的时候还通过了一道封锁线。那匹马确实非常漂亮。我就提出让朱老总拍几个骑马的镜头，向朱老总的秘书潘开文提出这个请求。潘秘书立即报告朱老总，朱老总表示同意。由于朱老总年岁大了，行动不方便，上马的时候要站在凳子上，然后骑到马上，下来的时候也是这个样子。但是朱总司令非常随和，很配合我的工作。拍完电影，找了个地点我又拍了一张朱老总骑马的照片。现在那个电影镜头留下来了，在新影厂影片资料室就可以找到。那个照片也保存下来了，很早以前还做成了邮票。

后来我在太行拍了几次战斗的场面，现在回想起来每次都有危险。一次是侦察兵反映一个情况，说是太原有一辆装载武器、弹药的火车在那天晚上 10 时前后要向井陉煤矿开去——井陉煤矿也是敌人的一个据点。当时尽管是晚上，我也想跟着他们去拍电影。请示领导同意后，我对战士和民兵们说，你们带一些稻草，等你们上火车缴获敌人的武器时，把稻草点着，我就可以拍电影了。结果还真是带了不少稻草。地点选在离井陉煤矿几里远的地方，战士们在铁路的铁轨下埋好了炸药包，都趴到铁轨边上等着火车过来。等了有一个多小时，敌人的火车来了，大家心里都很高兴。火车一到那个地方，炸药包就爆炸了。敌人的火车司机拉响了汽笛，气氛很紧张。火车的汽笛声就这么响着，战士们爬到车厢上面再翻进去。结果呢，整个火车都是空的。当时进去的战士也不少，发现是空车就出来了。火车的汽笛还在响着，据点里的敌人向我们的方向射过来探照灯，也打过来几发炮弹。我们赶快撤退。还不错，所有的人都

◈1940 年，朱德在太行

很安全地撤回到根据地。不过当时如果留下一张照片也很有意思，因为火车是装煤的，人们爬进爬出，手、脸、衣服都弄得像挖煤工人似的。但是，如果我们真从火车上缴获一些武器或其他物品，我为了拍电影而把稻草点燃起来，这不是给敌人目标吗？敌人集中炮弹打过来，我们伤亡会有多大？想想还是很后怕的。不过这也是一次实战考验。

后来我要去拍敌占区。跟部队首长提出来以后，首长说有些地方可以去。我们的便衣侦察员经常在敌占区活动，离敌人据点太近的不能拍，很危险，要找离敌人据点稍远一点的地方才能拍电影。

过了几天，5 个便衣侦察员把我带到一个处在解放区与敌占区之间的村子里，晚上，他们把我带到维持会会长家里头，给维持会会长讲明了要在敌占区拍些电影的情况。第二天便衣侦察员要到铁路边上活动，我让维持会会长给我找一个隐秘的地方，好在那里拍电影。晚上我们睡在维持会会长家里。他看见我还带着把手枪，说手枪不能带，带手枪如果出了问题不好办。不带手枪出了问题他可以通过关系把我从日本人那里弄回来。这是个很冒险的事情。维持会会长又对便衣侦察员说用不着太担心，他会亲自带着我，一般不会出问题。第二天去的时候，我那个电影机、胶片都是他背着，我则穿了便衣，胸前挂了“良民证”，装扮得很好。维持会会长带领我走了二里多的路，找了一个废弃的炮楼，通过那个炮楼的窟窿，拍我们的便衣侦察员在铁路上的活动，想通过这个电影表现在敌占区我们部队的便衣侦察员进行的抗战活动。我们在敌占区的路途中还真碰到了日本巡逻队，都是维持会会长在前面打招呼，他会讲日本话，一打招呼就过去了。

我在太行参加了好几次战斗，部队的首长和下面所有的人特别注意我们拍电影的人的安全。有一次我跟着陈锡联第 385 旅攻打南关。南关是敌人的一个重要的炸药库，敌人在那里要炸山修铁路。我们部队掌握了这个情报，一定要把敌人的这个炸药库攻下来，而且要把敌人的炸药全部缴获过来。我们一路夜行军，接近敌人的时候，天还没有亮。陈旅长把队伍按作战计划部署好后，一声号令，步兵和炮兵都打响了。战斗非常激烈，因为敌人的守军很多，工事也比较坚固，很难打。但是经过激烈的战斗还是把它打下来了。我是跟着部队一起冲的，因为不跟着部队我拍不到东西。打到最后，敌人都被消灭了，我们到了炸药库。有人把炸药箱子撬开了以后，炸药都是一条一条用油纸包着，看着就像是高级点心。实际上黄色炸药本身就是油性的，尝一尝还带点甜味，还真有人拿它当点心吃，所以在战争中什么事情都会发生。缴获的这批炸药对我们进行攻坚战非常有用。后来进行百团大战，这批炸药发挥了极大的作用。整个战斗我都参加了，而且把当时激烈的战斗场面都拍摄了下来。

在我参加的许多战斗中，最激烈的是打榆社城，这是百团大战的第二个战役。榆社是敌人在我们革命根据地比较突出的一个据点，它是一座城，城里城外都有敌人的工事、炮楼、战壕，城墙上面也有炮楼、工事。这个战斗是由陈赓旅长和周希汉参谋长亲自指挥的。陈赓可以说是个常胜将军。我跟他在一起打过好多次仗，我跟陈锡联也打过好多次仗。陈赓是黄埔第一期的毕业生，他的一生有许多传奇战事。陈锡联是在红军里长大的，他打仗也是很出名的，也是了不起的将军。但这两个人打仗的作风完全不一样。陈锡联打仗，身为指挥员，他自己有时候急了就扛着机关枪往前冲。陈赓不是这样的，他的指挥部非常正规，不管在野外还是在室内，都把地图铺开，敌人可能从哪儿逃跑，我们部队怎么打，敌人可能从哪儿支援，我们部队怎么应付，整个战斗的部署是非常正规的，或者说他是在地图上部署战斗的；当然，一旦进入战斗，他总是在前线指挥。

打时，陈赓先让参谋长周希汉——后来是海军的副司令，还有第 772 团郭国言团长都化装成便衣到榆社的周围进行几次侦察。然后把榆社包围起来。那个时候我就在陈赓指挥部里，在这里我首先把拍电影这个主要任务完成了，同时也拍了一些照片，但我总觉得不到战场上去是拍不到真正的战斗场面的。我向陈赓旅长提出到前线去的要求。当时敌人为了保住阵地，在有的地段加强火力，封锁我们部队之间的增援。也就在那些地段，我们的很多战士都牺牲了。我要去前线就得从这些牺牲战士的尸体上爬过去，很危险。陈赓说没有把握保护我，所以决定不准我随便乱动。但是我非常着急，像我军攻打日寇侵占的我国城市这样的机会是不多的，而这次在战场上应当可以拍到很多东西。这次战斗场面拍不到，我怎么向领导交代呢？特别是在《延安与八路军》这部影片中没有打击日本侵略者的实况，这部影片的质量将会怎样呢？所以我别无选择。不管陈赓旅长的指示多么严格，更不怕鬼子的火力非常凶猛，我不管三七二十一还是爬过我们牺牲了的战士们的尸体，一股劲冲了过去，冲到主要的一个突破口。那里正在进行十分激烈的战斗，虽然我已经参加过几次战斗，但在那样规模、那样复杂的战场上，对我来说还是第一次。我首先拍了一些电影镜头，然后就马上拍照片。当时敌人的机关枪把我们一个战士的脑袋扫得血肉模糊，我为他拍了一个特写。把敌人炮楼围住以后，我们的战士沿着用木头棍子扎成的梯子爬到炮楼上面，往里头丢手榴弹，我把这些也拍下来了。那次缴获了敌人一门炮。大家很高兴，有的推，有的拉，结果有个战士拉了炮闩，里面的一发炮弹被击发了，那个炮弹就落在我们附近，有受伤的，有牺牲的，我被震晕过去。后来人家把我弄醒了，开始我还不知道怎么回事。当我清醒过来，一看那个场面，我就拿着照相机把它照下来，焦点都是虚的。这个照片我还保留着。当时真是太危险了。

敌人的司令部在一所中学里。中学里有一个操场，这个操场用土墙围起来，敌人最后都聚在操场里面。我们的战士就从操场外面往里扔手榴弹，不知道扔了多少进去。操场门打开以后，我看到地上躺的都是日本鬼子的尸体和被炸伤的敌人，还有一些敌人在那儿鬼哭狼嚎。看到这个场面我也想进去拍电影。跟着我的一个战士发现了，他一下子就把我拽出来了，他说你这太冒险了，一个，敌人是不是都打死了？有的敌人半死不活的，又朝着你打几枪，你不是也要牺牲在这里了吗？再一个，有的手榴弹是爆炸了，有的手榴弹还没爆炸，正要爆炸，这都是非常危险的。这个战士说的话对我也是一次实实在在的教育。在城墙上，一个参谋也给我上了一课。我们占领敌人的司令部后，我以为敌人都被消灭了，就在城墙上面自由自在地拍电影了。结果不是那么回事，城里还有残余的敌人。那个参谋看到我，一下子把我从城墙上拽下来。他用根木头棍子顶着自己戴的帽子，从城墙上面举起来。敌人以为是人，就冲这个帽子开了一枪。参谋说，你看看多危险。我们搞文艺工作，搞电影工作，搞摄影工作的人，没有军事知识，在战场上是很危险的。如果没有部队首长和战士的指挥、关心、协助，我们是很难进行工作与完成任务的，甚至连生命也保不住。

我拍彭德怀同志在前线指挥战斗的那张照片，当时彦涵就拿这个照片刻成了木刻，在太行地区进行宣传。几十年过去了，我认为那幅版画更有历史意义，很想珍藏一张。彦涵说他唯一的一张送给军事博物馆了，现在作为军事博物馆很重要的历史档案收藏着。这张照片是彭总在抗日战场上指挥百团大战的一个永恒的瞬间。大家从照片上可以看得很清楚，在彭总脚下是战士们挖的一条战壕，它是为彭总的安全而挖的，因为彭总对面那个山头，就是日本鬼子占着。彭总就坐在战壕上面指挥，子弹、炮弹从他身边、头上“嗖嗖”飞过去。我觉得我们部队那么高级的首长，亲临前线指挥战斗，对死亡一点畏惧也没有，确实为全军起到了表率作用。早在1935年，毛泽东同志就写过一首六言诗赞誉彭总：“谁敢横刀立马，唯我彭大将军。”我觉得这种精神在今天也很值得发扬光大。

记者：您是什么时候从太行前线回到延安的？

徐肖冰：1941 年，我从太行回到延安。1942 年，毛泽东同志召开延安文艺座谈会，在会上发表了极其重要的讲话。虽然我没有资格参加这个会，但是及时听到了传达，像我们这些老延安文艺工作者，如今回想起来都是思绪万千。从我自己来讲，在 1937 年 7 月 7 日卢沟桥事变以后，我下定决心不随同西北电影公司到大后方四川成都去工作，而坚决要求参加八路军，参加革命。我在山西太原的八路军办事处，第一次见到周恩来同志时，他就对我说，我们的革命队伍是很艰苦的，供应很差，尽管吃饱穿暖没问题，但有时挨饿受冻也难免，打起仗来难免流血牺牲。我是希望你先到前线去，不一定也不会让你这样的人就上前线去打仗。我的意思是，你到连队里去，同战士们一起生活，如果有机会听到枪炮声，这对你今后要走的路，是很有好处的。周恩来同志这番语重心长的话，在我大半辈子的工作与生活实践中，真不能说也不敢说统统兑现了。

记者：《兄妹开荒》保存下来的资料是不是您拍的呢？

徐肖冰：将《兄妹开荒》拍成电影是周恩来同志提出的，由吴印咸拍的。照片我拍了不少。当时我们拍的剧目很多，《兄妹开荒》只是其中一个。这个节目的内容从台词中可以看出，“更加油来，更加劲来开荒……”意思就是发展生产，改善与提高生活水平。剧情简练，生活气息很浓，表演精彩，受到党中央首长们和广大观众的热烈欢迎。后来在国民党统治区演出，也有强烈的反响。为什么？这是延安的文学艺术家们参加了延安文艺座谈会以后，按照毛泽东同志指出的方向——到人民群众中去，真正熟悉与理解普普通通的

◆1940年，八路军副总司令彭德怀在前线指挥

人民群众在干什么，在要什么，在想什么，使自己在思想感情上真正同人民群众打成一片。

记者：请您说说《南泥湾》。

徐肖冰：我明白你的意思，是让我回忆当年在延安怎么制成《南泥湾》这部纪录片的。因为这部影片的拍摄提纲和拍摄工作，是吴印咸和我一起搞的。我认为在延安出了一个南泥湾，当时的南泥湾人怎么样，今天的南泥湾人又怎么样，都得说说。

从前朝说起，延安是个兵家必争之地。有首古诗中“可怜无定河边骨，犹是春闺梦里人”所描写的古战场，就在延安附近。我到延安的时候，民间还有人唱这么一首民谣：“哥哥你要走西口，小妹妹实在难留……”它表现这里经常有人向山西逃荒，因为这里历来是一个非常贫困的地区。当然，黄帝陵就在延安附近，是炎黄子孙的骄傲。在20世纪二三十年代，刘志丹、谢子长等在陕北创立了红色政权，使毛泽东、朱德等领导的红一、红二、红四方面红军，经过二万五千里长征，在陕北胜利会师，建立了“可以燎原”的中国革命根据地。接着，实现了国共第二次合作，延安成为敌后抗日的指挥部，集合了一群中华民族优秀的子孙，其中有个外国大夫叫马海德，他最喜欢唱的一首歌："陕北好地方，小米籽熬米汤……"这表现了大家在以毛泽东同志为首的党中央领导下，面对生活的艰苦是乐观的，面对国民党反动派对延安经济上的封锁、军事上的威胁是不怕的，而且以自己的实际行动响应毛泽东同志提出的"自己动手，丰衣足食"的号召。在党中央、边区政府、军委、总政的所有领导干部带动下，大家在延安周围的荒地上都种了谷子。

记者：请您讲讲拍摄《南泥湾》的一些情况。

徐肖冰：我们到南泥湾的时候，那里是个千里无人烟的地方。南泥湾靠近国民党胡宗南部队的地方是一片平原，那就是第 359 旅的前沿阵地。我们也去了，在那里我拍了一张照片，是一个战士站到树上放哨的场面，那棵树长得也比较特别，树墩子很粗，树杈子很细。因为，每年老百姓在八九月前后，把树枝砍下来编柳条筐等生产工具，树枝每年都是新长出来的，所以很细，树墩子每年也在长，很粗。战士站到树墩子上站岗放哨，一年四季不管是风啊雪啊，不管是白天黑夜，都不间断。南泥湾我去过不止一次。南泥湾在很短的时间里头，也就是两三年时间，变化太大了。原来去的时候，战士还住在草棚里，后来他们挖窑洞，盖房子，改善了住宿条件。原来在山坡上种旱地，后来就开出水田，种稻子，每个连队都种菜，养猪、牛、羊、鸡、鸭，每个星期都会餐，而且在营房周围都种上波斯菊，美化了环境。把练兵，学习政治、文化与娱乐生活都作了合理的安排。原来进南泥湾没有路，后来在群众帮助下，开了一条能开大车的路。

我认为，如今凡是老延安，对于当时毛泽东同志向全党和全国抗日根据地号召"自己动手，丰衣足食"既关系到打败日本侵略者

◆延安哨兵

的迟早，又针对蒋介石的“不消灭共产党死不瞑目”的痴心妄想这个要害，都有清醒的认识。因此，电影团的所有人对于拍摄制作《南泥湾》这部纪录电影，都是充满激情、信心与决心的。

电影的拍摄工作，只要有摄影师、摄影机和胶片就行。电影团也只是具备拍摄条件，用行话来说，叫“前期工作”。制作电影叫“后期工作”，就要有冲洗影片的暗房与器械，要有印片、配光、剪辑、录音、合成等好多器械与设备，还要用大量的水和电以及后期工作的专业人员。而这些当时都不具备，硬是逼着大家动脑筋，想办法。如没有洗片设备，就在大水缸里洗；没有印片机，就用摄影机来印片；没有电，就用自然光；没有录音机，就用留声机和麦克风来配音……就这样，我们自己动手完成了《南泥湾》影片的制作。还有毛主席像章，也是由电影团设计与生产的，现在成了宝贵的历史文物。在抗日战争时期，南泥湾是自力更生的一个典范，后来，在解放战争时期，第 359 旅一直打到新疆，就在新疆改编成生产建设兵团。

最近，有人从延安回来，同我聊起近几年延安建了不少高楼大厦，经地质部门勘探查明，陕北地区的地下都是煤、石油和天然气。陕北的天然气已经通过管道运到了北京。我最激动与最振奋的是，现在的年轻人到了像我这样 80 多岁了，让他们给后半世纪的年轻人讲讲故事，不是更有意思吗?

总司令把胶片放在他的文件箱子里

吴本立

吴本立（1919—2003） 安徽怀宁人。1938年10月赴延安，入抗日军政大学工人学校学习。1939年12月调延安八路军总政电影团摄影队工作。1946年赴东北，在东北电影制片厂工作，拍摄有《民主联军军营中的一日》《夏季攻势简报》《安东造纸厂》《富饶的东北》《淮海战役》《百万雄师下江南》《七一在北平》等纪录片。新中国成立后，拍摄有《中国人民的胜利》《中国民族大团结》《五月的节日》《泥人张》等纪录片。曾担任中央新闻纪录电影制片厂副厂长、北京科学教育电影制片厂副厂长。

记者：延安电影团成立的时候您就到延安了吗？

吴本立：1938年10月延安电影团成立，它属于八路军总政治部，团长是总政治部副主任谭政同志。我1938年到的延安，先在抗大工人部学习了一年，1939年到晋察冀前方。1939年12月袁牧之把我调到电影团。袁牧之给我和另外一个人的任务就是把前线的一些情况拍成电影。后来我们两人就到了晋东南进行拍摄。1940年4月，袁牧之打电报来让我把晋东南的片子送到西安，他在西安等着。那个时候中央决定把《延安与八路军》这部纪录片送到苏联去制作。当时朱德总司令要回延安，我就跟他一起离开晋东南。后来我到了西安，把这个片子交给了袁牧之。

记者：听说路上朱德总司令很关心您，这个细节给我们讲一讲。

吴本立：那封要我送片子的电报一到，朱德总司令就知道了，因为电报都是经他们前线指挥总部的电台接收的。电报说要把这个片子赶快送去，保证不出问题。朱德总司令非常关心，就委托康克清路上给我照应。康克清确实经常地关心我，问问我生活上的情况，特别关心的就是胶片——胶片我行军时一直都随身背着。康克清很了不起，我们通过封锁线是在深夜，她手上拿着枪在敌占区大马路上指挥行军，问电影团吴同志来了没有啊？我答应来了来了。她说你跟着部队赶快先走。她当过团长，指挥部队通过封锁线很镇静，很了不起。后来总司令带领我们通过卫立煌（原国民党第二战区副司令长官）部队管辖的第二战区，卫立煌在洛阳接待总司令。总司令就告诉康克清让我把胶片放在他那个文件箱子里头，这样保险。总司令的文件箱子，谁也不敢动。我就把胶片放在他那个文件箱子里。我挂名是总司令的副官，在那儿住了几天，后来我们就随总司令到了西安。然后我就直接把影片交给袁牧之。冼星海也在，

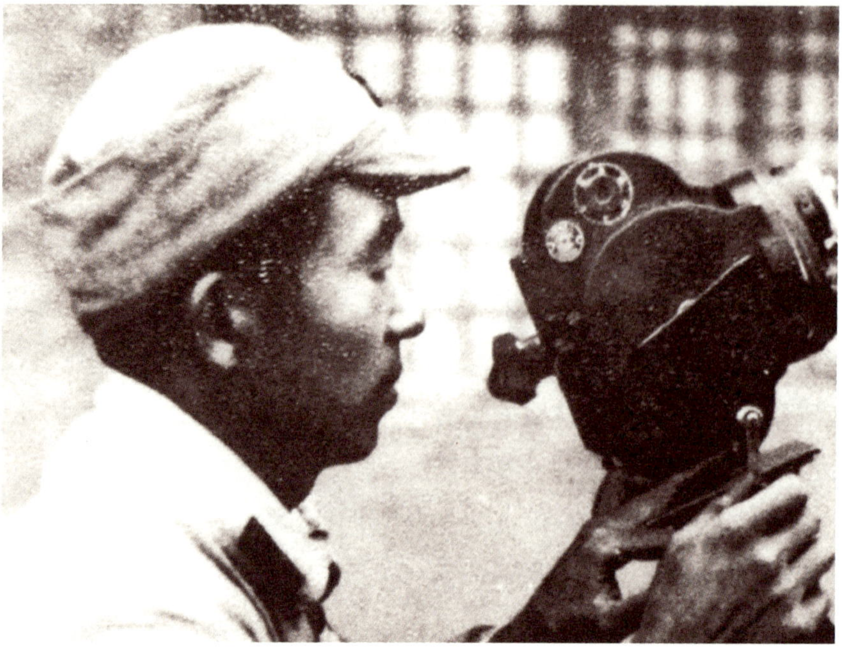

◆延安电影团工作照

他是影片的作曲。袁牧之当时听我讲到总司令的关心，很受感动，甚至流了眼泪。

延安电影团搞电影，是出人意料的困难，没有电，没有设备，房子都是窑洞。我们电影团里头的吴印咸同志，费尽心血，整天考虑怎样克服困难。想尽一切办法，先是把照片搞起来。吴印咸考虑得非常周到，洗电影的药粉什么的都是他跟袁牧之在香港买的，当时买了一批。还买了一台 16 毫米的摄影机。电影团还有一台摄影机，35 毫米，是伊文思送的，单镜头，老的，美国产的。水的问题也很严重，延河的水很混浊。怎么解决呢？吴印咸买了几个大缸，买明矾把水中的泥沉淀下去，经过澄清，水的问题也解决了。

记者：没有电，曝光怎么解决？

◆吴本立在冲洗底片

吴本立：在窑洞里开个小窗户，窑洞门用黑纸贴着不露光，用黑布做个帘子把窗户遮住，把黑纸同底片贴起来，然后把帘子一掀，通过自然光感光。洗出来以后效果挺好的。开始吴印咸在那儿摸索了一点经验，我就跟他学，他是我的师傅。

记者：电影洗印就更复杂一些了。

吴本立：电影也采取这个办法，反正你就是洗底片嘛，在油灯上套个红套子做成红光，晚上洗底片，就可以解决了。

记者：专门盖个房子打个天窗是……

吴本立：那是为了放大。在延安搞展览需要放大照片，而且那时候宋庆龄在香港想搞一些延安的照片作宣传也需要放大。当时我们放大的有16吋、14吋的大照片，质量非常好，拿到香港去展出了。怎么放大的呢？我们专门盖一座房子，四面都没有窗户，只开一个门，门搞得很严。屋顶上面挖一个孔，射进一线光。用木头做一个插销，把一个老虎皮的照相机固定在那个小孔上，那个老虎皮的照相机可以调距离。这样就可以放大了。放大的照片质量非常好，不亚于现代化设备搞出来的。那个时候我们搞了差不多上万卷底片。离开延安时，我跟周从初同志——他也是电影团里的，现在在洗印厂——两个人整理电影照片，底片、照片，贴本子编号，搞了几十本，花了3个月时间。

第二步就是搞电影了。拷贝时就用35毫米的摄影机在阳光下感光。事前都试验好，几点钟、什么光下面印、印多长时间，因为感光不需要太亮的光线。当时在延安我们搞了一部比较完整的《南泥湾》，全部是自己制作出来的，而且是有声的。

记者： 声音是怎么解决的呢？

吴本立： 也是土办法，就是利用留声机、麦克风搞出来的。那个时候延安鲁艺有音乐系，他们有留声机、唱片，而且都是比较好的音乐，我们就是从他们那儿借的。我们也没有电，就派两个人用手摇发电机发电。用两个麦克风，一个解说，另一个放音乐，到现场就变成有声电影了。电影第一次在中央大礼堂放映，非常轰动。一些中央领导人也到场观看，给予了充分肯定和鼓励。

记者： 当时国民党的一些民主人士来延安参观，延安电影团也给他们放映过电影吗？

◆八路军总政治部电影团成员在延安的合影

吴本立：这个我不清楚。电影团有两个队：一个摄影队，一个放映队。放映队有一台16毫米的放映机，那是周恩来同志从苏联带回来的。当时还带了不少的电影片子，有《十月革命》《列宁在1918》《夏伯阳》等，都是比较好的片子，那个时候主要放映这些片子。后来我们自己搞出来《南泥湾》，他们也放，全边区都很欢迎。

记者：放映队到哪儿去都特别轰动吗？

吴本立：都特别轰动。苏联片子《夏伯阳》影响很大。都是露天放映，那时候礼堂很少，延安只有中央和八路军总部有礼堂，其他单位都没有。抗大、鲁艺、陕工都是在露天上课，下雪天我们都在露天里听课、记笔记，非常艰苦。冬天，干部发一套棉衣和一件棉大衣，我们学员只有一套棉衣，在露天上课是很冷的。

记者：窑洞里生火吗？

吴本立：窑洞里冬天生火，不是全天都生着火，就是晚上睡觉前生一会儿，暖和一下，因为发的木炭不多。白天大家都出去劳动，出操，上课。虽然很苦，但是人们心情愉快，因为大家都一样。

记者：到东北接收"满影"的过程您参加没有？

吴本立：没有。我是1946年3月最后一批离开延安的，没有赶上接收"满影"。徐肖冰同志跟钱小章先走的，徐肖冰到张家口就离开了电影队。钱小章跟他的夫人接着去了东北，参加了接收"满影"的工作。

记者：您1946年离开延安以后直接到东北去了吗？

吴本立：直接到了东北。

记者：人员和设备都转移到那里去了？

吴本立：全部转移去了。东西很多，摄影机有几十台，服装可以开一个店铺吧。

记者：据说从长春到哈尔滨是用火车拉过去的。

吴本立：对，装了50个车皮，分两趟，一次25个车皮。

记者：你们在延安的时候条件那么艰苦，现在设备一下子这么多……

吴本立：非常高兴。在延安的时候拍一张照片都要考虑再考虑，什么样角度拍得好，天气、色调都要考虑得非常周到，有时候还要两个人商量以后才拍，生怕浪费了。到东北以后胶片多了，可以随便用。

东北电影制片厂成立后，袁牧之是厂长。我一到东北，他当时就找我跟徐肖冰，他说现在成立两个摄影队，一个前方队，一个后方队，你们两个人谁到前方，谁到后方？我说我去前方吧。后来就决定徐肖冰在后方，我到前方。在前方跟着部队，很艰苦，我们摄影队去前方，靠的是两条腿。

记者：这些器材都是大车和挑子运过去的？

吴本立：是的。到前方后，器材就不能用车载了，都是靠人背的。我的摄影助手有三五个，他们替我背，有背胶片的，有背机器的。每次出去我都带两台机器，有一台备用，怕万一机器坏了耽误事，胶片也尽量多带一点，冬天零下40摄氏度，也不能少带一点。东北的战争有个特点，就是运动战比较多，大踏步前进，大踏步后退，所以我们的运动量也很大。

记者：还记得参加了哪些比较著名的战役吗？

吴本立：我参加的都是零碎的战役。那个时候敌人都在大城市，我们部队在外围跟他们打一打，消灭它一点，然后又撤了，反正他们也不出来。

记者：我看了辽沈战役的很多资料，当时有很多摄影队都参加了。

吴本立：那是后来他们拍的，我 1948 年就离开东北进关了。中央当时在西柏坡，要我们派 4 个摄影队去，我就带着他们进关了。我们从大连坐小轮船，靠海边走，走到山东，然后上岸。山东沿途都有兵站，他们一站交代一站，就这样，我们到了石家庄，然后去西柏坡。到达西柏坡后我请示中央，把我们这些摄影队派到哪儿去。后来就把我们派到了太原。我和高振中两个队，华北留一个队，一个队到了淮海。

记者：您到西柏坡的时候见到毛泽东同志了吗？

吴本立：见到了。那个时候直接管我们的是陆定一，中央宣传部部长，我就到他家里找他。见毛泽东同志怎么见的呢？我们从东北来的时候带了个片子，就是《民主东北》第一集、第二集，两集各一个多小时，内容是综合性的，有部队的，有打仗的，有建设的。放电影的时候看到了毛泽东同志，中央所有的领导人都见到了。那一天毛泽东同志看了片子挺高兴，因为看到东北打胜仗的场面了。

肩膀上的红旗手中的书

贺敬之

贺敬之（1924— ） 山东峄县人。1940年赴延安，入鲁迅艺术文学院文学系学习。创作有《并没有冬天》《乡村的夜》两本诗集和秧歌剧《栽树》、歌剧文学剧本《白毛女》（执笔者之一）、歌剧《惯匪周子山》（作者之一）等。新中国成立后历任中国戏剧家协会书记处书记、文化部副部长、中共中央宣传部副部长、文化部代部长等职。

记者： 贺先生，您在延安参加了由柯仲平等几位诗人推广的街头诗活动吗？

贺敬之： 没有。我是1940年到的延安，那时我刚16岁。柯仲平同志和萧三、田间同志1937年、1938年搞诗歌大众化的时候我没赶上。我在鲁艺学习的时候，特别是前两年，是“关门提高”的时期，强调“正规化”、多读书。后来在整风中间，院长周扬同志作了一个自我批评，认为这样的“提高”是有片面性的。提高是要提高，读书也还是需要的。但作为革命文艺家，仅仅这样是不够的。毛泽东同志在延安文艺座谈会开过不久，到鲁艺来又作了一个讲演，提出“大鲁艺”和“小鲁艺”的问题，意思就是说你们

◆延安鲁艺旧址

在“小鲁艺”这个小范围的学习当然是需要的，但不要忘记“大鲁艺”，也就是不要忘记广阔的社会生活，还要向社会学习、向人民群众学习。当然，我们对“关门提高”那段时期的学习也不是完全否定。我是文学系的学生，当时确实读了不少书，比较系统地学习了文学理论和许多中外有名作家的作品。但是，就整个学院的指导方针来说，确实存在着脱离现实斗争、脱离人民群众和艺术教条主义倾向。整风开始后，毛泽东同志《在延安文艺座谈会上的讲话》给文艺界指明了正确方向，提出文艺要为工农兵、为人民大众服务，文艺要与人民群众结合，表现新的群众的时代。为实践《讲话》精神，鲁艺在周扬同志领导下发起了“新秧歌运动”，成立了鲁艺秧歌队。我从一开始就参加了这支秧歌队的活动。1943—1944 年，我一直在为秧歌队写歌词，在一些小型、中型的秧歌剧创作中担任文字执笔，也单独写了一些秧歌剧。后来我就从文学系正式调到了戏剧系，并转到了鲁艺文工团。在这之前，从 1939 年开始发表作品到 1942 年，我主要是写新体诗，这些诗一部分是写投奔延安的路上和到延安后的生活感受，另一部分是回忆我去延安前，主要是抗日战争以前童年时代在农村的生活，表现的都是农民受剥削、受压迫的悲惨命运。这两部分作品分别编入以后出版的《并没有冬天》和《乡村的夜》两本诗集中。

记者：贺先生，接到歌剧《白毛女》文学剧本执笔这个任务的时候，您还在鲁艺念书吧？这对您来说是不是一个挑战？

贺敬之：这个工作是 1944 年后半年开始的，当时我已经不再是学生，参加文工团已有两年，是经过下乡、下厂，在参加了一批秧歌剧写作的基础上接受这个任务的。虽然如此，这个任务对我来说确实还是个挑战，因为无论生活经验还是创作经验都很不够，我是在领导的指点、前人的经验和群众智慧的营养下勉力而为的。

当时，周扬同志和戏剧系主任张庚同志领导这个创作，明确提出要以“白毛仙姑”这个传奇故事为题材搞一个表现人民斗争生活、有创新意义、民族化、群众化的新歌剧。“新歌剧”这个词就是从这时提出的。

这个故事是当时流传在晋察冀边区的一个民间新传奇。1944年，以周巍峙同志为团长的西北战地服务团从晋察冀回到延安，归入鲁艺建制。西战团的作家邵子南同志在晋察冀时写过一部同一题材的长诗，由于这个原因，开始成立歌剧《白毛女》创作组的时候，就责成他写初稿。创作组由张庚同志直接领导，成员包括文学剧本的执笔、主要的音乐作者、导演。我和丁毅同志都是作为文学剧本执笔者参加的。最初讨论剧本主题时，有人反映说当时陕甘宁边区正在进行扫除文盲、破除迷信的运动，认为这个故事是反迷信的好题材。创作组经过讨论，一致认为这个故事的社会意义主要还是在于反剥削、反压迫、争取人民翻身，主题就是周扬同志提出的“旧社会把人变成鬼，新社会把鬼变成人”。统一认识后，邵子南同志写出了初稿，经由集体讨论和周扬、张庚同志审看，认为还不成熟，故事结构、人物塑造、语言表达等都需要重写。重写时邵子南同志离开做别的工作了，就决定交由我担任。新的结构设想，主要由我和导演王滨同志一起商定，由我写出稿本，经创作组讨论，并通过张庚同志审定，然后作曲、排演，一边排一边征求各方面群众意见进行修改。全剧彩排时又根据群众意见要增加最后一场，表现斗争黄世仁的群众场面。这时由于我生病，也由于我对运用外国歌剧合唱形式不熟悉，就由丁毅同志担任。

记者：创作完成后，正好赶上党的七大，《白毛女》很荣幸地成为七大的一个献礼节目。第一次演出后反响非常之大，包括党中央领导也提出了重要意见，当时这些意见是怎么传达给你们的？

贺敬之：第一场正式演出是给党的七大代表演出的，演出地点在中央党校礼堂。当时我担任司幕，还做些后勤工作，比如给演员送开水等这些事。演出队的领队是田方同志，就是后来为观众所熟悉的电影表演艺术家。当时他还兼任演出队的党支部书记，我和丁毅是支部委员。我记忆中是演出后两天，就由田方同志传达了中央领导的意见，就是后来许多同志提到过的这样三条：一是这个戏是适时的，适合群众需要的；二是在艺术上是成功的；三是黄世仁这样一个恶霸地主，触犯刑律，应当法办，判处死刑。非正式的还听到有同志说，刘少奇同志指出，不枪毙黄世仁，人民群众不会同意，这是一种右倾投降主义的表现。关于这一点，在演出前的排练过程中，创作集体中有过不同看法，有些同志说，处理不能过激，不要一报还一报，应当“以德报怨”。我和丁毅都拿不准，也就没有在斗争会结尾处把黄世仁判处死刑，执行枪决。但当时天天来看排练的群众，包括鲁艺内部的工作人员和同学，还有鲁艺所在地桥儿沟村的老乡都对此很不满意。这中间发生了这样一件事：我们吃饭时排队到伙房打饭，排到我这里了，炊事员同志拍着勺子说：“噢，是你呀？！黄世仁不枪毙，我今天就少给你打点菜！”这件事一直记在我心里。中央领导同志和广大群众意见一致，这给我们的教育是非常深刻的。

记者：在几代白毛女——喜儿的饰演者中，您认为谁最符合原著的要求？

贺敬之：在延安的时候，同时饰演喜儿的是林白和王昆。林白同志是一个话剧演员，表演风格比较细腻。王昆同志的歌唱非常出

◈歌剧《白毛女》剧照

色，由于是农村出身，表演风格真实、朴素。新中国成立后林白同志不做演员工作了。王昆同志从延安时期起一直在不断实践，她在运用和发展民族唱法，掌握革命现实主义的民族歌剧表演体系上取得了显著成绩，在群众中产生了很大影响。另一位是郭兰英同志，她原是山西梆子的名演员，1946 年从张家口撤退时参加了我们的文工团。她的戏曲表演和歌唱功底深厚，富有激情，把传统戏曲技巧恰当地用于新歌剧表演上，取得了突出成绩，因此，她同样受到广大群众的欢迎。新中国成立前后很长时间内，各地方不仅在歌剧《白毛女》中扮演喜儿的很多，在改编成各种地方戏曲的《白毛女》中扮演喜儿的也很多，都受到了群众的欢迎，我无法在这里进行具体评论了。

记者：《讲话》以后的代表作首推《白毛女》。请您谈谈对《讲话》精神的体会和《白毛女》是怎样体现《讲话》精神的。

贺敬之：不能说是“首推”，不论就作品出现的时间或作品质量，都不能这样说。事实上，当时在延安和其他地区，在以后的各个时期，都出现了许多更好地体现《讲话》精神的作品。

就我个人来说，由于出身贫困和到延安后特别是整风中受到的教育，使我由衷地接受了《讲话》精神，但比起前辈、同辈和后辈的许多作家、艺术家和文艺理论家来，我的理解和体会是远远不够的。不过，我却可以这样说：作为一名革命文艺工作者，我是在《讲话》精神哺育下成长的。《讲话》作为马克思主义和中国文艺实践相结合的产物，作为马克思主义文艺观和社会主义宏观文艺学的经典文献，作为中国革命文艺和社会主义文艺的理论纲领和行动指南，从我 18 岁开始到今天，一直是我生活实践和创作实践的最重要的教科书。它从“为什么人”和“如何为”两个方面给包括我在内的广大文艺工作者指明了正确方向和科学方法。正如许多同志经常论述的，它解决了文艺与生活、文艺与人民、文艺与政治等重大理论问题，也对文艺工作者在生活、学习、创作和理论批评中一系列具体问题的正确解决提供了思想武器。

我个人从参加“新秧歌运动”和《白毛女》创作直到现在，《讲话》启示我一直不断思考的最重要问题，是涉及世界观和文艺发展史的这样几点：一是文艺的普遍规律和特殊规律。《讲话》科学地总结和肯定了人类文艺史的一般规律，又突出地强调和论述了无产阶级文艺的特殊规律。如果否定前者，文艺发展就失去了借鉴和继承的依据；而否定后者，无产阶级的革命文艺和社会主义文艺就失去了自主性、独立精神和创新精神，这样，也就同时否定了人类文艺史必然要发展到社会主义文艺阶段这一普遍规律。二是个体与群体。文艺工作者作为个体的人，要生存、要发展、要通过文艺活动实现自我，这应当肯定；但同时又不能和社会群体，特别是广大人民群众相背离。对于革命文艺工作者来说，不论是人生或艺术都应走和人民群众相结合的道路。要在思想感情上和人民群众融合在一起，把个人命运和人民的命运融合在一起，立足点要在人民一边，真正做到全心全意为人民服务。三是主观与客观。做任何工作都要有主观能动性，文艺创作更需要主观性的发挥；但不能由此否定与客观世界的依存关系，主观应当和客观相一致。在发挥主观能动性的同时应接受客观世界和客观真理的制约。因此，就要通过学习马列主义、学习社会，努力掌握科学的世界观，在改造客观世界的同时自觉地改造自己的主观世界。

记者：您从这几个方面体会到《讲话》精神，那么，具体是如何体现在《白毛女》创作中的呢？

贺敬之：当时在延安，对这些问题的认识只是初步的。对我来说，要在《白毛女》文学剧本中用艺术形象把体会到的《讲话》精神较好地体现出来，无论思想水平、生活经验和创作经验都是远远不够的，只能是也必然是依靠集体的力量。具体事例还可以补充提到：剧本第五、第六两幕（后并为一幕）是晋察冀建立抗日政权后的生活背景，我不熟悉，就向在当地工作过的干部和西战团的同志请教。其他在大小问题上向各方请教的事例还很多，不再细说了。至于对整个创作集体来说，全部创作和演出的过程，就是为体现《讲话》精神而反复向《讲话》学习、向群众学习，同时也是创作成员之间相互学习的过程。正是在这样的过程中，“为人民写、写人民、由人民批准”就成为大家共同的认识和始终坚持的原则。明确具体要搞的应当是中华民族的新歌剧，同时更应当是中国人民的新歌剧。这样，就要求在秧歌剧的基础上进一步探索大型歌剧的表现形式和提高作品的艺术性；同时，更要求在民间传奇故事的基础上进一步丰富生活内容并提高思想性。这也就是说，要在内容与形式、思想性与艺术性、普及与提高，以及继承、借鉴与创造的问题上努力体现《讲话》中有关论述的精神，从而具体地找到既能够表现新的生活内容又能为群众所喜闻乐见的歌剧形式，通过能被广大群众理解和引起群众共鸣的以喜儿、杨白劳为代表的广大贫苦农民受剥削、受压迫、要反抗的故事内容，力求体现出“旧社会把人变成鬼，新社会把鬼变成人”的主题和中国人民大翻身、大解放的时代精神。为实现这样的意图，在创作方法上，要求体现《讲话》关于创作来源于生活又高于生活的现实主义论述，处理好故事的传奇性和现实性、浪漫主义色彩和现实主义精神的关系。在反映生活和正确认识生活的问题上，按照《讲话》提出的“学习马克思主义、学习社会”的精神，在创作和修改过程中，学习马列主义和毛泽东思想中关于中国社会矛盾和农民问题的论述，以提高认识，澄清曾经出现过的模糊认识。更为重要的一点是，《讲话》中反复强调的要和人民群众在思想感情上打成一片、立足点要在人民一边的问题。创作人员的爱与恨、悲与欢要与作品中、观众中和生活中广大被压迫人民的相一致。也就是说，创作主体与人民群体、主观和客观相一致，创作者的艺术理想和社会理想相一致。用当时的话说，就是搞歌剧与搞革命一致。因此，《讲话》中指出的文艺作品要“使人民群众惊醒起来，感奋起来，推动人民群众走向团结和斗争，实行改造自己的环境”，当然就成为文艺创作的根本目的，成为在艺术实践方面实现自我和改造自我、与人民结合和为人民服务的具体体现。

以上说的这些，我反复用的是“要”“要求”“力求”这样的字眼，因为实际上做到的远远不够，所以只能这样说。尽管当时和以后很多年，歌剧《白毛女》在广大观众中一直受到鼓励，但我们创作集体中的同志，首先是我个人从文学剧本角度来说，不论思想内容还是艺术表现都还存在很多不足。因此，对于《白毛女》如何体现了《讲话》精神，我能回答的只是一些“体会”而很少是“体现”，而且“体会”也是初步的、浅显的。

记者：很多在延安待过的人对延安的感情都很深，但是能像您这样写出富有深情的诗的作家不多，当时这首非常有激情的《回延安》您是怎么创作出来的？

贺敬之：1956年，胡耀邦同志到延安去主持一个西北五省青年造林大会，中国青年报社邀我一同去了。这是从1945年日本投降，我离开延安10多年后第一次重回延安，心情非常激动。几天之内除去给报社写了通讯报道外，就是写了这首诗。这是大会结束后离开延安前的一天，要我为大会的联欢晚会出一个节目，我就想用陕北信天游的曲调唱出我这次回延安的感受来。连夜突击，一边唱一边流泪，一边用笔记下来。由于心情激动，不知不觉感冒了，嗓子失音唱不出声来，不能到晚会上出节目，就被陕西人民广播电台要去，不久在《延河》杂志上发表了。

记者：现在还能唱几句吗？

贺敬之：不能唱了。不过我后来又去了一次延安，在好几个场合又朗诵了这首诗，同延安的群众和过去在延安学习、工作过的以及当时在延安工作的同志又一次在感情上进行了交流……

记者：我们在中学里都学过的“心口呀莫要这么厉害地跳，灰尘呀莫把我眼睛挡住了……”

贺敬之：“手抓黄土我不放，紧紧贴在心窝上。几回回梦里回延安，双手搂定宝塔山……”后面的几段是描写40年代我在延安的生活：“羊羔羔吃奶眼望着妈，小米饭养活我长大。东山的糜子西山的谷，肩膀上的红旗手中的书。手把手儿教会了我，母亲打发我们过黄河……”

这里说的“肩膀上的红旗手中的书”，这书首先就包括《在延安文艺座谈会上的讲话》。直到今天，我仍然深信：延安是永远屹立在中国人民心里的，《讲话》精神是永放光芒的。

《白毛女》使我在艺术中成长起来

王　昆

王昆（1925—2014）女。河北唐县人。1937年冬在晋察冀边区参加革命，在唐县抗日救国会和妇救会工作。1939年参加西北战地服务团，任演员，主要演唱民歌和创作歌曲。1943年7月加入中国共产党。1944年去延安，在鲁迅艺术文学院学习。1945年在歌剧《白毛女》中首次扮演喜儿，演出获得成功。新中国成立后，历任中央实验歌剧院演员，东方歌舞团独唱演员、艺术指导、团长，曾为电影《白毛女》配音，并参加大型音乐史诗《东方红》演出。

记者：请您讲讲您是怎么参加西北战地服务团的。

王昆：从 1937 年说起。1937 年我的家乡被日本人占了，那时候我只有 12 岁，跟着父母逃到乡下去了。10 月八路军解放了我的家乡，我们又回到城里。当时城里组织起自卫会，是在党的领导下成立的，我和与我年龄差不多的姑姑、堂姐就参加了自卫会。另一个组织是维持会，是财主们组织的。因为我的家乡是平原，我们不能守住那个地方，后来日本人又占了县城，母亲他们逃荒逃走了，我们几个小姑娘就上山到解放区去。解放区在离唐县 20 里地的山上，有县政府、县妇救会，我们参加了妇救会。1937 年年底到 1939 年年初这一年多的时间，我在县妇救会主要做宣传工作。那个时候流行抗战歌曲，像山洪一样铺天盖地，所以我学了很多歌。做宣传工作时，我先给老百姓唱歌，然后再发动她们做鞋、做袜，让她们动员自己的儿子或者丈夫去参加八路军。大概是 1939 年 3 月，忽然有一天县领导通知我到唐县下莘子村去参加一个晚会，到那里一看，是三分区的冲锋剧社要演抗战戏。开幕之前他们让我独唱几首歌。那个时候没有电，点的是汽油灯，老百姓在村外利用一小块农田做舞台。我就站在舞台上唱了几首歌，我记得我唱的是《我的家在东北松花江上》，还有作曲家马可写的《江水红》。《江水红》是用日本兵第一人称写的一首歌，说是他已经变成孤魂在海上漂荡，无家可归，想起他的父母，想起他的妹妹，他感到非常悲伤。后来县里就通知我，说你到西北战地服务团去报到，他们录取你了。我非常兴奋，因为我天性很喜欢唱歌，叫我去唱歌是一个很好的事。所以我自己背着一个包就去了。

记者：那一年您多大？

王昆：我去的时候正好是我满 14 岁的生日。我一个人走了几十里路去的，那时候解放区是夜不闭户、路不拾遗、非常干净的一块土地。没有盗贼，民主、平等，连聂荣臻司令大概也就是每月几块钱的津贴。穿的都是一样的军装，吃住也都一样。

记者：给我们讲讲您到了西战团以后做的主要工作。

王昆：我在音乐队，做的工作就是唱歌，教群众唱歌，做群众的宣传工作，办乡村艺术训练班，总共办了两期。那儿没有多少独唱演员，主要是合唱演员，我是从合唱演员开始练起来的。从前我在地方上是独唱，那是业余的。

记者：给我们举几个当时有趣的例子，比如说在演出过程中群众有什么反响？他们喜不喜欢这种形式？

王昆：也演戏，也合唱。我主要演小歌剧，演了一个大戏就是《不死的老人》，那是邵子南创作的。现在看，那个剧的主题很好，音乐也有它成功的地方，词也写得很美，但是它很文气，不像后来《白毛女》这样口语化，让老百姓一下子就能接受。

记者：那时候的演出可能不是老百姓那个层面喜欢的。毛泽东同志《在延安文艺座谈会上的讲话》谈到我们的文艺要为广大人民群众服务，之后情况才有改变。

王昆：也不是说《讲话》之前就都不是为人民服务的，《讲话》之后就咔嚓一下都为人民服务了。我们在每天都有战斗的那么一个环境里，不可能脱离生活。我们在那个战斗环境中怎能唱风花雪月，唱“妹妹我爱你”？也没有那种心思。我们唱的都是一些反映战斗生活的歌，比如说慰劳军属、做鞋做袜这类的歌，歌颂青纱帐里的军民战斗这类的歌。有的比较文气一点，有的也非常通俗。

记者：在西战团您大概干了几年？

王昆：1939 年 4 月我到西战团，1944 年去延安，就这样一段时间。

记者：您给我们回忆一下西战团回延安的那段往事？

王昆：抗战到了相持阶段，敌人从大后方回过头来“围剿”解放区，我们的伤亡很大，晋察冀根据地越来越小。那个时候我们物质非常匮乏，粮食没有，医药没有，战士伤亡啊，特别是病的很多，老百姓没有能力再供给这么大的一支部队了，所以有些不作战的部队就陆续回延安去。西战团原来是党中央的一个团体，来到晋察冀后由北方局代管。后来中央要把它调回去，主要就是想把这样一支文艺队伍调回去参加整风学习。就这样西战团一路上徒步行军回到延安。

后来我常常想起西战团在晋察冀的活动。我记忆当中我们每天换一个地方，每天要走一个县，有时候一天走好几个县。以前我从来没离开过家乡，从来没有到外县去过，可参加西战团后第一天就到了易县，没有几天，又回到阜平县、平山县，所以我觉得这种生活很新鲜。那时候都在山里头活动。战斗的间隙当中我们就宣传，给战士或者给老百姓演出。真正打起仗来的时候，我们就躲藏起来保存自己，有时候分散着在老乡家里生活。我记得1943年敌人发动了一场大“扫荡”，我们西战团也牺牲了一些人，日本人枪弹底下牺牲的是赵尚武，也有几个是因病而牺牲的。

记者：西战团回延安时大概有多少人？走了多少天？沿途的情况请您讲一下。

王昆：我后来因为生病掉了队，病好了以后自己单独去的延安。当时的队伍可能有几十个人吧。

在晋察冀的时候，我年龄小，很多事都不太懂，就是跟着文工团走，该我唱了就去唱，很开心的。我们演过大戏，比如说给干部演过《雷雨》等，当然主要是演小戏。我们编过一个揭露日本人逼迫中国妇女当慰安妇的小戏。那时候还不知道什么叫慰安妇，后来才知道的。在戏里，日本鬼子把中国一家婆媳二人抓到他们军队里当慰安妇，媳妇接待了一个伪军军官，这个人正是她自己的丈夫。媳妇哭诉悲惨遭遇，母亲骂他背叛祖国，后来他就反正了，投到我们抗日队伍里来了。

记者：您到延安后的第一印象是什么？

王昆：我到延安的时候是 1944 年，我的第一印象就是那里的歌非常好听。我一进入延安边区就听到非常好听的歌声。延安等于解放区的一个后方，那里没有战斗，除了飞机轰炸以外没有什么危险，所以它有一种安定的气氛，老百姓很高兴，到处都是歌声。到了延安城，歌声就更嘹亮了。延安有很多文艺团体，部队上有，鲁艺有，还有其他的，他们都唱歌，唱秦腔、信天游、迷胡调等，我觉得很新鲜。像《十二把镰刀》《兄妹开荒》我都很喜欢。这些歌都是延安文艺座谈会以后产生的作品，对于我们来说是非常容易接受的。

记者：《在延安文艺座谈会上的讲话》是毛泽东同志 1942 年的讲话，您第一次听到这个《讲话》是什么时候？

王昆：在晋察冀前方的时候就听到了。带过去的是油印的小册子，不多几本，也缺页、少页，只有我们领导看得到，我们都是听领导传达的。我那个时候年龄很小，只知道有这个《讲话》，理解得不深刻。到了延安以后，我又反复地学习《讲话》，一个是通过文件学，一个是通过实践，向一些年龄大一些的同志学，他们常常讨论《讲话》。《讲话》确实对我们的文艺界有很大的指导意义。《讲话》发表前文艺界存在不少问题，比方有人说鲁艺当时是脱离人民、脱离现实生活的，音乐界是哭爹哭妈，戏剧界是装疯卖傻。这种说法有些夸张，但也有一定针对性。《讲话》发表以后，文艺界的情况有了很大好转，创作出一些为人民服务的好的东西，比方说西战团创作的《粮食》《把眼光放远一点》，带到延安去以后，成为名作，在延安很轰动，中央领导同志也看了，也说很好。《把眼光放远一点》讲弟兄两个，老大非常清醒，坚决抗日，老二就很动摇，很自私，眼光短浅，藏起自己的儿子不让他参军，后来反而被日本人抓走了。最后劝告人们把眼光放远一点，要去支援抗战，不要光想着自己的事情。在当时抗战相持阶段，这可以说对人民是一个很大的教育：虽然现在是最黑暗的时候，但是我们很快就会迎来黎明，不要自暴自弃，要把眼光放远一点。《粮食》就是讲老百姓怎样藏粮食，不让敌人抢去，然后用这些粮食去支援抗战，支援八路军。

记者：这些剧已经成熟了？

王昆：这些都不是很大的戏，但是影响很大。我回延安的时候是 1944 年。

1944 年冬天开始加工邵子南从河北带回去的白毛仙姑的传说，准备搞成一个大型歌剧《白毛女》。这个戏主题很鲜明，它反映了抗日战争当中很尖锐的阶级斗争。

记者：鲁艺当时怎么确定让您来演？

王昆：这个我不知道，张鲁说他们想物色一个年龄、气质比较接近喜儿的女演员，而且嗓子一定要好。有一天找我去谈话，试一试。一试他就选上我了。我想我可能有这样的一些条件。第一，我是农民出身的，我有农村生活的经历，在我们县里，地主养的那些使唤丫头，跟喜儿一样卖给人家去使唤的，我也看见过。第二，我爱唱歌。我会唱那么多的歌曲，我会唱河北梆子。到鲁艺以后我又学了秦腔、迷胡调、信天游等。可能是这些原因使他选中了我。

记者：有人说是因为您演了《白毛女》这部戏，使这部戏更有名？

王昆：不能这么说，但是我觉得是《白毛女》锻炼了我，使我在艺术中成长起来。

记者：请谈谈您对这部戏的看法。

王昆：这部作品的产生，有一个过程，是在许多人的参与当中，逐渐地认识着艺术和政治的关系，艺术和人民的关系，我们传统的民族艺术和时代的关系，综合各种因素最后产生出来的。比如说《白毛女》起先用的是秦腔的曲调。《白毛女》这么一个题材用秦腔来演显然不行，因为这个曲调一唱出来，很容易让人把它跟穿古装的人物联系起来。在这以前，我们西北战地服务团也演京戏，想用旧的京剧形式演抗日的戏。比如说很想表现抗日战争的英雄，就编了一个贺龙的戏，贺龙是古代将军的装扮，军队也是旧时士兵的打扮，贺龙一出场就念诗："俺——贺龙是也……"贺龙来看这个戏，他说："老子就这个样子？不看了。"贺龙是旧军阀出身，但他后来参加了八路军，成为军队的一个领导人。他是新时代的新型将军，不能照搬旧戏剧形式来表现他。《白毛女》也有这个问题。

记者：《白毛女》改动了好几次啊！

王昆：为什么叫集体创作，一个人执笔呢？当时好些人都参加进来，反复地推敲，反复地讨论：究竟采用一种什么形式？怎么样突出抗日战争时期的阶级斗争主题？

1944 年冬天我参加到这个剧组里来，扮演喜儿。那时候我也是比较小，还不到 20 岁。对这个戏我是逐渐加深认识的。一开始是林白演喜儿，用的是秦腔，后来觉得用秦腔不足以表现这样一

◆《白毛女》剧照，喜儿由王昆饰演

个歌剧的内容，剧本改由贺敬之重新来写，并且重新作曲。林白生病了，就主要由我演喜儿。这一稿主要创作人员是张鲁、马可、瞿伟、向隅，结合使用了民歌、秦腔、河北梆子的曲调，重新创作，让人耳目一新。比如《白毛女》中《北风吹》的曲调，实际上是借用河北的地方小调《小白菜》来编制的，基调是《小白菜》，加入一些秦腔。“北风那个吹，雪花那个飘，雪花那个飘飘……”这几句曲调有《小白菜》的影子。后面“进他家来，几个月，口含黄连过日月呀……”主要还是《小白菜》的调子，但有些变化。到最后“可怜爹爹叫人逼死……”这句也是《小白菜》的调子，但是它又升华了一点。后来喜儿被强奸，她觉悟了，抱着满腔仇恨逃出黄家的时候用的曲调就是河北梆子了。像“他们要杀我，他们要害我，我逃出虎口，我逃出狼窝……”这就是河北梆子。“爹生我，娘养我……”这个很接近河北梆子。“耳听见流水呼啦啦地响，眼前一条大河闪金光……”这后面很接近河北梆子，用在这里非常合适。像喜儿被强奸这一段“天啦，刀杀我，斧砍我……”就很接近陕西秦腔。总的来说，《白毛女》在音乐上是很成功的。

记者：当时在延安《白毛女》产生了怎样的效果？

王昆：今天回过头来看，可能当时我们创作人员也没想到它后来会起到这样大的作用。当时突出的主题就是，旧社会把人逼成鬼，新社会把鬼变成人。《白毛女》的故事大家都知道了，喜儿是好好的一个农家姑娘，17 岁。父亲杨白劳欠了债——当然是封建制度逼得他欠了这个债，这个债驴打滚，一年比一年多，最后把杨白劳逼死了，还要拿他的女儿喜儿去顶债。那时候没法制，债主黄世仁逼着人家按个手印就把他逼死了。最后喜儿也被逼得逃到山洞里，变成了一个“鬼”。八路军来到喜儿的家乡后，把她从山洞里救出来，让她重新变成了人，过上了幸福生活。当时我们主要是这样来理解这个戏的。今天来看，这还不够深刻。乔羽同志对《白毛女》有一个很高的评价，他说这不仅仅是一个旧社会把人逼成鬼，新社会把鬼变成人的主题，它还告诉人们旧的制度必须消灭，要用一个新的中国替代旧中国。这种理解是更深入的。

在党的七大上演完以后，《白毛女》在延安演了十几场，在干部和群众当中引起了很大的反响，连街上的小孩都知道黄世仁这个名字。后来黄世仁成为地主阶级的一个代表，杨白劳成为被压迫阶级的一个代表。解放战争开始后，我们文工团从延安出来，到了晋察冀，为农民群众演这个戏，我自己深深地体会到，为他们演了这个戏，不用再给他们上什么政治课，不用再搞什么宣传，他们就知道原来他们和杨白劳的命运是一样的悲惨，他们也觉悟到不是生来就该被地主阶级剥削的，他们应该有他们的价值，要奋起，要斗争。

记者：战士们看了《白毛女》也很受鼓舞。

王昆：解放战争开始后，好多剧团都演这个戏。我们这个团因为是从延安来的，排得比较精细，比较集中一点，艺术上比较讲究一点。我们还为俘虏演过这个戏。这些俘虏实际上也都是农民，他们起先并不知道为谁打仗。只要他们看了《白毛女》，看了《血泪仇》，他们就知道应该为谁打仗。所以他们被俘虏过来以后，不用给他们上政治课，不用勉强他们，只要让他们看一遍《白毛女》，他们就会很自觉地跟着我们的老八路军战士去打击敌人，而且奋不顾身，不怕牺牲。

那时候我们解放军和国民党军队的力量对比是很悬殊的，我们人少，我们的武器不精良，我们的军队不是训练有素，国民党军队数量比我们多，技术上训练有素，另外它的武器精良，但是为什么我们就能够把这么强大的敌人打败，最后解放了全中国呢？他说不为别的，就是因为我们有《血泪仇》、有《白毛女》。这个话夸张了一些。但说明了一点，就是说在我们党的领导下，在毛泽东同志《讲话》指引下，广大文艺工作者懂得怎样用我们的文艺武器去团结自己，教育自己，打击敌人，消灭敌人。说明了革命要靠两杆子——枪杆子和笔杆子的道理。

从我们内部来讲，这个戏也让演员很受教育，迅速成长。乔羽说《白毛女》这个戏成就了剧作家，成就了曲作家，成就了导演，也成就了演员。我觉得是这个样子。我原来没有演过什么大的戏，在演这个戏的过程中，经过这样精细的排练和打磨，后来我就成为一个歌剧演员了。

那时候还有很多抗战歌曲也是很鼓舞人的。我们的抗战歌曲铺天盖地，影响很大。对于我来讲，从 13 岁到 16 岁这个阶段，这些歌曲对我的教育是非常非常深的。

记者：这些歌都流传下来了？

王昆：都在流传，就是现在不太听得到的，我自己记忆非常深。我做人的准则、我前进的方向好多都来自当时的歌曲。

记者：您觉得这几十年当中，延安文艺座谈会对我们整个文艺界的前进方向有什么意义？

王昆：《讲话》发表以后，我们在很长的一个阶段是强调文艺为政治服务。后来有所改变，提出文艺为社会主义服务，为人民服务。我觉得后来这个解释是很对的。我们在建设社会主义嘛，文艺为社会主义服务，为人民服务，这是对的。今天的人民不仅仅包括无产阶级，还有别的阶层，所以应该提倡文艺为人民服务。

记者：《讲话》对您的思想、对您的创作有什么影响？

王昆：我的艺术生活就是两大块。一个是我自己从事艺术生活，主要的就是《白毛女》。进城以后，我主要从事独唱工作，我唱的曲目到现在仍然具有生命力，受到观众的欢迎。我们是受党教育很久的人，所以我不会去唱那些不健康的东西。再一个就是我主持东方歌舞团10年的工作。东方歌舞团一方面把亚非拉的文艺节目介绍给我们中国人看，繁荣我们国内的文艺；另一方面也把我们民族的、健康的文艺介绍到国外，为中国人民的国际文化交流服务。10年当中我们比较早地具有开放意识，较早地吸收香港、台湾地区及境外的一些文艺形式和手段，我们最早使用一些新型的乐器伴奏来搞东方歌舞团晚会，很受广大人民的欢迎。舞蹈也是这样。我们在组织领导东方歌舞团的工作中力求本着这样一个原则：既是我们民族的，又是时代的；既是继承的，又是发展的。在这10年当中，经过我和我的同事们共同的努力，东方歌舞团培养出一批艺术人才，推出了一些受人民欢迎的好作品。

毛泽东同志给
《三打祝家庄》也有一封信

王一达

王一达（1919—2003） 曾用名王异。河北沧县人。1938 年入延安抗日军政大学参加革命，后在鲁迅艺术学院戏剧系学习。1940 年入鲁艺实验剧团，后转入鲁艺平剧研究团，任演员兼干事、教员、导演。1942 年延安平剧研究院成立后，曾任专职研究员、导演团主任、院务委员、教务处处长等职。新中国成立后从事戏剧工作，曾任中国京剧院副院长等职务。

记者：王先生，延安的京剧演出是从什么时候开始的？

王一达：抗战全面爆发以后，在延安最早演京剧的是西北战地服务团二团，任白戈当团长，演了一些现代戏，但还谈不上轰动。延安鲁迅艺术学院成立以后，里面有一些会演京剧的人，打响第一炮的叫《松花江上》，演这个戏的男主角是阿甲，后来在京剧界比较有名气了，还有后来比较有名的崔嵬、成荫等人都在里面演一些角色。从此以后京剧在延安开始有影响，领导也开始重视。

演古代戏，包括传统戏和历史剧，是从 1940 年开始的。1939 年年底，从西安买来了演戏的行头——这还是中央几位领导拿出国民党发的参政员的薪水，派阿甲等人去西安买的——虽然不太多，也不太好，但基本够用了。延安本来就有不少人会传统戏，有很多京剧票友，包括我在内，比起北京的那些名演员当然演技差一些，但我们的文化水平都很高，有些戏还是演得很好看的，包括毛泽东同志都是很喜欢看的。演新编历史剧一开始是从国统区进步剧作家的作品开始的，还缺少我们延安同志自己创作的作品。

延安平剧研究院的成立是在延安平剧开展几年之后的 1942 年 4 月。有了一定的成绩，中央领导也比较重视了，当时就把鲁艺已经成立的鲁艺平剧研究团，再加上第 120 师的战斗平剧社，合并成延安平剧研究院，由中央办公厅直接领导，由当时的政治局委员康生当院长，可见中央领导是非常重视的。当时演的剧目一个是田汉创作的《岳飞》，一个是我们自己创作的《嵩山星火》。因为康生特别喜欢旧的传统戏，不提倡创新，于是就把传统戏作一些改编，把不好的内容改掉。

1942 年 8 月，延安平剧研究院改变了隶属关系，由陕甘宁晋绥联防司令部直接领导，由司令部的参谋长张经武当院长，诗人柯仲平当副院长。

延安平剧研究院成立时毛泽东同志写了“推陈出新”的题词，成立不久就召开了延安文艺座谈会，平剧研究院也有几个同志出席了这次座谈会。到 1943 年 10 月以后，由于政治上的需要，平剧院就恢复搞了一批现代戏。这年冬天，我们带着这批戏下乡演出，时间很长，在延安走了几个县，在我们还没有回到延安时，就知道了中央党校的剧团演出了新编历史剧《逼上梁山》，而且引起了轰动。他们如何组织的我们不清楚，但几个主要的演员我们都是知道的，比如作者杨绍萱，我是认识他的，他本来就是票友，他们排戏时我们去辅导过他们；导演齐燕铭我们也是认识的；主演金紫光我们就更熟了，我们是鲁艺的先后期同学。所以他们能够搞出这个戏来是有道理的，因为他们有几个人是懂得京戏的。我们回到延安以后一看，果然非常好，耳目一新，主要好在内容上，就像毛泽东同志在给他们的信上说的那样，把颠倒了的历史又颠倒了过来，就是说，历史是人民创造的，而不是那些帝王将相。主要解决了这个问题，这是过去在我们延安平剧研究院没有解决的。过去我们的戏里虽然也有人民，但还没有把人民作为创造历史的主人和戏里的主角来写。所以毛泽东同志说这个戏别开了历史剧的新生面。他们从作者到导演到主要演员的思想水平都是很高的，像齐燕铭和杨绍萱都曾经是国统区大学的教授，其他人大多是中央党校的学员，思想水平当然比我们平剧院的平均水平要高。

这个事情对我们延安平剧研究院，特别是对我们这些负责同志震动很大，因为在延安，我们是专业演京剧的，中央对我们这样重视，包括毛泽东同志都对我们非常重视，延安平剧研究院演出时，毛泽东同志经常与我们共进午餐，他还经常请我们少数人去他家里做客。我

◆任均、王一达夫妇和儿子王延风在延安时期的合影

记得还是在鲁艺的时候，有一个星期天，毛泽东同志特别把我们几个人请到家里，陪了我们6个小时。当时我们对搞平剧也不是很安心，觉得这不是我们来延安参加革命的最初愿望。毛泽东同志说，怎么不是革命工作？当然是革命工作了，不但现在，将来也是革命工作啊。所以大家都非常受鼓舞，从那以后，不安心的人也安心了。毛泽东同志对我们这样重视，但我们没有搞出这样好的作品，所以觉得很惭愧，一定要向他们学习，而且要在学习的基础上再前进一步。

记者：《逼上梁山》之所以引起这样大的轰动，是不是因为这个剧切合了当时的政治气氛和需要？

王一达：和这个有关系。当时国民党抗战很消极，但对我们共产党却不断地施压，这是在皖南事变和对陕甘宁边区几次封锁之后了。当时虽然要和国民党合作抗日，但也要反抗国民党，所以也有逼我们上梁山的意思了。当演到林冲造反杀陆谦时，群众都鼓掌，热烈得很，所以效果是很好的，主要是政治效果好。

中央指示我们也要演这个戏，我们也很愿意演。当然我们演出的水平不客气地说，要比他们在艺术上好得多了，由我来导，基本按照他们原来的样子，没有大改动。我们的演出持续了很长一段时间。中央党校组织领导《逼上梁山》排演工作的是刘芝明，后来他当过文化部的副部长，所以后来延安平剧研究院就交给了中央党校，由刘芝明当院长。刘芝明确实搞得不错，在他的领导下，我们很快又创作出了《三打祝家庄》。

毛泽东同志对《逼上梁山》的评价很多人都知道了，因为他写了一封信。其实毛泽东同志给《三打祝家庄》也写有一封信，但因为这封信遗失了，所以很多人都不知道。这封信对《三打祝家庄》也给予了充分的肯定，最重要的是这么几句，我还记得，他说，继《逼上梁山》开创了平剧改革的道路之后，《三打祝家庄》巩固了平剧改革的成果。这个评价也是很高的。

后来我们有些人就到了晋绥军区平剧院，我和另一位同志是副院长，院长由后勤部部长挂名。记得毛泽东同志在转战陕北时，专门调我们去演戏，给前方部队慰问演出，当时毛泽东同志和周恩来同志正在指挥全国战争，那真是百忙啊，但他还是抽出时间给我们讲了一次话，贺龙同志陪着他来的。这次讲话很重要，当时不让作记录，我们是偷着记的，和讲《逼上梁山》时说的差不多，但是更具体了，可惜我记得不太完整。他说我们吃的粮食是由农民种的，我们住的房子是工人阶级给我们盖的，我们穿的衣服是工人阶级织的布，所以他们应该是历史的主人，我们应该表现他们，但是过去在旧戏舞台上他们都成了小丑，我们应当把他们当成主人，多描写他们。

不要总在“小鲁艺”，要敢到“大鲁艺”去

马　烽

马烽（1922—2004） 原名马书铭。山西孝义人。1938 年参加八路军。1940 年后在延安鲁迅艺术文学院附设的部队艺术干部训练班、部队艺术学校学习。1943 年回晋绥边区，在文联文工队工作。后任《晋绥大众报》主编、《晋绥日报》文艺副刊编辑、晋绥出版社总编辑。创作有长篇章回体小说《吕梁英雄传》（与西戎合写）。1949 年出席全国第一次文代会。新中国成立后，曾任中国作家协会青年部副部长、山西省文化艺术界联合会主席、中国作家协会党组书记。

记者：您1942年的时候在延安吗？延安文艺座谈会您参加了吗？

马烽：我是1940年冬天去的，到1942年一直都在延安。

我不可能参加座谈会，因为我那时候是个学生，在部队艺术学校学习。即使教员也不是都能参加，知名度比较高的人才能参加，我们是普通的学生，年岁也小，不可能有那个资格。

记者：从当时您接触的那些文艺界的人和一些老师来看，毛泽东同志的《在延安文艺座谈会上的讲话》对延安文艺界是不是起了很重要的作用？

马烽：我认为是的。到延安的这些作家基本上都是进步人士，本身都是革命的，都是要求抗日的。延安是个艰苦的地方，他们要求进步才到的延安。但是他们所受的教育中资产阶级的内容还是比较多一些，他们的文艺思想比较复杂，没有一个统一的文艺指导思想。所以毛泽东同志要召开文艺座谈会，解决文艺界存在的这些问题。这个《讲话》我是什么时候知道的呢？大概是5月底，毛泽东同志专门到鲁艺作过一次报告。老实说，我那个时候还不能完全理解报告的内容，最主要的收获是好不容易见到毛泽东同志了。那是我在延安第一次见到毛泽东同志。不过有一点记得清楚，就是毛泽东同志说文艺工作者你们不要总在“小鲁艺”，要敢到“大鲁艺”去，就是到群众中去。文艺座谈会以后，认识到要想搞创作，必须深入群众。

1942年冬天我回到前方，也就是后来的晋绥边区，被分配到晋绥边区文联。领导派我们这些人到农村去做群众工作。因为那时候解放区知识分子非常少，知识水平也不高。像我们这些人，基本上是个什么状况呢？大都是抗战以前的高小学生，就是现在的小学六年级，比不识字的要强一些。可就是我们这样的知识分子，当时在根据地也并不多，所以晋绥根据地就决定培养我们自己的创作队伍。

大后方到解放区来过一些30年代知名的作家、艺术家，来到我们晋绥边区的有一位作家，叫周文。他本身在旧军队里面待过，所以对旧军队的情况很熟悉。他写过好多长篇，30年代在上海，人家叫他“多产作家”。他搞过通俗化工作，曾经在鲁迅指导下把《铁流》《毁灭》改编成通俗的读本。到晋绥边区后他继续提倡通俗化、大众化，后来成了晋绥边区宣传部的秘书长，兼任《晋绥大众报》的总编。这个报纸体现了周文的通俗化思想，它办给农村干部看，要求识字的能够看懂，不识字的能够听懂。后来我调到《晋绥大众报》当记者、编辑。我们在那儿编报，除了看稿、编稿、出去采访之外，有时候也要自己写一点东西。

《吕梁英雄传》就是在那种情况下写出来的。1944年冬天，我们晋绥开过一次群英会。这个群英会除了表彰了很多劳动模范之外，还表彰了很多民兵英雄。报社就派我们这些年轻记者到群英会上去采访。我们有两个任务：一个是给大会、晚会写稿，一个是给我们报纸写稿。这个会开了将近一个月，从1944年12月开到1945年1月初。我们采访了很多民兵英雄，可是我们报纸是四开小报，5天出一次，不可能

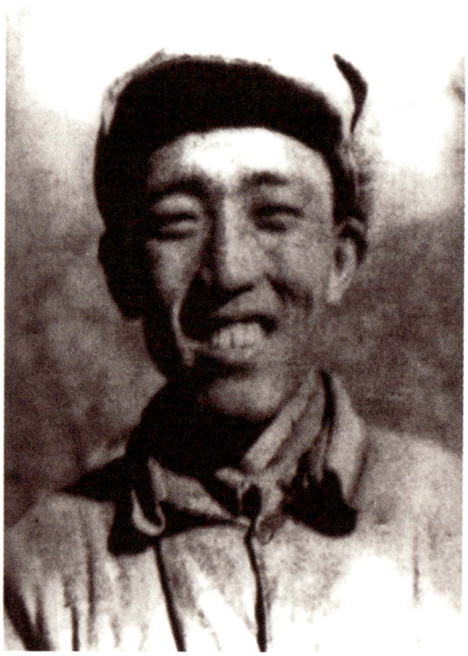

◆1943年冬，马烽在晋西北

在报纸上一一介绍。怎么办呢？后来就商量说，综合起来写成小说。这样就有了后来的《吕梁英雄传》。为什么写成章回小说呢？因为我们读章回小说比较多。外国文学作品我也看过那么一两本，但比较喜欢的、熟悉的还是中国传统的形式。我又不是专门搞创作的，我还要编报，一个人根本弄不过来，所以我就和西戎合作写。

记者：写《吕梁英雄传》的时候，你们是不是有意识地把《讲话》的一些要求作为指导思想贯彻在写作当中……

马烽：它自然而然就包容在里边了。因为我们就是要写工农兵的，第二个，我们报纸本身就是办给工农兵看的，所以必然要故事性强一点，有趣一些，让工农兵能够连续看下去。我们两个人作了一些研究，根据当时的大形势，写了个大体提纲，经过讨论觉得可以，就又写了一个详细提纲。人物名字是假的，民兵英雄那么多，事情是真的，各个英雄的事迹混合到一起。

记者：《吕梁英雄传》当时连载以后反响非常大。

马烽：是很大。为什么呢？因为当时群众也需要文艺作品，就是不识字的老百姓也需要。我们报纸又是个通俗报纸，差不多每个村子里都订有一份。哪儿订呢？学校。这个小说登载以后，报纸的发行量一下就增加了一倍。首先因为写的是抗日活动，群众喜欢，而且写的是他们自己的事，他们更感兴趣。群众看完小说后，还跑来为我们提供新的英雄事迹，让我们当小说素材。

记者：这样内容就越来越丰富了。

马烽：是这样。那个时候我们轮流采访、写作。西戎在家编报、写小说的时候，我就出去采访；他出去的时候，我就在家写。这也导致出现了一个问题，就是前后难免有偏差，后来要出书的时候才统一修改的。这部小说没全部在报纸上登完就出了上集，为什么呢？就是因为登到一半的时候，日本投降了。咱们要派代表团到国统区和国民党进行谈判，董必武同志就希望带一些解放区的文艺作品到重庆去，他们觉得除了一些短篇之外，也应有中长篇。这是当时最长的一部了，所以就赶着印出来了。这部小说写的是我党领导的农民在抗日战争中的英雄事迹，体现了毛泽东同志“挤敌人”的战略思想。什么叫“挤敌人”呢？当时日本侵略者在根据地边上修了很多碉堡，我们没有炮，光靠枪打不开他们的碉堡。怎么办呢？就发动群众在敌人的碉堡周围埋很多地雷，使敌人不能出来，通过围攻把他们挤走。事实证明这个方法非常管用。这本书带到重庆之后，产生了很大的影响。过去国民党说我们八路军游而不击，解放区在那儿搞独立王国。国统区的群众也闹不清我们解放区到底怎样。他们看了这本小说，知道在解放区，我们根本不是像国民党说的那样，八路军、武工队、普通群众都在和敌人作斗争。

记者：对宣传解放区起了很大的作用吧？

马烽：当然。当时党在重庆办的《新华日报》连载了，它的影响非常大。

记者：在咱们解放区，赵树理的小说影响非常大，对您是不是也有一些影响呢？

马烽：赵树理我们并不熟悉，不在一个根据地，之间隔着好多道封锁线。大概是 1943 年、1944 年我们才看到他的作品，一看就很喜欢，倒不是因为彭德怀同志推荐，而是我们一看就觉得对胃口，因为他也是搞通俗化的。他的作品对我们来说起了一个榜样的作用。我觉得赵树理是我们解放区文艺的一面旗帜，他的创作具有里程碑式的意义。

记者：新中国成立以后，山西包括赵树理和您一批作家被人们称作“山药蛋派”，您觉得这种归结有道理吗？

◆1954 年，赵树理在中国作协院子里

马烽： 为什么叫我们“山药蛋派”呢？我们并没有起过这个名字，我们也没有要成为这个派那个派。但是，我们的基本观点一致：第一是反映现实，第二是写工农兵，第三是写给工农兵看。要写给工农兵看，语言就得通俗，就得口语化，就得学习群众语言，这是一系列问题。新中国成立以后，特别是我们晋绥来的一些人，一直是坚持这一点的，正好和赵树理是相一致的。当然在我们学习创作的过程中，不能不受赵树理的影响，因为不只《小二黑结婚》，他的另外一些作品我们也读过了，肯定是受影响的。当时在我们省里面有些人，也有其他省的，说我们的作品是“山药蛋”，是说我们写的这些作品都是土里土气的，难登大雅之堂的。我们山西有一个理论家，叫李国涛，后来也写小说，他对我们的作品采取欣赏态度，他认为好。打倒“四人帮”之后，他曾经在《光明日报》上写过一篇文章，题目就叫作《且说山药蛋派》。“山药蛋派”是他提出来的，他是采取褒义，他说山药蛋也是一种食品嘛。他这么一说，文艺界就传开了，初步认可了，而且有些人觉得以赵树理为首的“山药蛋派”是值得学习的。

军事斗争的一个组成部分

刘备耕

刘备耕（1920— ）祖籍福州，出生于上海。1937年5月参加抗日救亡工作。1938年5月入党。先在八路军随营学校、延安抗大、鲁迅艺术学院文学系学习，后在第129师宣传部、太行第七军分区政治部、晋冀鲁豫军区、中原野战军、第二野战军工作。新中国成立后，任中国电影出版社副社长、文化部政治部宣传部部长和文化部机关党委副书记。

记者：您在鲁艺学习了一年多？

刘备耕：没有一年，5 个多月吧。因为前方急需人，5 个月后我们就毕业去前方了。我们学员里头很多人来之前就上过大学，搞过文艺。我们班有 11 个从燕京大学来的。天蓝写过《队长骑马去了》，是有名气的诗人。黎觉奔，广东人，在广东《文艺阵地》上批评过茅盾创作中的自然主义色彩。莫耶，《延安颂》的词作者，女同志，也有名气。白汝瑗后来是长春日报社的总编辑，笔名玲君，他在燕京大学念书时在外国刊物上发表过诗歌。我当时 18 岁，曾是工人，也是文学爱好者。

记者：当时都是在文艺界有一定名气的？

刘备耕：也不一定。我是通过考试进来的。

记者：请您谈一谈上课的一些情况。

刘备耕：那时候周扬当系主任，精力饱满。他给我们讲两门课，一门是艺术论，一门是中国现代文学史。他对马恩列非常推崇，对现实主义问题很关注。我们第一期里头有几个英文好的，如天蓝、张振亚，翻译了马恩论文艺的一些文章，其论点有：文学要莎士比亚化，不要席勒化；不要做传声筒，要含蓄；等等。周扬很钦佩。他提到马恩讲的文章，如《给哈克奈斯的一封信》，说这篇文章观点重要，不是以倾向性来评价作品，而是看它对社会反映的真实性的深度。他告诉我们马恩推崇巴尔扎克，说多少经济学家都赶不上他。

在讲中国现代文学史的时候，他很坦率，没有什么清规戒律。他对于左联的一些成绩和缺点、错误都很坦率地说过自己的认识。他说到当时东北作家在上海很受欢迎，如萧军、萧红。舒群的作品《没有祖国的孩子》是他推荐给傅东华的《文学》刊出的。他讲自己在左联时期做了很多工作，但是他也承认自己在左联时期太“左”了，他说成校长比他还“左”——成校长就是成仿吾。他说他现在一想起过去就觉得很好笑。他也运用马恩的观点分析作家的作品，比如讲过叶圣陶先生的作品。他上课有一个提纲，基本上没有讲稿。他讲的时候，与其说是讲课，不如说是谈他的学习体会，所以很生动。因为他热情奔放，他的讲话总是超过开饭时间才结束。到现在为止，我仍然感觉周扬老师了不得，他的课既深刻又热情，我至今依然记忆犹新。

记者：在当时学习和集体活动当中，最难忘的是哪些事呢？

刘备耕：难忘的有几个。其中一个是鲁迅逝世两周年的时候徐懋庸老师的讲话，讲鲁迅去世时他自己处境的困难，解释他的一首挽联，就是：敌乎友乎，余惟自问；知我罪我，公已无言。说鲁迅

◆中国抗日军政大学校门

的追悼会他去也不是，不去也不是，因为鲁迅同他关系本来挺好，林语堂还说过，鲁迅先生你怎么化名徐懋庸啊？因为当时鲁迅的文风和他的差不多。可是后来我们之间发生了一些误会。徐懋庸对鲁迅还是很有感情的，在鲁迅研究上有成就。

记者：当时鲁艺还没搬到桥儿沟，是露天上课吗？觉得生活苦吗？

刘备耕：露天。在院子里面上课，没有桌子，没有黑板。我们一个人一个凳子，一个像画板一样的木板搁在腿上，在上面写东西。我们住的是窑洞，一个窑洞大概 10 个人，一共不到 50 个人。那时候不觉得苦，一个是我们当时年轻啊。一个是八路军把好的粮食都留给了我们延安的学校。

记者：我看好多人回忆说在抗大、鲁艺，学生平时的生活很充实，总是唱歌。是不是这样啊？

刘备耕：我们那时候是这样。早上起来跑跑步，管理上没有抗大那么严，学生比较自由，只能说是半军事化。党员并不公开，但实际上大家都知道谁是党员，只是没有正式公开。

记者：当时鲁艺学校有 4 个系，每一个系有多少人？

刘备耕：戏剧、音乐、美术、文学。戏剧系人比较多，因为后来调人到西战团，又招进去一部分，有近百人，其他系大都五六十个人。那时候老师力量较强，有周扬、何其芳等一大批好老师。陈依范给我们报告世界上的文化动态，他是外交家陈友仁的儿子，是中国人却不会讲中文，他一上来就问翻译，你要我讲英文还是讲法文？有一次讲法文，我们一个女同学给他翻译的。

记者：抗战期间您主要在文联工作？

刘备耕：不是，我是在第 129 师政治部搞宣传工作。

记者：能谈一点关于敌后游击战吗？

刘备耕：针对日寇蚕食根据地，刘伯承师长在1942年着手在各个军分区的敌占区编组一个个50人的武装工作队，深入敌人心脏地区。刘师长把游击战术再发展。抗大六分校学员提前毕业参加武工队，队长、政委是营级干部。结果把敌伪所谓的“治安强化”打垮了，我们在政治、文化、经济上的收获很大。陆定一在延安党的七大发言中特别肯定了这种新的战法。这其中有许许多多极为生动的斗争故事，可惜没有整理出多少。

记者：在太行的时候有没有照片？

刘备耕：没有，我们太行分区是最落后的，没有摄影器材，连刘伯承同志50岁生日留念还是靠画画来解决的。

记者：我读过您写的一篇关于晋冀鲁豫戏剧运动的文章，您能不能把当时经历的戏剧活动蓬勃发展的情况说一下？

刘备耕：戏剧活动有几个高潮。第一个高潮我没有全赶上，是1939年在长治。那时候我们和阎锡山关系不错，演了一些戏，主要是李伯钊同志领导的。她编了这些戏，成立革命艺术学校，后来成为鲁迅艺术学校。我赶上的是筹备1941年的宣传队竞赛。它是第129师九一八全师运动会的一部分。我们那时候不叫剧团，叫宣传队。第129师政治部宣传队演出的时候，叫“抗日先锋剧社”，后来简称“先锋剧社”。1941年宣传队竞赛分两段，前面是预赛，后面是决赛。决赛中出了好多优秀作品。比如说抗大六分校的《劳工三代》，太行三分区的《二不愣》是反特务的，还有第386旅以京剧形式表现东北义勇军英雄人物的《小白龙》。每个分区都有戏，比较强的就是第386旅的，因为陈赓同志会团结人，会鼓捣戏，给朱总司令留下很深的印象，他到延安鲁艺讲话还提到了它。《朱德选集》的注解是我提供的。

记者：当时剧社的演出是不是很危险？

刘备耕：一般没有什么危险，都是军民一起看。1942 年有的剧社到敌占区去演，实际上也不危险，因为我们在那些地区工作做得好，我们也有游击经验，演完了就走，敌人抓不到我们。

记者：到敌占区去演出主要就是宣传咱们的政策？

刘备耕：有时候一些反战的日本人也参加我们的演出，影响很大。当时演一些简单的活报剧，就地取材，现编现演。

记者：有时候到敌人碉堡地区去演出？

刘备耕：是的。有时候敌人搞"扫荡"，正规军派出去了，碉堡里只剩下小股敌人，他们也怕被我们消灭了，没人敢出来，躲在碉堡里听……

记者：敌人不敢出来，我们就到他们碉堡底下搞政治攻势？

刘备耕：日军统治强大的地区，我们力量小，无法和敌人展开正面斗争，我们就在半夜三更搞一些宣传活动，一面打锣，一面又唱又说：请大家听着，我们是八路军……为了安全，后来就很少采取这种形式了，换成民间绘画形式，搞一些宣传画。比如画一幅下棋的画，来说明太平洋战争的敌我局势。老百姓一看棋局，就明白日本没棋好走了，增强了胜利的信心。我们还编了一本杂志叫《新生》，以知识分子为对象，通过这种形式宣传抗日，对群众起了很大的教育、鼓舞作用。我们还争取敌人内部的动摇因素为我们做宣传工作。那时伪军里头发牢骚，有所谓"十大凄惶"，我们把它稍微加工一下又印发回去，起到了瓦解伪军的作用。

记者：1942 年 1 月太行文化人开座谈会，您参加了吗？

刘备耕：参加了。当时有个问题——我们对敌宣传工作弱，所以开了这次座谈会。朱德同志曾经批评我们搞宣传的是打哑巴战，没有提出响亮的口号。会上把敌人的宣传品拿出来展览。分析敌人的宣传品，可以发现他们是善于迎合落后心理，进行欺骗宣传的。不要把日本帝国主义简单化了。经过这么一启发，我们发现了自身的问题，然后就开始改进。

记者： 能不能谈谈座谈会召开的情况，在哪儿开的？

刘备耕： 在涉县清漳河东七原村召开的。当时来了 400 人左右，有太行山根据地的，有从敌占区来的。

记者： 这个会开了多长时间？

刘备耕： 我记录上有，总共 4 天。

记者： 这个会一直在那个村子里开？

刘备耕： 没有动过。

记者： 是在院子里面吗？

刘备耕： 是在露天。当时是 1 月的时候，冬天，还有木炭火，好在都穿棉衣棉裤。

记者： 邓小平同志参加座谈会了吗？

刘备耕： 邓小平同志最后来了一次，讲了话。蔡树藩同志来得比较多。

记者： 还记得他们讲话的内容吗？

刘备耕： 我们会议的伙食都是司令部一个科长负责的，邓小平同志就对那个科长讲，这里文化人的生活，你要多关心。科长说，文化人，条子多，什么事情都写条子，能吃菜，饭吃不多，带牲口不带饲养员。邓小平同志说文化人也要注意这些事情。

记者： 邓小平同志在讲话中是不是强调要把文化工作搞好？

刘备耕： 主要强调对敌斗争，缩小敌占区，扩大根据地。

记者： 他对文化人有没有提出什么要求？

刘备耕：他对文化人的要求基本上就是依靠群众，学习群众。当时延安文艺座谈会还没有开，邓小平同志主要着眼对敌斗争，主要讲的一个问题是敌人搞的蚕食政策，讲如何解决这个问题。他认为不要把我们的力量估计过高，第一日本人，第二国民党，第三才是我们。他要大家提高警惕，我们的环境不那么太平，供给非常艰难。我们在对敌斗争中要把政治攻势当成重要的斗争形式，要加强政治攻势。这次文化人会议的特点在于强调它是军事斗争的一个组成部分，它是由师政治部和晋冀豫区党委召开的，不是文联召开的。八路军前方政治部宣传部部长王东明作了对敌宣传斗争的讲话。邓小平同志讲话就是明确、尖锐，我一下子就记住了。

◈邓小平、卓琳夫妇在延安

记者：赵树理参加这个会了吗？

刘备耕：参加了。他性子有点急，他有个特长，就是认为说群众的语言，对群众的生活感受就会深。但是他好像对别人的大众化成就估计不足。不光是他，王春打过一个外来的诗人——《漳河儿女曲》的作者高咏。高咏在当年5月反“扫荡”中光荣牺牲了。高咏在太行13个月写了不少好作品，其中有写彭德怀的，很成功，他是国际新闻社的记者。另一位记者乔秋远也牺牲了，他是我鲁艺的同学。

会上赵树理谈了比较多的文艺问题，赵树理说不可低估封建文化在群众里的影响，比如济公这类东西，到现在为止这个问题好像仍没有完全解决。当时有人就和他争论，甚至差点吵起来。我们奉命赶紧转移话题，怕变成文艺争论，变成文艺争论，那就麻烦了。后来有些人抓住这个话题做文章。这次座谈会上全都拥护并实践大众化，这是主流。高咏来的时候还有点洋气，从大后方带来的，他后来就写一些口语化、有山西味的诗。

记者：我看过《赵树理传》，说他在会上发言时拿了一些书。

刘备耕：拿了一些书，好像是线装的或石印版的，他是想用来证明他的观点。他讲的是农村里没有几本书，农村群众的文化生活非常糟糕。我们搞宣传不能脱离群众的这个现实。有人不同意他的观点，差点吵起来。但这也是要一分为二来看的。

记者：他说他要做一个“文摊作家”，这是他在会上说的吗？

刘备耕：那我记不清了。这个人有文艺才干，能唱山西梆子，能玩乐器，是个全才，不是一般的大众作家。他同吕班两个山西人都有这个特点，都能实践。实践方面，徐懋庸作为抗大的政治理论教员、文联主席，他也上台为村民演开了戏。这些人现在来看都蛮可爱的。

记者：《小二黑结婚》出版之后，编成戏效果怎样？

刘备耕：演得最好的是襄垣剧团，一直到现在，我看过的《小二黑结婚》没有超过襄垣剧团的，他们演得太好了，完全山西的风味，扮演小二黑的演员五官亮堂堂，演得好。陈赓同志来回太岳，路过襄垣，他一定要看襄垣剧团的戏。

记者：请您讲一下当时群众的反响。

刘备耕：反响很大。整风的时候，襄垣剧团到我们这里来慰问演出《小二黑结婚》，简直是轰动。襄垣剧团还有一个戏《劝荣华》，宣扬婚姻自由，反对买卖婚姻，提倡家庭和睦，两个人对唱，唱得也很好。杨秀峰同志还在文联会上表扬了他们襄垣剧团。

记者：您写过一篇文章《〈小二黑结婚〉发表前后》。当时《小二黑结婚》发表的时候，是不是有一些人对这篇小说有一些不同的看法？

刘备耕：没有。当时评价很高。王中青、林火讲得都比较公道。后来陈荒煤来了以后，好像一下子把赵树理当成方向了。那时我们南下了，后来的事情我就不清楚了。

记者：《小二黑结婚》发表之前，为什么还找杨献珍、彭德怀题了词呢？

刘备耕：有些猜测，现在看来是没有根据的，因为他们根本不知道。具体负责编辑的冯诗云、彭庆昭、浦一之，虽然他们有的是四川人，有的是湖南人、江苏人，可是和赵树理个人关系都挺好的，特别是冯诗云，对赵树理这样的人才非常赞赏。

记者：您跟赵树理见面多吗？

刘备耕：因为工作关系有时候见面。

记者： 第一次见赵树理，他是什么样子？

刘备耕： 第一次见他，是他来看戏，因为剧团在我们王堡村这边。他来了也没有什么特殊要求，看了就走了。他给我的印象也不像一个专业作家，是很自在、很坦然的一个人，对人也比较好。他有个特点：钻研精神特强，搞什么都要搞好。他办报、写政治文章也搞得不错。这个人不简单，什么都有两手，甚至还能演戏。我们感觉他的作品人物写得活生生的，分寸感好。

记者： 您觉得老百姓为什么喜欢他？

刘备耕： 当时有一个感觉，大众化作家中只有赵树理是最好的。当时搞通俗化的，如苗培时有自己的热情和特色，可是毕竟生活根子没有赵树理深。赵树理的大众化不是突击深入生活得到的，而是他老根子上就有。他一举一动都是农村的，比如说烧火，别人烧不着火，他七弄八弄就弄得挺好的。他有相当深的古文学底子，这个人不能低估，要达到赵树理的水平，相当困难。当然，由于年龄等关系，他搞新的东西也是有些困难的。

记者： 赵树理在村里面和老百姓特别谈得来吗？

刘备耕： 很谈得来。他不需要像别人一样背着包去深入生活，他本身就是生活。这个人也不怎么多说话，对人也比较好，关系也还处理得不错。他们新华书店编辑部里面关系处理得都很好。

木刻工作团和木刻工场

彦　涵

彦涵（1916—2011） 江苏东海人。1935 年入杭州艺术专科学校学习，1938 年毕业于延安鲁艺美术系。1939 年参加鲁艺木刻工作团赴太行敌后抗日根据地，在八路军中，从事木刻艺术创作，并在晋东南鲁艺分校任教。新中国成立后，曾任天安门人民英雄纪念碑美术组副组长，中央美术学院华东分院（现中国美术学院）、中央美术学院、北京艺术学院教授，中国文联常务理事、书记处书记，中国版画家协会副主席。

记者：木刻在敌后根据地起到了其他文艺形式代替不了的作用？

彦涵：木刻是一个形象的艺术，是一个视觉形象，文学当然也形象了，但是它是语言说出来的，文字写出来的，绘画是视觉。农民不识字，那时，我们大部分战士、好多干部都不识字的，但是他们看得懂木刻。在当时的太行，我觉得木刻的影响很大，为什么呢？因为它是可以看到的画，它能够深入群众当中去。

记者：您是1938年到的前方？

彦涵：1938年11月，延安刚刚被轰炸以后，我们鲁艺木刻工作团就到了太行。当时我们就是4个人，团长胡一川，罗工柳、华山，再加一个新手，就是我。带着全部的版画呀，由江丰他们（从国统区）带到延安，给了我们工作团，带到太行山，带到晋冀鲁豫。一到那里，举办了两个展览，先在山西沁县，那里正好开一个反汪拥蒋大会，万人大会，薄一波和北方局的同志都去了。在一个中学举办了一个木刻展览。效果不理想，干部不理解，群众看不懂，这样冷冷落落地结束了。大会完了以后，我们就南下，从沁县到了长治，又举办了一个展览，同样很冷落，不太有人看，干部看了说对这种艺术不太理解。

那时候我们木刻工作团属于新华日报社，是为报纸服务的，就是刻报纸插图，因为不能照相，也不能做白，都是用小小的木头刻的漫画，或者刻的插图，我认为木刻艺术的作用没有很好地发挥出来。

这时候朱德总司令和宣传部部长陆定一在武乡开一个文艺座谈会，朱老总就提出来了，艺术为谁服务？我们应该为兵为人民服务——没有提到工，争取抗战胜利。所以那时在胡一川领导之下，刻了一批新年画，受到了群众的欢迎。

记者：木刻工场是怎么成立的？

◆1940年2月8日，八路军文艺工作会议在山西武乡县王家峪召开，朱德总司令与参会人员合影

彦涵：后来我们木刻工作团调到河北冀南去了，这段时间呢我留在总政，有一个鲁艺分校，政治部主任就是罗瑞卿，这样罗瑞卿在鲁艺分校成立了一个木刻工场。

记者：为什么叫工场？是不是像生产一样？

彦涵：起这个名，当时我也不太理解，杨尚昆起的名字。这个

“场”呀，他说是引用苏联的名称，不是那种工厂，意思是工作的场合。这个工场由我来负责，一直工作了3年，到了1943年，又派生了。我走了以后，这个工场就叫木刻工作队了。队伍基础扩大了，年画每年都搞，还刻连环画，刻招贴画，刻革命领袖的像，出画集，规模更大了。

记者：听说木刻工场就在八路军总部附近，具体在什么地方？

彦涵：就是在麻田镇（八路军前方指挥部驻地）旁边，铜峪镇的北边一点，我们住过的那个村子叫上武，也有写成这个“坞”的，我们当时写的都是“上武村”。旁边有一个村子叫三里蟑，也是我们木刻工场待过的地方。上武村很大，在老乡家里做厂房，一张一张的桌子，中间开了一个方洞，纸压在这边，这边开了一个方口，印的模板就在这儿，就是把纸拿过来，到这儿印了，印好了以后，就发下去了。敌人来“扫荡”，我们就把工具隐藏到山洞里去，敌人发现了以后也没法。我们那会儿有一个同志专门找木板。

记者：木刻工场具体怎么工作？

彦涵：我们木刻工场呀，有七八个小八路军战士，他们的任务就是天天印呀，一天能印七八百份，这一摞就是50张，一个小八路，一天可以印好几摞的，一年下来好几万份，要追求数量呀。我们规模扩大后，人多了。我们纸张从哪儿来呢？就是从敌占区运来的，有时候到敌占区附近去买纸、买材料回来。油墨从哪儿来的呢？根据地不是印报嘛，就把刮下来的不要的油墨给我们留了下来，我们就是把这个剩下的油墨拉下来。

记者：印好的木刻作品，是如何发挥作用的？

彦涵：我们那时呀，偏重于服务部队，因为是部队里头的工场，所以部队的政治部、宣传部这些系统就发下去了。有的时候，

◆西安八路军办事处旧址

也通过政府发下去。

展览很少，有时在街头上贴出来。八路军总部驻的村子，或者是我们住的村子，比如说出来一批新的画，就会在街头上贴出来，或者在村子附近贴出来，就像第一次搞年画的时候，贴到总部去，彭德怀同志看见了，来信表扬。

大部分都是方的，像旧年画这样大。我们那时还刻一种首长像，这是一批。另外还有连环画，比如《刘外堂》《民兵的故事》，还有《吹鼓的家》《狼牙山五壮士》就是连环画，品种得增加，不光是年画、宣传画、招贴画，也可以是连环画了。

有的也是对敌宣传的，武工队把这个东西塞到敌人碉堡里去。在太行真正影响最大还是木刻工场。我们条件比较好，一个是工作搞得比较好，总政治部奖励我们，还有边区政府要搞一批宣传画，要开代表会，要搞宣传，我们就印传单，开会时可以在村镇里到处贴去。

记者：与李公朴和斯特朗有关的两套木刻年画的故事，给我们讲一讲？

彦涵：罗工柳到冀南去开展工作的时候，我是某个工场的场长，忽然给了我一个任务，派我到西安、洛阳八路军办事处去执行任务。我去的时候，把1939年年底搞的那批年画带了两份。正好，李公朴先生从晋东南要回重庆去，我同他同路。过黄河的时候，国民党检查很厉害，我就跟李公朴讲，我说身上带着东西，我就把那些画给他看。我说，我怕他们把我的东西没收了，我说李先生，您是民主人士，您带上，比较安全一些。这个作品就这样带到洛阳去了。我到了洛阳八路军办事处后，李公朴先生马上又坐火车，到了西安，回重庆去了。这个画呢，我说李先生，您带上吧，您把这个画带到重庆去，您交给重庆《新华日报》，就是我们八路军办事处，由他们安排，是展览还是发表，都可以。后来我才知道，李公朴先生带了两套到重庆以后，一套拿去展览，产生了很大的影响，另一套他送给美国记者斯特朗了。新中国成立以后，一直到50年代后期，斯特朗到北京来访问，拿了一套幻灯片，交给中国美术家协会。中国美术家协会接到后，就交给我看，我一看，这不正是我们搞的那批年画嘛。就问是哪儿来的？中国美协说斯特朗现在正在北京访问，送给美术家协会的，原作现在在美国由她保存，原作她不能拿来，现在送一套幻灯片。这套幻灯片由中国美术家协会保存，“文化大革命”以后，我查过这个东西，说已经没有了。所幸的是，中国革命历史博物馆（现国家博物馆）接受了李公朴夫人捐赠的一些东西，其中有这8张年画。后来我见到过，在一个展览会上展出来了。

记者：您还有带领洛阳“八办”的同志们过国民党检查站的危险经历？

彦涵：话再多说两句吧。就是到了西安、洛阳“八办”以后，什么任务都干了，“八办”有特殊任务吧，就什么都干，叫干什么就干什么。最后一个任务是什么呢？就是皖南事变即将发生的时候，也就是1940年年底到1941年年初的时候，洛阳八路军办事处被国民党破坏了，洛阳和洛阳东部的地下党都给破坏了，出了叛徒，大部分人无处安身。

罗瑞卿来了电报，叫我到洛阳去，赶快把八路军办事处失散的同志们集中起来，带回太行山。这个任务是十分紧急的。一个集中很困难，东逃西散，原来的组织都失去联系了，就通过你找他，他再找他，那样地找，凑了31个人，连我32个人，集中到了一起。我只知道人数，不知道名字，名字都互相保密，说的也不知道是真是假，怕出问题嘛。我带着31个人出发。出发时分两部分，一个人是先出发的，我带着30个人后出发，他是从前门出去，周围都是特务。我还是有点经验，因为我在西安已经干了很长时间了，我从后门出去了，这样一直到黄河边60里，路上没有问题。到了黄河边，有国民党检查站，我亮出来一张护照，这个护照有卫立煌的签名，给了国民党检查站的。我说怎么样呀，小兄弟呀？兄弟相称呀，特务盘查时都是兄弟，我也常常上街采购嘛，跑腿差事呀，就是这样子，干那一行，就是见什么人说什么话了。我说兄弟这个护照有什么问题吗？他说护照不能说明什么，但是没有电话呀。这就是他漏了信息给我。他说长官部规定，有护照，事先要有电话来，就是说你来前要打电话，好核查呀。这样折腾了半天也不行，后来我一考虑呀，不行，我说不麻烦你了，公事公办，我说我回去了，回洛阳去了，我下次再来时打电话给你，我说你把护照还给我。护照是假的！

我不能回洛阳呀，下午5点钟，若回洛阳的话就得全部被捕。我带着大家走出两里地后，就一直向西，进入了丘陵地带。这时天已经黑下来了，进了一个小村子，就在这里隐蔽到了10点，谁都不允许出去，老乡也不能出去。到了10点，看到外面没有动静，还没有被国民党人发现，就找了一个电话，往回打电话，叫他安排。我问他电话号码他不告诉我，我说兄弟，咱们大家都是为了抗战，是吧？我到前方也是为了抗战，你在这儿也是为了抗战，你电话号码不告诉我，怎么打电话呢？长官不是有电话吗，你告诉我不也是一样吗？你现在不告诉我，我回到部里查电话这不是一样吗？这个都是技术呀，技巧。他说了电话号码。我怕听错了，我说我也记不住，回去查吧，这样电话号码我就知道了吧。这样安排过河去了。

这样过了黄河，过了封锁线，我的人又分散了，一路发生情况，又集中回到太行。我见到罗瑞卿，他说，彦涵同志呀，你差一点没能回来呀，我说是呀，唉，我说困难太大了。我感到很大的安慰，对我是一个鼓励。对于那个叛徒，罗瑞卿说，见到他，非得抽他的筋不可。

我出来以后问参谋，怎么首长发了这么大的脾气？罗瑞卿脾气很大，他说你不知道呀，你前脚刚走，后脚洛阳还剩下5个人，全部被捕，这30个人全部带到太行了，罗瑞卿在大会上表扬了我。我觉得没有什么呀，能够活着回来就好，自己立功不立功不重要，那时立功不像现在，还有奖状、戴花，那时啥也没有，大会一表扬就完了。但是也有实际的东西，记了一下，另外一个就是提级，提升为营级干部，穿的衣服不一样了，这个口袋大一些了，就是这样子的。

战线剧社和战斗剧社在晋西北

董小吾

董小吾（1920— ）原名董慎吾。山东鱼台人。小学后入县立师范和省立兖州乡村师范。1937年秋随学生救亡演剧队去南京宣传救亡。南京陷落后，辗转赴延安鲁艺学习。1939年调八路军第120师第358旅剧社任副社长。后调第120师战斗剧社任副社长。新中国成立后任西南军区文工团团长、总政歌舞团团长等职。“文化大革命”后任宁夏回族自治区文化厅艺术顾问。他曾写过《百团大战组歌》《阳方口小调》《姐妹们来呀》《黄继光大合唱》等数百首歌词，创作或导演的歌剧有《刘胡兰》，话剧有《让他去吧》《曼苏尔》《霓虹灯下的哨兵》《塞上风云》等。

记者：您是从什么时候开始从事文艺工作的？

董小吾：我是1938年到延安，1939年正式参军的，一直在八路军第120师第358旅战线剧社工作。当时各个部队都有剧社，就是现在的文工团，是从红军时期传下来的传统，部队一直非常重视文艺工作，特别是在贺龙同志的关怀下，我们第120师就有很多剧团。师部有战斗剧社，第358旅有战火剧社，第359旅有奋斗剧社，独立1旅有战地剧社，独立2旅也就是我说的老八旅叫战线剧社。我就在战线剧社做艺术指导，后来做副团长，所以在各个战争期间，我一直在文艺战线上为部队服务，为抗战服务。

◆抗战时期的延安城

记者：请您谈谈当时的战斗情况。

董小吾：我们八路军从小到大，从弱到强，在抗日战争中，发展得特别快，但是，战斗也十分激烈，生活可以说十分艰苦。那时国民党在后期已经不给我们什么补给、粮食，而且，我们部队扩大得很快，老百姓也比较苦，我们完全靠老百姓来养活，非常困难的，所以后期才有了大生产运动。

1942 年以前，战争环境非常残酷，当时我们根据地都是分散的，中间的相隔距离都有封锁线，铁路、公路都有敌人重兵把守。所以各个根据地的相互联系也是比较困难的。但是我们有一个统一的指挥，这就是我们八路军总部，在晋东南。

1940 年秋天，我们接到了总部的命令，要发动一个破袭，就是破坏和袭击敌人的交通点，消灭敌人，这就是有名的百团大战，这个对日本人的打击很大，另外对全国人民的振奋很大。因为当时战争非常艰苦，国民党节节败退，在人民群众心中，对这个抗战究竟能不能胜利，抗战能不能抗下去，产生了一种怀疑。也是在国民党统治区，我们这个百团大战经过两个多月的奋斗，大大地鼓舞了全国人民抗日战争的信心。100 个团同时出击，几十万人，日本鬼子万万没有想到八路军同时出现那么多人，而且打得那么好，所以以后呢，日本人就把他们主要的焦点放在敌后，跟我们缠斗，前面得维持，就说正面战场，当然也得打，他们重视敌后我们八路军的力量。

我所在的第 358 旅，叫“彭八旅”，这要解释一下。当时国民党给我们的编制，只有 3 个师，就是第 115 师，林彪当师长；第 129 师，刘伯承当师长；第 120 师，贺龙当师长，我就是这个师的战斗员。每一个师只有 2 个旅，我们第 120 师的 2 个旅，一个叫

◆八路军第120师领导同志在前线观察地形，贺龙、周士第、关向应、甘泗淇（右起）

第358旅，张宗逊当旅长，一个叫第359旅，王震当旅长。但是我们部队扩大了，一个旅已经不能容纳了，所以就出现了第358旅的副旅长又领导了一个旅，以后叫独立二旅。当时我参加的时候还叫第358旅，这个旅旅长叫彭绍辉，于是习惯上呢，我们都把第358旅叫作“张八旅”或“彭八旅”，“张八旅”就是张宗逊那个旅，“彭八旅”就是我们这个彭绍辉的旅。

彭八旅接到命令，说主要是破袭同蒲路的北段，同蒲路北段主要是从大同到太原。我们这个旅的主力团叫第714团，以这个团为主，还有其他的部队，就连夜奔袭同蒲路的一个重要车站，叫阳方口。经过一夜的战斗，要出其不意嘛，也是一种奇袭，全国的八路军同时在这两条战线上，一个是同蒲路，一个是正太路。经过一夜的战斗，我们把这个阳方口给攻克了，而且把一大段铁路给破坏了。我们动员很多老百姓用牛车把这个铁轨都拉到我们根据地来，造枪炮造手榴弹，这个对整个晋西北的人民啊振奋很大，对部队振奋也很大，对敌人的震动也很大。我们文工团就负责动员老百姓跟着去了，把铁轨扛到牛车上，就往根据地拉，拉到我们的兵工厂。

记者：请您谈谈怎样用歌子动员百姓。

董小吾：这个阳方口攻克了以后，第二天我和另外一个同志很快写了一个歌子，这歌子编出来以后马上交给部队，交给群众，很快就唱起来了，这歌子的名字叫《阳方口小调》。曲子上是这样的（唱）：南京到北京，哪一个不闻名，昔日的杨六郎，在此扎大营，阳方口呀地方好，百姓多安宁，哎嗨哎嗨呦……百姓多安宁。就这么个小调。

下面的歌词就是：卢沟桥炮一声，中日大交兵，万恶的日本鬼子出兵来占领，杀人放火实在凶，老百姓诉苦情。第三段是：总部发命令，我军大反攻，攻克了阳方口，破坏了敌交通，活捉了鬼子烧了车站，老百姓喜盈盈。都是这一个调的，因为这个调子很顺口，所以很快地在部队和群众当中就唱起来了。

歌唱这个胜利，是个小胜利，但是它反映了百团大战的一角，这个歌子一直到新中国成立以后，音乐工作者去收集民歌的时候，在晋北又把它当民歌给收回来了，实际上是我们作的曲，那时候又没有发表，又没有什么谁谁作词谁谁作曲，一直到后来才知道是我们自己写的。

记者：战争对您的教育是很大的。

董小吾：百团大战对我们本身也是一个很大的教育，对我特别是，就感觉到日本人没什么可怕，他们那么坚固的据点，我们在一夜之间照样可以把它攻克，而且我们活捉了敌人。有个朝鲜翻译一路走一路还称赞我们八路军以这种战术就英勇果断地攻克了这个城。百团大战当时就是这样一个情况，但是后面就知道像井陉煤矿，像平汉路上的好多据点都被我们攻克了，消灭了很多敌人，以至惊动了东京。

我们每年都要反"扫荡"，所谓"扫荡"就是敌人用很大的兵力到我们根据地来烧杀抢掠，而且敌人很狠毒的就是他们带着他们占领区的老百姓，到根据地来抢，制造中国人跟中国人之间的矛盾，抢老百姓的东西，到处杀，他们有个政策叫"三光"政策嘛，烧光，杀光，抢光。所以在每一年的反"扫荡"当中我们都是非常艰苦地跟敌人斗争，因为当时还处于敌强我弱的情况下，特别是我们部队，除了红军这些骨干之外，农民参军以后没有经过多久训练就要打仗，头天进来第二天就要打仗。而日本鬼子是经过长期训练的，他们是军国主义，是法西斯主义啊，另外他们的武器远远超过我们。

我举例子来讲，看到我们战士都是那样的，一人一杆步枪，挎着子弹带，子弹带看着满满的，后来我们才知道，子弹带里头啊，最多只有三排四排是真子弹，其他的都是高粱秆、高粱秸子，把它放得满满的，不是子弹。还有好多人背着梭镖和大刀。就用这样的武器，和武装到牙齿的日本鬼子斗，当然我们就非常艰苦了。我们既缺乏子弹，又缺乏食粮，所以有人就说，董小吾是黑豆小米喂大的。确实，我们比其他的根据地更艰苦一点，因为晋西北很穷，没有粮食吃，只有吃马料，吃黑豆，但是这样照样行军打仗。

记者：您记得有特别危险的情况吗？

董小吾：我给你举个例子，这个例子让我心里感觉八路军是打不散的。

1940年夏季反“扫荡”，有一天夜里，下着很大的雨，我们连夜跟敌人打游击，我们的指挥员当时不知道哪里有敌人，我们就走了一夜。天明了，上了一座高山，在山上休息的时候，大家就吃干粮，哪有干粮，就是那个小米饭——凉的小米饭加黑豆。

正在吃的时候，突然敌人从南边上来了，这在军事上俗语叫“不预期遭遇”，就是没有想到会遭遇。我们整个司令部，旅长彭绍辉领着，我是文工团的，当时跟旅部在一起。敌人上来以后——敌人上来很猛啊，只有一个警卫连在那挡着，然后就调其他部队来阻挡敌人，我们就急忙往回退，往北退。往北退的时候都散了，走的时候光听见旅长说：阮家庄集合，阮家庄集合！脑子里就知道到阮家庄集合。后来我们文工团也都跑到山上，日本鬼子就追上来，有个很高的崖，两三丈，犹豫都不犹豫，都跳下去了。非常奇怪，跳下去，没有一个摔死，因为什么？下边都是老百姓开的地，不是石头，跳下去以后，接着就跑，就顺着山边跑，日本人到了我们头顶上，他们的枪不能拐过来打，所以子弹都从我们头上飞过去，我们都跑掉了。

经过3天，我才找到阮家庄。我们根据地的老百姓都在阮家庄，一看电台也架起来了，司令部、政治部，包括我们剧团，都完好地矗立在那儿，哎呀，真是奇迹。我说，非常危险的情况下，这个部队，打不散，又集中起来，准备一下继续打仗，这是一种意外的情况，因为是突然遭遇的，没有什么更多的准备。这给我留下一个非常深刻的印象。

记者：还有什么让您难忘的事？

董小吾：最难忘的就是八路军的纪律，没有这个纪律怎么能得到群众这样的拥护？有一次反“扫荡”，我们文工团跟着走，没有鞋，我穿的是草鞋，走山路嘛，到处都是石头，碰破了，疼痛难忍不能走，住在一个老百姓的家里头，老百姓跑光了，因为“扫荡”的敌人要来杀他们，都躲到山里去了。我们住的房子都没有老百姓，当时我还是个副社长，突然，我们团部的那个通讯员，说副社长这里有双鞋，你试试合适不，老百姓的鞋。我说咱们不敢穿嘛。他说你这脚都不能走了，怎么不敢穿啊？很硬的鞋。老百姓都是密密麻麻缝的，棒子秸缝的，所以我穿上了，穿上就走了。

反“扫荡”结束以后，我被点名批评，犯了群众纪律，把鞋送回去，把钱交给人家，还作个检讨，被通报。我们即使用人家一个碗，用人家一个什么东西，都得给人放得好好的，临走的时候把门锁好，这就成了一个制度了。必须把人家房里房外包括院子打扫得干干净净才走。每一个部队，每一个连队，包括我们文工团，都有纪律检查组，去的时候有老乡就问老乡，我们借你们的东西还了没有，打破了什么东西赔了没有，缸里的水是否换了，去了以后先给人家挑水。老百姓的水井，有的在山下，我们战士、我们文工团团员都要先把水给人挑满，这才行。军民真是一家人，所以八路军到处受群众拥护。

还有就是如果有的部队买羊，给人价钱便宜，又隔了两个月，就派我们文工团，每一个村子去问，买谁家的羊，把钱补给人家。所以我觉得在敌后说军民一家，不是空话，完全是八路军的政策、共产党的政策所产成的效果。

记者：请您谈谈文工团开展工作的情况。

董小吾：我长期跟着贺龙同志，我第一次认识他是在 1939 年，我那时候还在旅里的文工团，还没到师里边在那么繁忙的工作当中，他突然跑到文工团来：你们是八旅的文工团吧？你们最近演的是什么戏，跳的是什么舞啊？师部的文工团来了，下到剧社来了，你们好好向他们学习，他们跳舞，一个舞蹈要跳 20 分钟嘞。当时的舞蹈就是红军里的那种舞蹈，苏联式的。可见他对文工团非常关心。特别是我以后调师部的文工团了，就是战斗剧社，当戏剧队队长，跟贺龙同志接触得就多了，就感觉到，宣传队文工团是我们部队的一个特种兵，不管有多大困难，他都想办法给文工团解决。

举个例子来讲。当时我们没吃的，要从敌后背粮食，背到根据地来，一路背，一路吃，背到家里也就吃差不多了。所以我们排戏的时候，经常听到那个值勤班长吹哨：嘟！！打开水！那就证明今天没饭。我们大人还好一点，有些十五六岁跳舞的小孩，都饿得哭。贺龙同志知道了以后，就把那个搞生产的，当时也做买卖，经营的那个粮食，拉给我们吃，救命啊。到冬天了我们还没有棉衣，他居然给文工团，特别是给京剧团，做皮袄，就把那皮子，给他们首长的皮子，都做了这些小皮袄，给京剧团的演员，一人一套。所以在这种情况下我们不好好工作对得起谁？

敌后搞文化工作是非常困难的。有时候我们必须到敌人跟前去演，这个我自己干过，叫“敌后剧”宣传队，因为要给敌后群众演出抗战剧，离据点只有 10 里地、8 里地。天快黑时我们到了，然后就搭台。搭完台，动员群众来看，村子里的老百姓坐这儿看。那时候专门有民兵，就在敌人据点附近的一个高坡上立一个竿子，那竿子倒下了，证明敌人就要出来了，我们就赶快跑；竿子不倒演到底，但是也很危险，我们文工团女同志一人一颗手榴弹，男同志有几支步枪，保护自己。敌人出来以后，我们必须跑，不能和敌人对着干，在这个情况下，有时候专门派个人看着这个竿子，竿子一倒，信号来了，我们赶快卸幕，把幕布卸掉以后，还有把服装道具都要弄到身上，都预先分好工，不管男同志女同志，背服装的背服装，背幕布的背幕布，出发，走！几分钟之内走光，到几十里地外，再去宿营，所以虽然有危险。但是呢，老百姓看了我们的戏，就增强了抗战的信心。

记者：文工团是怎样做宣传鼓动工作的？

董小吾：百团大战之后，我们要开辟新的根据地，到绥远，就是内蒙古和晋西北接壤的那个地方，我们全团都去了，就是这样演出的。只要哪一个部队打了胜仗，马上采访，马上编演具体的人、具体的英雄人物，马上用老调子编成一个歌，非常起作用。

打仗是不是可怕？说完全不可怕是假的，特别是第一次参加战斗。我第一次参加战斗是在 1940 年夏季，我们得到了情报，说日军部队要从岢岚到保德这条路上路过。得到情报之后，第 358 旅的 3 个团就压在山两边，准备消灭敌人。在出发前，政治部派我和另一个同志叫丁毅，就是《白毛女》的作者之一，丁毅到 1 营，我到 3 营去做鼓动工作，先给他们唱歌，说打仗胜利之后，我们文工团给你们演最好的戏，我们要唱你们最好的英雄。

我的任务就是鼓动。到阵地上去，结果营长就问我："你打过仗没有？"我说："没打过。"营长说："跟我走，跟我干，跟我打日本鬼子去。"我就跟他走了，走到半路上，往阵地上去的时候，碰见司令员彭绍辉，政委罗贵波。罗政委说："你到哪里去啊？"我说："我跟他打日本鬼子去。""胡闹！回去！"因为我没有打过仗啊！我只好回班。两位首长一转身，营长他就叫我："快点！快点！"我又跟上他走了！

各个部队都埋伏好后，我说："咱看不见日本人啊？"他说："还没有到呢，你等着，不要说话。"然后我们哗啦啦地冲上山埋伏在两边的山坡上，敌人在沟里从东往西走，我看见了，很整齐的，有几百人，不到千人，然后打开了。打开了以后，我没有参加过战斗，我才20岁的一个小伙子，在密集的枪声中，我也不害怕，我怕炮，那炮的威力很大，一到这个时候，把头一贴，往地上一趴，一到这个时候我就一趴。营长还说，新兵怕炮，老兵怕机关枪，你怕炮干啥？你看从你头上飞得很远，都在后山上炸。

我是政治部派来的，我是党员，旁边都是战士，要是让战士说你是怕死鬼，那以后你就不要在部队里干了——在部队里什么都不怕，就怕人家说你是怕死鬼。这就不行，那关系政治部的声誉，我还要继续在部队待下去。而且根据营长说的，敌人并不可怕，炮弹都没有打到我们跟前，可怕的就是那个机关枪，听着机关枪嗖……在你身边的土都爆起来了，这个要注意，这也是一种战斗经验。从傍晚的时候开始打，打到了晚上，半夜里，敌人缩到了一个村子里头。敌人很顽固，他们的武器也强。

◆贺龙与夫人薛明

就在这个时候，我跟着营长下去了，营长让副营长叫的我。就在营指挥部，突然看到对面一冒火，我还不知道怎么回事呢，那个营长说：“趴下！”我一下子怕了，还是那个副营长把我推倒的，推倒了之后，一颗炮弹果然就在我们跟前响了。耳朵聋了好些天，我是安然无恙，那个副营长胳膊受伤了。打了一夜，我们取得了一个小小的胜利，但是没有把敌人全部歼灭，因为武器不行。

所以，要在战斗当中锻炼，才能有组织，才能有胆识，也不要说大话：我根本不怕。开始就是怕，怕并不可耻，这是人的自然反应，但是也不能老怕，特别是我们是政治工作人员，这条特别重要，指挥员也是这样。

记者：您对贺龙同志有很深厚的感情。

董小吾：我一直到现在还很怀念贺龙同志，他对我本人，对我们整个 120 师，叫我们走正路。他后来告诫我，不要当官，要多下连队，少出国，要反映连队上的一些东西。他始终不忘要为战士服务，为部队服务，为人民建设服务，而且非常尊重文艺工作者，他在这些手下人面前，从来不叫董小吾啊，董小吾啊，董团长，叫你的职务；他要是批评起来非常厉害，那是爱护。“文化大革命”中对他和对我的诬蔑，说我是他的什么什么人，说我是他安插在部队的吹鼓手。这些东西都过去了，这个都是话外话。

我非常怀念贺龙，每到北京，都必须去看看他老伴薛明同志和他的几个孩子。我们由于对贺龙同志的感激之情，所以对这个家产生了很深的感情，他们也都把我们当成家人一样，那么多年了，我们一直还有来往，我身上穿的这个衣服，就是贺捷生同志估摸我身腰的大小给我做的唐装，我现在穿在身上，暖在心上。

抗敌剧社在晋察冀

胡　可

胡可（1921—2019）山东益都人。抗战期间，在晋察冀军区政治部抗敌剧社从事文艺宣传工作。新中国成立后担任过解放军艺术学院院长，著名剧作家。

记者：请您谈谈聂荣臻同志和抗敌剧社。

胡可：抗敌剧社在晋察冀抗日根据地，没有中途取消，一直延续了十几年，历史最长，集中的人才最多，创作力量比较强，在晋察冀抗日根据地许多剧社当中，是有代表性的。

聂荣臻同志当时是军区的司令员兼政委，他不直接抓文艺，但是他非常重视文艺，比如说他要求我们要到斗争尖锐的地方去，那时候毛泽东同志延安文艺座谈会讲话还没有传过来，他就说过这样的话，他说将来伟大的作品，产生在前方，产生在堡垒就是炮楼附近，他有这个话。他还鼓励我们到斗争艰难的地方去，“不入虎穴，焉得虎子”，这是他说的。

他非常重视文艺工作者，把我们当作政治干事，他可以把白求恩学校的一个军事教员调到剧社里当演员，刘流后来写了《烈火金钢》，他当时是一个军事教员，因为他能演京戏，所以就把他调去当演员。有的部队的指导员也能演戏，也调来，他并不认为这个文艺工作就比较低下。还有一点，其他地方出现的那种偏差呀，整什么人呀，运动呀，他非常慎重。我们晋察冀的文艺工作能够比较健康地发展，和这些因素是分不开的。

记者：文艺工作者和老百姓关系融洽。

胡可：把老百姓看成我们的爹娘。我们的战斗部队到敌区去活动，我们就在后方跟敌人转圈子，生活非常艰苦，斗争非常残酷，这是一个特点。另外呢，我们生活在群众当中，离开他们，我们没有办法生存。后来小平同志说，人民是文艺工作者的母亲。在当时，实际上就是把老百姓看成我们的爹娘，他们把我们当作他们的儿女，我们就是生活在这种气氛当中，这种环境当中。所以，后来学习毛泽东同志延安文艺座谈会上的讲话，就是说到我们为什么要

◆八路军和老百姓

学习群众的语言，要和人民群众打成一片，这一点我们深有体会。

记者：请您谈谈抗敌剧社社歌和作曲家徐庶。

胡可：我们抗敌剧社有一首社歌，作词的是莫耶，歌曲《延安颂》的词作者，女同志。曲子就是徐庶写的。歌词是这样的：从晋察冀创立的第一天，我们就开始成长，军区在斗争中巩固、坚强，我们也一天天健壮。谁撒下革命的种子，谁播下文化的食粮，是我们开荒在这个土地上。我们为英雄的战士而歌唱，把大众的生活、斗争，演出在舞台上。艺术是我们的枪，舞台是我们的战场，让我们在太行山的炮火里，在千百万人民的心上，像火一样跳荡，像火一样跳荡。

这首歌，把我们敌后文艺工作者的特点给说出来了，就是为人民服务，一刻不停地在斗争着。

曲作者徐庶是上海一个富家子弟，很熟悉各种戏曲、曲艺，他脑子里的旋律比较多，这个人对生活非常乐观，他每写一首歌，一个调，不当回事，随便就写出来了。这个社歌带点进行曲的味道，他还有一首《晋察冀的小姑娘》，是一个叙事歌，这个曲调采用京韵大鼓，由张非来演唱，是我们当时演出独唱的一个很重要的节目。新中国成立以后，还在电台广播。他还写过《八路好，八路强》，那是我们到了平西敌后搞政治攻势，那个地区是一个新解放区，老百姓对八路军完全不了解，为了告诉老百姓八路军是一支什么样的部队，临时安排我写词，徐庶谱曲，我和何石两个对口唱，何石就是《买猴》的作者。歌里唱八路军怎么样呀，帮助老百姓收割庄稼，损坏东西赔偿。没有想到这个歌流传开了，随着解放区的扩大，每到一个新解放区，都需要向群众做这样的宣传，好多剧社

◆八路军战士帮助老百姓收割水稻

都唱这个歌，后来电影里也唱这个歌，成了电影里的插曲了。

记者：当时歌咏活动搞得轰轰烈烈，是怎样的情形？

胡可：抗敌剧社的每次演出，开幕头一个就是合唱，一开始呢，还是化着装，关着幕唱；后来就有了指挥、有了伴奏乐队；再后来就有了各种四步合唱，大合唱也是逐渐地发展。在村里处处有歌声，走到哪个村去，都能听见歌声。这个歌怎么来的呀，也是文艺工作者普及开来的，教村剧团唱歌。我们到了一个地方一住下来，四五点钟，还没有吃晚饭，就问这有村剧团嘛，有呀，走咱们去看看，教你们歌吧。好好，大家都来，就是教歌。开幕之前我们派出几个人去教歌，像田华他们都这样，先教唱歌，教得差不多了，然后开幕演戏。到现在，有些人写回忆录，还有人写当时怎么教唱歌，怎么打霸王鞭。舞蹈，原来跳红军舞蹈，李伯钊他们从苏联带回来的，那很简单的红军舞蹈，伴奏苏联的通俗歌曲。后来就是我们自己编舞了，把老百姓跳的那个秧歌舞给编进来了。再后来就是学霸王鞭，郑红羽从完县（今河北顺平）、唐县群众当中学来的，创造了霸王鞭，成为固定的节目。

记者：咱们还创造了棚帐舞台。

胡可：我们行军到一个地方，一方面呢，得有搞服装的，演戏不能没有服装道具呀，从老百姓那借服装，就是演戏穿穿，演完戏后还回去。搞道具的，借老百姓的铁锨、水桶、桌椅板凳做道具，用完还回去，就是干这个事。最早到一个地方演戏，老百姓帮助我们搭台子，找大杆子，竖起来，铺上席子，动用老百姓的人力、物力呀。后来我们的副队长汪洋设计了一个棚帐舞台。找一个有平地、有台阶的地方，下边是观众席，上边就是舞台可以演出，设计一个棚，中心有一根柱子，旁边好几根柱子，绳子拉起来，把老粗布拼起来。到一个地方，我们都有分工，有人扶中间的杆子，其他人呢，竖这个小杆子，一声令下，竖起来，然后拉周围的绳子，这么长的铁钉子钉在地下，几分钟就竖起来了，挂上汽油灯，盖上布，就可以演出了，比起老百姓搭台子简单多了。棚帐支起来了，我们再去吃晚饭，吃完晚饭后，回来化装，化完装演出，演出完了一卸，台子一拆，把那个棚帐一带，行军走了。

这个是敌后演出的一个创造，这个棚帐舞台是抗敌剧社先搞的，这个棚帐舞台原来小一点，到了 1941 年又做了一个大的棚帐，后来在反“扫荡”当中，叫敌人挖出来给烧毁了。其他的剧社也有这个舞台，现在汪洋同志家里还有这个模型。

记者：对敌政治攻势中是怎样进行宣传的？

胡可：敌后的文艺工作有很明显的战斗性，就是能够消灭敌人。太平洋战争爆发以后，日本加紧了对敌后根据地的封锁、掠夺，我们响应党的号召，到敌区开展活动，进行政治攻势。

所谓政治攻势呢，就是我们的宣传队，实际上是小型的演出队，到敌人占领的地区，或者游击区，去给当地的老百姓演出。在武装力量的掩护配合下，把敌人的据点、炮楼封锁住。每到一个地方以后，村口站上岗，只许进，不许出，封锁消息。晚上召集老百姓点起灯来演戏，进行政策宣传。有的地方过去我们待过，后来被敌人占领了，老百姓也想看到八路军；有的敌伪人员的家属，也想了解八路军的政策，如何对待他们呀。我们告诉那些敌伪人员的家属，日本鬼子长不了，要给自己留条后路，在那边给日本鬼子干活不要那么拼命。我们的戏都是根据实际情况，有针对性地演出。

王黎原来是西北战地服务团的，后来是我们抗敌剧社的一个成员，他在西战团时编过一个戏叫《慰劳》，这个戏讲的是，敌人抓了我们中国妇女来糟蹋，同时也把抓来的众多妇女来慰劳伪军的队长，有个伪军队长受到了日本鬼子的慰劳，伪军队长一看，这个妇女就是他的老婆，失散的老婆，被敌人抓住糟蹋，就在这种场合里面，夫妻见了面。后来这个伪军队长痛恨日本鬼子，很矛盾的心理呀，就反正了。这个戏在对敌政治攻势中发挥过不小的作用，特别对敌伪人员，有些穿便衣的伪军看了以后，马上就投到我们这边来了，给我们干事。这个政治攻势，能够直接瓦解敌人，消灭敌人。

我们也经常参加战斗，参加演出活动之前，我们每个人都有一颗手榴弹揣在身上，准备必要的时候付出鲜血和生命，而这种情况呢，只有在抗日战争当中，也只有八路军的敌后政治攻势中才有这种事，这种战斗以后不会再出现。

1943 年反“扫荡”，我们抗敌剧社牺牲了不少很有才华的好同志。一个是吴畏，他是一个好演员，在《日出》中演方达，在《雷雨》里演周萍，写了不少独幕剧和好的剧本，可是现在没有留下多少，被敌人用刺刀挑死了。还有一个就是崔丙芝，他写的一个歌剧叫《弄巧成拙》，徐庶作曲，这个歌剧故事很通俗，很幽默，有喜剧效果，演出效果不错。这个同志被俘了，被敌人关在一个木头笼子里，后来被杀害了。

我们创作组 10 个人，在战争中牺牲的有三四个，说起来非常难过的。方璧是创作组的，崔丙芝是创作组的，吴畏是创作组的，还有一个小同志叫赵黄，解放战争中保卫延安时在清涧牺牲了，我还能记得这些同志。

我是平山的女儿

田　华

田华（1928—　）原名刘天花，1928年出生于河北唐县。1940年，12岁参加八路军晋察冀抗敌剧社，改名田华。1944年加入中国共产党，在华北前线为部队演出秧歌剧《兄妹开荒》、河北梆子《血泪仇》、话剧《战斗里成长》《大清河》等。1950年，在电影《白毛女》中扮演喜儿，代表作品有《香草季节》《花好月圆》《党的女儿》等。

记者：您是在什么情况下演《白毛女》的？

田华：《白毛女》是1950年开始拍摄的，1949年深秋找到的我。1944年，西北战地服务团就把《白毛女》这个题材带到了延安，由邵子南、周巍峙、贺敬之写成了歌剧，全国都在演歌剧《白毛女》，进行阶级教育。进了北京，国务院、文化部就开始计划把《白毛女》搬上银幕，拍成电影，这样就可以背着去山沟放映了。然后就开始选演员了。大部分都是原来的演员，陈强、黄猛都是原来的，关于喜儿的问题是很周折的。王昆第一个在延安演白毛女，后来郭兰英也演白毛女，各有各的特点。觉得王昆在舞台上演，观众太熟悉她了，另外王昆比我大三四岁。郭兰英不知道为什么，也没有选上。后来就选了两个生面孔，一个是祁红，江浙那边的，小巧玲珑，用摄影师的话说，就是镜头感特别好。第二个就选了我，摄影师觉得我的脸比较平，不太同意。

导演、厂长都不同意，吴印咸是搞摄影的，特别注意镜头和脸，他就不太同意。最后导演拍板，王滨导演和水华导演，就把祁红和我两个人的照片摆在那儿比较。最后导演拍板说，就用田华了，用她，就是用她的气质，就是用她这个观众一看，不说话就觉得是我们河北人。陈强也举手说同意，就是你了，一看，我就是北方农村的女孩子的面孔，这个气质是导演给不了的，别人也代替不了的。用美国一个很有名的电影理论家的话说，就是导演选对了演员，这个片子就成功了一半。

抗战胜利之后，1945年我到了张家口，第一次看电影，还去银幕后面找人，就这么一个对电影的认识，对电影挺崇拜，挺神秘。但是决定用我以后，首先觉得是一个挺重要的任务，一部非常专业的歌剧从舞台到银幕，这是一个跳跃。然后就挺紧张，这是一个重要任务啊，都有一个从不熟悉到熟悉的过程。那时候长影出了一部书，专门介绍苏联电影方面的演员、导演、摄影。就等于在那儿给我开了个速成电影训练班，害怕倒不害怕，脑子里就有一个想法，就是导演怎么说我就怎么做。

记者： 您真正到了平山演这部戏的时候，临时学来的东西，和您本色的东西，您觉得哪个占得更多？

田华： 我觉得我本色的东西比较多。因为我 12 岁参军前，一直生活在唐县。用王昆的话说，我们县城是抽烟袋的烟袋锅，从烟袋锅到烟袋头可以搭到我们城墙那边，就这么个小县城。她在城市里头，我是农村的，我们那个村才 100 来户，地图上都没有我们村。另外，白毛女除了这个传奇性的故事不是我以外，我觉得其他的农村生活都是我自己的经历。再加上我割过谷子、捡过柴火，到井头上去打水、推碾子，这生活都是真实的。我母亲去世得早，我五六岁时母亲就去世了，我姐姐比我大 3 岁，我们姐俩就跟着我爸爸相依为命。另外婶子、大娘、大爷，出门都是姓刘的一大家，姓李的住在后街，我们姓刘的住前街，大姓，都是一个村。这一切的生活，你说对农村怎么能不熟悉啊？所以我不用费劲，合上眼睛，就可以想象到怎么割谷子，怎么用铁锨扬谷子，这些我都非常熟悉。

记者： 生活是创造的源泉，没有生活就拍不出《白毛女》。

田华： 我曾生活在河北平山县，当时我们所有的外景都在平山，就到平山出外景。还有一个很重要的，电影的编剧之一杨润身就是咱们平山人。他说那些都是咱们平山、咱们北方的一些事情。去了以后，我先体验生活，找了一个姑娘，跟着她下地。秋天嘛，就往外拔萝卜、刨红薯，拔完了放到口袋里往家扛。人家一拔就下来了，我就拔不下来，因为我离开农村好几年了，我跟着她，觉得我虽然有农村生活经历，但是跟真正农村的姑娘还有差距。我跟她生活了一段时间，然后就投入拍摄。

当时我们是在天桂山下面一个小村子，我记得那个地方那条街全是石头，高一块，低一块，不像现在弄得平平的。两边有卖羊汤的，有卖烧饼的，就是缸炉烧饼。老百姓很支持我们。比如，我们那儿没有镰刀，就给我提供镰刀。一开场，我第一个镜头就是割谷子，那个大婶送饭："大春，叫喜儿，叫你大伯吃饭了。"然后大春就叫："杨大伯、喜儿吃饭了。"然后我低着头，一抬头，那是我拍的第一个镜头，也是我戏里边的第一个镜头。

当时我们就住在农村，吃在农村，拍在农村，村里的老百姓给我们跑群演，你说那怎么不像啊？这一个月，我印象特别深。一想到咱们平山，我就觉得那也是我一个家一样。

记者： *在拍的时候遇到困难，老百姓支持吗？*

田华： 支持我们，困难就是我们缺群众演员。那时候就是老百姓支持我们，不要钱，也不管吃的，自个儿带粮食，带个饼子，连水都没有。我们自己也挺困难，出个外景地，那时候补助 1 毛钱。

记者： *在拍摄过程中，跟杨润身接触多吗？*

田华： 那时候，跟杨润身接触不多，拍完了以后，跟杨主任接触得非常多。《白毛女》主题是旧社会把人逼成鬼，新社会把鬼变成人。拍摄的时候，南方、海南岛那边还没有解放，在土改当中，《白毛女》起了很重要的动员农民、教育农民的作用。在国际上，跟我们国情差不多的这些国家，都买了我们《白毛女》的版权。

所以我说，我们平山对《白毛女》这个电影从拍摄到发行，是起了不可磨灭的作用。另外，也千真万确地证明了生活是创造的源泉，没有生活，就拍不出《白毛女》。现在要拍《白毛女》可能都比过去条件好了，但是这演员的表演、生活的画面绝对找不到50年代那种时代感。

咱们平山有个纪念馆，纪念馆开馆的时候，把我和陈强、杨润身请过去了。我们还在那儿住过一晚上，一个场景是以白毛女家为主的，一个场景是以黄世仁家为主的。我还留了两张开馆的票，我去过两次。

记者：现在《白毛女》就是无法超越的一个经典。

田华：现在再布置也布置不出来。一个时代造就一代人嘛。当时没经过怎么布置，我们一合上眼，就是30年代、40年代的情景，就都在眼前。

记者：在平山，您真正体会到了军民鱼水情。

田华：我们那时候的晋察冀——这个晋是山西，察是察哈尔，冀就是咱们河北——有三个大领导班子，一个领导班子是晋察冀军

◈晋察冀边区新一届参议会新选出的部分领导人。前排右二为聂荣臻，右三为晋察冀边区行政委员会主任宋劭文

区，以聂荣臻、萧克为首的军队的。第二是晋察冀边区，是以彭真为首的。还有北方分局，程子华是领导。我们是属于军队那个领导班子管的。1940 年，百团大战那年，我参的军。我们抗敌剧社是晋察冀军区抗敌剧社，一个总军区下面有 17 个军分区，17 个军分区就有 17 个剧社。咱们晋察冀是模范根据地，我们哪儿都去，哪儿都住。我们在平山住得挺多，指角沟、洪子店，还有戎冠秀的家乡下盘松村，阜平的洼里（也做凹里）、史家寨都住过。

那时候，我们非常能吃苦，那时我十三四岁，我印象最深的是老百姓有个习惯，到了夏天，都到街上吃饭去，在地上一蹲，男的手上就托着一个饼子，端着一碗蔓菁汤，咬一口饼子，喝一口蔓菁汤。饼子上放的是小辣椒，小辣椒叶拌着那个咸菜，就这样吃。就在街上，站一圈，一边吃，一边聊天，这是平山的特点。

那时我们小，饿得我们胃里咕噜咕噜地乱叫，就站着看着人家吃，馋得呀也忘了害臊，越看人家吃，胃里头越饿。但是我们有三大纪律八项注意，不许吃老百姓的东西，不许拿老百姓的东西。损坏东西要赔。我们那小鬼班有张华、兰地、石虹、华江和我，还有韩侠，有 10 个左右的小鬼。中午我们在大炕上睡觉。那大娘弄一个篮子装了红薯，我们管红薯叫山药，悄悄地进屋，把我们拍醒，孩子们起来，给你们送山药来了，我不给你们汇报，你们吃吧，现在睡觉，没人看见。我们也不客气，饿呀，就吃。

老百姓就这样爱护我们，这个就叫鱼水情啊！为什么我们战争能打胜啊？就是军民团结如一家人，试看天下谁能敌。我们在平山就亲身体会到老百姓对我们的支持。

我们还经常到学校去教歌。我们趴在窗子外头，看着老师上课，上完课，我们好教歌。那时候，我们到哪儿就学哪儿的方言，我们还学平山人讲话。平山这边都叫婶子、大娘的，我们也就跟人家叫。大娘说你们去哪儿呢？我们说去练功、去跳舞。所以这种感情，这种军民的感情，这种联合抗日的感情，这种推翻“三座大山”的感情，就融入部队、党和老百姓的血液里头了，真是血脉相通这么一种感情。

记者：那时候生活艰苦。

田华：抗敌剧社有 100 多人，有戏剧队、音乐队、舞美队，还有儿童舞蹈队。我们就是儿童舞蹈队的，最小的 9 岁，最大的十五六岁。我们主要是以跳舞和演儿童剧为主。

不困难的时候，就给我们做那个干部装，就是聂荣臻司令员穿的那种有兜的衣服、小马裤。后来困难了，就给我们发大同志的衣服，那袖子我们就卷起来，肩膀啊耷拉着，领子露着大脖子，裤子也是大人的裤子，也是卷起来。我们穿的叫中空管，没有裤衩，没有背心，就是个大棉袄、大棉裤，浑身都长虱子，衣服边上都是虱子下的籽。大同志就把棉袄、棉裤翻个个，那时候冬天也冷，就冻到外头，第二天拿笤帚往下扫虱子。头上的虱子，有保护色，是黑的，身上的虱子是白的。我们梳头，虱子就往下掉。当时就那么一种艰苦情况。

我们吃和全军都一样，3 钱油、3 钱盐。聂司令员跟我们都一样。我们吃杏叶、酸溜溜苗、柳树叶，下雨以后，那石头长点地皮菜，吃点那个，也吃野菜。聂司令唯一跟我们不一样的，是他是指挥机关，他们有表，他们的表是一个座钟。他们也很穷，也很苦，他有一匹骡子，但是他很少骑那头骡子。

记者：请您谈谈聂司令跟小鬼队的忘年交。

田华：到了冬天，我们就盼着过几个节，一个三八妇女节，咱们农村有黄米，我们叫黏米，女同志可以吃一次炸糕，里头放上枣泥。

再一个盼着过春节，那时候我们不过阳历年，过春节可以吃一顿饺子。那一年我们住在指角沟，下面是寨北村司令部，政治部住在陈家院，还有保卫部也住在陈家院的附近，聂司令员住在我们附近。剧社领导那时候是汪洋、刘佳、胡朋这些大同志们，就让我们把旧曲子填上歌词，就是旧瓶子装新酒这么个形式，说你们小鬼队去吧。我们女同志抹上红脸蛋，在棉大衣里头穿上像日本裙似的衣服，扎一个红头绳，弄上纸叠的那种蝴蝶结。男同志就弄个朝天锥，弄一个白鼻子，像小丑似的。然后全体一溜烟地就跑到司令部大院。我们对站岗的说我们给聂司令拜年来了。然后就在大院里头拉开了场子，我们把大衣都脱了，自个儿哼哼过门，跳《霸王鞭》。聂司令员看见我们那个高兴，我们跳完了，聂司令员说太好了，你们冷不冷啊？把大衣赶紧穿上，都跳出汗来了。我们赶紧把大衣披上。

然后聂司令看我们还不走，我们就说还没吃饭呢？聂司令员停顿了一下，就叫秘书赶紧去给煮饺子。东房有个大一点的房子，有个大桌子，咱们农村的大盆，煮了一大盆饺子，放在上头，两个小碗，一个是醋，一个是酱油。我们小孩儿不客气，抢啊，那时候叫打冲锋，吃饭要打冲锋，要不你吃不饱。饺子一口吃一个，男孩子恨不得一口进去俩。醋吃完了，就剩黑黑的酱油，秘书说，你们怎么不吃酱油啊？这好吃，挺鲜、挺有味。我们眨巴眨巴眼，什么叫酱油啊？然后我们还不敢吃，拿着筷子蘸一点、舔一舔，是挺好吃。然后就把酱油也吃了，也不嫌咸。酱油是从敌战区给聂司令员弄来的，聂司令员舍不得吃，就给我们吃了。

我们儿童演出队是聂司令员要求成立的。聂司令员说，战争太残酷了，你们这个年龄，正是在爸爸妈妈面前撒娇的时候，可是这个残酷的战争，把你们卷进战火硝烟里头来了。说着说着，他就哭了。他特别喜欢我们小鬼队，对我们特别照顾。给我们打绑腿时，就说他们正发育，打绑腿影响他们腿的发育。出发不让打背包，就是叫我们好好练功，好好培养我们。1941 年我们还没到联大学习的时候，他就爱护年轻的一代，训练人才、培养人才，把我们的小鬼队培养起来了。

我经常说这一段，每次想到聂司令员跟我们小鬼队的忘年交，我就哭。后来《中国老年报》知道这个事了，就约我写了一篇《忘年交》，我得了一个三等奖，现在我那个奖还留着。

记者：我知道您跟抗敌剧社拍了大量的照片，但是我看到的最

◈晋察冀边区前线记者团记者雷烨与 14 岁的田华合影（沙飞摄）

清晰的是跟雷烨的合影，那是什么情况呢？

田华：那是1942年年底，他1943年牺牲了。当时我们还住在指角沟，那时候我们剧社演戏拍戏，都是由画报社来拍剧照，他们经常到我们剧社去。画报社属军区政治部，领导是沙飞，还有石少华，还有雷烨，我们叫他雷华。

先给我一个人拍了，那是我有生以来第一次一个人照相。我一个人站在那个高坡上，那时候也不懂得照相，不知道怎么照，穿着个棉大衣，仰拍的，这样显得挺壮，一个胖乎乎的小姑娘。看着挺胖似的，实际上我挺瘦。

然后雷烨就主动说，她叫田华，我叫雷华，沙飞，你给我们两个华拍一张吧？我才14岁，他像个大哥哥似的搂着我，就照了这么一张相。从那以后，我们也没什么联系。照完不久，因为晋察冀干部多，分区干部少，他就到了另外一个分区。3个月以后，就牺牲了。

20世纪90年代，我突然接到一封信。说有一个杭州政协的副主席，姓项，叫项秀文，他听画报社的老同志说，有个姓雷的人跟我照过一张相。他们想看看这张照片，问我现在还有没有。我就把照片寄给了他，他一看这个照片，正是他的哥哥，他找到了失散几十年的哥哥。后来这个照片，很多单位介绍咱们晋察冀的时候用了好多次。

雷烨叫项俊文，在家里头是老大，后来参军到了延安，从延安到了晋察冀，1943年牺牲了。家里头不知道他哪儿去了。抗日战争时期经常这样，妻子不知道丈夫哪儿去了，父母不知道儿子哪儿去了，兄弟们不知道自个儿的姐姐妹妹、哥哥们哪儿去了。因为战争嘛，也不能回家。

雷烨牺牲的消息，我们不久就知道了。那时候牺牲一个人是司空见惯的事。1943 年反“扫荡”，我们剧社一次就牺牲了七八个人。有那么一句话，战争是残酷的，战争就要流血，战争就要牺牲，烙印在我们脑子里，对于这个牺牲啊，死啊，都置之度外。那时候我才十几岁，因为我平常没跟他联系过，就听说他们过去不久，被包围了，不光他，还有几个同志，我们剧社还有一个，也牺牲在那边了。

记者：您参加抗敌剧社，在聂司令员的保护下，那应该没有什么危险吧？

田华：也有危险，当时咱们党中央是在延安。河北、山西、河南、山东、辽宁、察哈尔，咱们在中间这儿，在华北平原靠东面这一点，主要活动在平汉路的西边。为什么在路西呢？路西是大山，敌人都住在铁路沿线；另外，敌人有装甲车，装甲车上不了山，只能在平原上。

我们村路东就是平原，路西靠山，我们村子外头平地就给挖了一个大沟。我们那儿是大山，那时候八路军是打游击战，国民党是打运动战。打赢就打，打不赢就撤，这是咱们的指导思想。

在持久战阶段，就是部队到哪儿，我们就到哪儿。用当时的话说是，敌中有我，比如晋察冀这一块，这边是晋冀鲁豫，这边是晋冀鲁，根据地以外就是敌人，敌中有我，我中有敌。我们在一个村子没有住过很长时间，说到的这些村子都是住得比较长的，在平山住得最长的就是一个月、两个月。在白洋淀住过，史家寨住得比较长，那是 1945 年了。

记者：最危险的时候，遇到过什么？

田华：最危险的一次是 1941 年从联大学习回来，我发高烧，另外我们叫寒腿，实际上是关节炎，不能跟着部队走了，也没有医生。就把我避在一个老乡家，一个老太太家，是咱们的基本群众。她家是一溜北房大院。去了以后，就给我换上老百姓的衣服，然后就告诉村长，万一敌人来了村长得知道。这样的村叫保护村。

老太太告诉我，如果被敌人包围了，不要说话，问我，就小声说一句，我是她闺女，她是我娘。联大文工团一个女孩子，9 岁，山西人，脸又细又白，挺漂亮的，也跟我一样避在一个村。敌人来了，问八路军哪儿去了，你们里头有没有八路军、游击队啊？拉一个说不知道，拉一个说不知道，就是不说。最后看她脸白，就把她拉出来，她说了一句话，那汉奸听出来她不是本地人，后来拿刺刀把她杀害了。

黎明前，天蒙蒙亮，人睡得最香的时候，也是敌人最容易包围村子的时候。所以随时得准备着，要提前做好饭，先吃饭，吃饱了，如果敌人不包围，再接着睡觉。我是万幸，我避的这一个月里头，敌人没包围这个村子。

记者：请您回忆参加抗敌剧社的情景。

田华：我四五岁就失去了母亲，跟着父亲过。我们村是西面靠山，东面是平原。1937 年以前，在村边经常见国民党的兵从东北往南撤。有一次撤下来的兵进了村，老百姓都跑了。那时候印象里，当兵的没好人。

1937 年以后，八路军就过来了。先是刘云彪骑兵团住在我们村。我们家有西房、东房、南房，就用我们西房当伙房，那时我第一次看见馒头，他们经常把粮食送给我们家吃。八路军来了以后，我才能上学，当时 8 岁，12 岁我就参军了。怎么参的军呢？因为在学校，我喜欢唱歌、跳舞。有一天学校组织我们晚上到南古城看戏，才知道是晋察冀军区政治部抗敌剧社演戏。演出前，一个小同志还教我们唱歌，第一次见到了奇怪的棚帐舞台，星星装饰、布景等觉得好奇，小演员的小马裤、小帽特别漂亮。演的是话剧《我们的农村》，里边拿红缨枪站岗啊，查路条啊，怎么斗坏蛋啊，都觉得挺新鲜的。

第二天，我拿着红缨枪正在村里站岗，一个同学来替我，说校长叫我快回去。到了校长的办公室，我就趴在门框上往里看，有两个当兵的。校长说，进来吧，我也不敢进去，就靠在那个门框上。两个当兵的是来动员我参加舞蹈队的，其实他们晚上教歌的时候，就踅摸好苗子，知道我喜欢唱歌跳舞，就来动员我了。一听说要离开家去参加他们，我当时就蒙了，剧社倒是知道，抗日的剧社。我就不知道怎么冒出一句话来，得问问我爸爸去。他们就跟着上我们家，那时我爸爸、姐姐在家。我爸爸在村里上过学，识文断字，还是村里一个小干部。我爸爸抗日很积极，他也不说同意，也不说不愿意，结果他说了一句就看她吧。当然我愿意了，穿的衣服又好，又唱歌跳舞，吃得又好。

后来，走的时候怕我想家，就临时在我们对门叫了我一个同学，要论辈分，她应该叫我姑姑，可跟我同岁，也 12 岁，把人家拉上陪着我。我们两个人骑着大马走了。我也不知道走了多少里地，往北边走，进了山。第一顿饭就蹲在地上，一大盆红烧肉、馒头，这是我第一次吃红烧肉。吃完饭，因为我们是来参军的，就行军。吃了红烧肉很渴，又不许喝凉水，就不习惯。待了几天以后，就想回家，哭着闹着想回家，怎么哄也不行，小孩子刚离家都不行，慢慢就好了。

记者：您是怎样演《党的女儿》的？

田华：说实话，这个《党的女儿》离我比较远。虽然也是农村，但一个是南方的农村，一个是北方的农村，这是两个不同的地方。一个是抗日战争，一个是 1934 年长征。1957 年，我在长影拍完《花好月圆》，那时候开始抓电影。《花好月圆》有爱情，有拥拥抱抱，把我们这个《花好月圆》就作为反面教材，拔白旗，就给我们拔了。

在这个时候，《党的女儿》本来也要上，导演沙蒙已经选好演员了，结果换成了林农做导演，林农是沙蒙的学生，重新选演员，男的就选了陈戈，女的就选了我。我虽然是共产党员，但总是感觉和那个年代隔着很远的生活。

我也是下了很大功夫。我觉得首先我能演得好，我们家里头，我哥哥 1937 年就当兵了。我的三哥没上过学，17 岁当兵了，19 岁就牺牲在冀东，那时候已经当了副连长了。我的二哥在唐县，给人当伙计，后来在唐县进了县里的粮站，反“扫荡”当中，也死了，连尸首都没有找着。我的三伯父，我们住一个院，他躲在红薯窖，敌人往里放上干草，点着了，就那么熏死在红薯窖里头了。我三伯父家的大姐，我没参军以前，日本鬼子要到我们村来，拿炮先打，我大姐那时候才十八九岁，我们二个在院里刚藏好，敌人就进了院打枪，从那以后，给吓疯了，她知道我要打日本鬼子去，站在了坟头唱革命歌曲。我爸爸是被敌人抓去背粮食，背完了就放回来，给吓病了，拉痢疾，打摆子，也没活下来。光我们家，死了多少口？

参军以后，我的战友赵尚武，他是赵尚志的弟弟，在 1943 年 3 个月的大“扫荡”中，他背着刘佳的儿子，叫日本鬼子打死了，孩子没被打死。当时还有一个叫画画的，不知道哪儿去了。后来就化整为零，我们剧社 100 多人目标太大，就十几个人一个队。我们的队是汪洋领着，别的队是谁领着，我忘了。有一个队就牺牲了5个，李心广叫敌人包围了，给打死了。陈雨然比我才大一岁，一块儿给打死了。还有一个安玉海，唱京剧特好，他是自杀的，那时候有一条，宁死不屈可以自杀，不能让敌人俘虏了。还有一个吴畏，是个大学生，非常有才的，能写、能演、能唱，形象也非常好，让敌人挑死的。还有一个孙玉雷，他藏在一个洞里头，敌人也知道里头有人，往里头打枪，子弹从这眼眶里头进去，从耳朵后头出来的，没伤着骨头，抢救过来，前几年才去世的。我想到这些战友们，我再演《党的女儿》，看到敌人把我们村的人、桃花乡的人吊在那儿，我这感情是不是一样的。

所以我就感觉感情是共通的。那时候我是咱们河北省的第一届人大代表，开会的时候，有江西妇联的，有江西司令员，还有政委，他们都是代表，我采访过他们。他们穿的是戴银链子的衣服，下面是一条印花布的围裙，裤子是大宽裤脚，穿草鞋。他们就给我们讲江西的事，还唱那个《兴国山歌》，他们都会唱，把开始长征这一段都给我讲了。

那时候妇女的作用就是动员农民参军，另外做军鞋、洗衣服，什么都干，妇女的作用很大。后来国民党开始"围剿"红军，第一次胜利了，第二次咱们胜利了，第三次咱们胜利了，第四次也胜利了，第五次反"围剿"就失利了，所以长征不是一开始就叫长征，叫战略转移。就在红军长征走了以后，农村这几个妇女党员中，我下的功夫最大，因为我在中央戏剧学院，学了点史达林的表演理论了，也知道怎么分析，怎么处理自个儿的戏。

可以说是一到抓思想的时候，就放《党的女儿》。李贞少将是经过长征的，她夸我们这个片子演得好。茅盾是浙江人，他写文章写得好，讲话我们听不懂。他就写了一篇文章，表扬了《党的女儿》，最后就说了一下，由于李玉梅是田华同志扮演的，没有她扮演这个人物，这个片子不能够成功。

其实我做那点成绩，也是党的，也是咱们军队的，因为党和军队培养了我，我也是党员，我也是军人。另外，生活是创造的源泉，那是人民的。这个奖励，那是给人民的奖励，那不是光给我一个人。

记者：您对平山这个地方有深厚的感情。

田华：我最想说的，我的生命是平山人民给我的，永远不会忘记父老乡亲们。在抗日战争、解放战争、建党的问题上，平山县、河北省都有很大贡献。在抗日战争时期，党中央从延安首先到了河北，到了城南庄，然后到了西柏坡。最重要的是党中央在西柏坡指挥了三大战役。我们还在西柏坡给党中央演了《不要杀他》那个歌剧，我在那儿还见过周恩来同志。

我是 1940 年 12 岁参加革命，抗日战争，我是在咱们平山度过的。我是和平山的父老乡亲们同甘共苦，一个炕上睡，一个锅里吃，这样度过了硝烟烈火的 5 年。我觉得我是革命的一员，我也是平山人民，父老乡亲们用小米，用平山滹沱河的水把我养大的。没有这些，就没有我的今天。

我对平山，用感情我还觉得不够说明我对平山人民的感激之情。我觉得，我的生命是平山人民给我的。所以，我们有一句话，忘记过去，就等于背叛。我永远不会忘记平山的父老乡亲。

忆晋察冀画报社的成立

裴　植

裴植（1918—2015）山西运城人。抗战期间担任晋察冀军区政治部印刷所所长，晋察冀画报社总务科科长。新中国成立后担任过人民体育出版社副总编和《体育报》副总编。

记者：晋察冀画报社是在什么情况下成立起来的？

裴植：我知道一些情况，是 1942 年 5 月成立的，5 月 7 日就出版画报了，主要是由沙飞和罗光达两个人搞起来的，是得到了晋察冀军区，特别是聂荣臻司令员的支持，搞起来的。

◆晋察冀画报社社长沙飞（中）

沙飞过去在国统区就有点名气，因为他拍了一些反映劳动人民的照片，特别是拍了鲁迅的一些活动照片，这些照片到现在也是鲁迅活动的主要照片。鲁迅逝世以后，他又拍了一些鲁迅的遗像和纪念活动，在国统区受到国民党的排挤，学校也驱逐他。沙飞原来是广州人，他就带着他的片子在广州搞宣传。当时搞摄影反映劳动人民的还是比较少的，因此他在当时就是比较先进的文人。

全国抗战开始以后，大概是 1937 年下半年，他就从上海到了太原，经过太原的八路军办事处，以全民统一学社（党的外围组织）记者的名义，介绍他到八路军第 115 师去采访，他就是在那儿接触了聂荣臻。聂荣臻也挺喜欢摄影的，红军时期也照过照片，所以，沙飞提出来要参加八路军，聂荣臻同意了，后来他就参加八路军，跟着聂荣臻到山西五台。1937 年 7 月左右，晋察冀军区成立了，沙飞有一段时间离开五台去采访，聂荣臻知道了以后，把他调回来了，就让他当专职的摄影记者。他实际上算是解放区第一个专职的摄影记者。沙飞拍了一些部队的片子，当时他也想拍平型关，但是去晚了。1939 年年初，先让他当了晋察冀军区政治部编辑科的科长兼《抗敌报》的副主任，到了下半年，他就开始专门搞摄影。

罗光达是 1938 年到达延安，在延安抗大学习之后，1939 年到了晋察冀。大概是在 1939 年下半年，成立了军区政治部的新闻投影科，沙飞是新闻科科长，罗光达是记者兼干事，这个组织就这样成立起来了，在军区搞了一些展览，后来他们各个地方都去。罗光达到平西拍了一些战斗片子。他在平西了解到根据地准备印钞票，从北京动员来了一些技术工人，还搞了一个制版机，但是制版机头不太管事，所以，制版、印钞还是没搞起来。他了解到这个情况，回来就跟沙飞说了，沙飞感觉这个事情很好，他们两个人就向聂荣臻建议，把这一套设备和人员调到军区来，1939 年 11 月，他们考虑印画报。当时敌人频繁“扫荡”，偏僻的山沟里面条件很艰苦，但是他们劲头很大，坚持搞。有了这个设备，另外当时军区还能制造一些武器，枪支、手榴弹之类的，有个机械厂，已经给晋察冀日报社做了一台八页铅印机，这台铅印机就可以印报纸，也可以制图。他们就向聂荣臻建议，再做一台八页机，聂荣臻同意了，就给机械厂下达任务。这样，制版有了工具，技术工人也有了一些，八页机也有了，药品胶卷也有一点，已经初步具备了印制画报的条件。经过一些筹备，又调了一些人。赵烈从抗大学习之后 1940 年到了晋察冀，晋察冀也培养了一些，就有七八个人了，这样他们越来越有信心，建议要成立画报社。

记者：当时画报社是怎样工作的？

裴植：我是 1940 年五分区撤了以后就到了军区，在军区印刷所当所长。要出版画报，一个要有摄影制版的条件，一个要有印刷条件。1941 年 5 月初，军区政治部当时的副主任，后来任主任，叫朱良才，他召集沙飞、罗光达和我到他的办公室，宣布军区决定成立画报社，出版画报。决定把摄影科跟印刷所合并起来，在这个基础上成立画报社，由我们 3 个人负责筹备工作。我们领了任务之后，沙飞和赵烈去办摄影训练班，又从连队调了一些做文字和美术编辑的干部，主要有章文龙、赵启贤等，组成了一个编辑部。

当时的摄影制版器材还不够，照相机很少，就是沙飞有一台，罗光达有一台，聂荣臻还把缴获的一台照相机给了沙飞，后来又有了几台，像赵烈、叶曼之，后来还有李途、杨国治他们都有相机了。

1941 年下半年，军区就派罗光达到冀中去买材料，聂荣臻给冀中军区司令员吕正操和政治委员程子华交代，让他们协助买材料。到平津去买，买了不少仪器，包括制版、药品，还有胶卷、照相机、油墨、纸张，当时印画报的叫木造纸，就是现在的铜版纸，比较厚一些，买了一批。

为了送材料，冀中派了一个加强营，就是比一个营的力量还要多，搞了一些马匹驮着这批东西，运到北岳区晋察冀的附近，再到阜平、平山这一带，运回来了。我们都非常高兴，有了这些东西，就可以出好几期画报。当时军区政治部是在陈家院，摄影科就在陈家院，印刷所在离陈家院四五里地一个山沟里，叫直角沟，主要是石印。后来罗光达他们搞的铅印也都并到这里，成了一个单位，我们在直家沟的下村，他们在直家沟的上村，统一由印刷所领导。

编辑工作那一方面我不太清楚，我们印刷所只有3个干部，我是所长，一个政治指导员叫吕惜贞（音），另外还有一个协助所长工作的管理员，也是老红军。我是画报社的第一任支部书记，1941年年初就搬到碾盘沟，画报社5月正式成立，任命沙飞为画报社主任，也就是社长，罗光达是副主任，正式成立以后，我就不是支部书记了，换成赵烈担任支部书记，我做宣传委员，领导主要是他们3个人，但我是印刷所领导，我也参加商议画报社工作。画报社成立了编辑股、印刷股、总务股，我当时就算是总务股股长，石少华把它叫作行政股，一些行政事务基本上是我来管的。当时沙飞还不是党员，他是1942年以后入党的，在这期间，党支部的工作和行政工作都由我们跟罗光达等人商议，这段时间工作挺积极的。

◆1942年，平山县碾盘沟，晋察冀画报社工作人员在晒制印刷模板

村子有一二十户人家，很小、很简陋，我们就住在老乡家里面，画报社办公的地方也在老乡家里，有的都腾出来给我们，有的一半是老乡，一半是我们，都是在大炕上放一张炕桌，在那儿办公。制版是把羊圈、牛圈腾出来，把粪便打扫出去，安上窗户，有的时候，糊一糊，制版都在那里面，很简陋，但是大家热情非常高！当年 7 月初，第一期画报就印出来了。

记者：第一期画报印了多少份？

裴植：这个我不是太清楚，大概有几千份，这个发出去以后，反响很大，要送到各个解放区，送到延安，有些还送到重庆去了，都非常惊喜。后来日本人也得到了，很惊奇，他们认为不可能是在抗日根据地出版的，一定是在哪个城市出版的，考虑很可能是在保定，就在保定搞了个大搜查，把全市的印刷厂呀、出版部门呀都查了一遍，查来查去没有查出来。后来了解到就是在抗日根据地出版的，1942 年、1943 年的大“扫荡”都把画报社作为重点之一，企图搜出来，要摧毁掉。

记者：为什么呢？

裴植：因为画报的影响很大呀，可以用来在根据地周围做宣传，另外有些反映日军罪行的内容，捅到国统区，从那儿也可能扩散到国外去了，日本人很怕呀。

记者：画报的主要内容是什么呀？

裴植：就是根据地军民反抗日本侵略的斗争和斗争的胜利。我这儿原来也有几期，后来捐给军事博物馆了。罗光达做了一件好事，他尽量搜集，只差几期，影印了一下，算是保留下来了。影印的效果稍微差一些，经过翻拍，再影印出来，有些比较模糊了。

记者：你印象中大的摄影活动都有哪些？

裴植：一个是初期，虽然是小照片展览，因为农村落后，老百姓从来没有看过，有一些照片聂荣臻也看了，很感兴趣。再后来就是打了几个胜仗，比如黄土岭战斗等好几个有名的战斗，比如阿部规秀在太行山区被打死了，都比较震动。1943 年，晋察冀边区开了第一次参议会，在参议会搞了一个展览，好多人到那儿去采访，罗光达、赵烈都去采访，这个时候呢雷烨也来了。

在晋察冀画报社的日子

纪志诚

纪志诚（1925—　）晋察冀画报社记者，离休前担任二炮 52 基地副政委。

记者：请您谈谈沙飞和《晋察冀画报》。

纪志诚：在太行山我们很穷，设备都没有，当时无法想象能够出版画报，哪有这个条件呀。当时怎么搞的？沙飞最好的一台照相机还是白求恩大夫送给他的。白求恩不是搞专业摄影的，到中国来带着台劳莱克照相机。但放大机根本没有呀，怎么办呢？沙飞找聂荣臻要，要出画报没有放大机连展览也搞不了。聂司令员就拿出来一部望远镜说，你们拿这个试试能不能改造一下。沙飞用望远镜搞了这个放大机。其他人用的照相机，又叫折叠式的，折叠式的 4.5 的照相机就算是相当好了，石少华他们就用着这么一台，我也是用了这样的。

当时在文化界里，晋察冀的沙飞是个特殊人物。他和鲁迅有过交往，鲁迅病故以后的那一组照片就是沙飞拍的。他跟聂荣臻同志

◆1941 年，晋察冀边区第二届艺术节上，八路军战士在参观新闻图片和铜版展览

能很好地沟通，有什么事情直接找聂荣臻同志。

这个制版、印刷机都是自己想办法。当时根据地里有几个 20 世纪 30 年代初期从北京参加革命的印刷工人，他们和其他人结合起来一起研究，用木头制造印刷机，是手摇把子印刷。那个纸就更可怜了，那时用的纸很差很差，现在都找不到了。

后来，晋察冀画报社派了一个人脱了军装穿上商人的衣服到北平、天津去采购这些物品，采购洗相片用的药面，也就是影粉。这可是命根子，反“扫荡”时，丢什么都不能丢这包药呀，往山洞里藏起来，反“扫荡”以后，又取出来。沙飞同志给我的印象可深了，他为革命为工作不要命的精神，不怕困难拼搏的精神。我就觉得他这个人呀，脑子里没有别的，就是一条：就是革命，就是工作，他的思想对我们的影响很大。我们在那个条件下出版画报，想起来实在是不容易，太不容易了。

记者：大“扫荡”中，带胶片的同志是怎样死里逃生的？

纪志诚：1943 年，日本鬼子对晋察冀北岳区大“扫荡”，实行“三光”政策。当时我在晋察冀画报社工作，我们的反“扫荡”是在秋后开始。我们住在阜平的上庄，敌人“扫荡”以后，我们就进入阜平一个偏僻的高山，叫华达山，军区保护宣传部、组织部等机关化整为零，各自分开上山打游击。主力部队转移到外线作战，牵制敌人，破坏敌人，粉碎敌人的“扫荡”。整个军区机关分成了一个一个的小单位，没有正规部队来掩护，就靠自己反“扫荡”。

临近 1943 年元旦了，天气很冷，我们住在华达山。在华达山画报社分成了两部分，一部分留在华达山，沙飞带着另一部分人跟着军区机关，那里人少，而且他们有作战经验。

晚上天黑出发，到那儿大概半夜了，还没睡好，就被日本鬼子包围了。他们在一个山沟里头，日本鬼子把山口堵住。我们当时没有正规部队掩护，只有画报社带的一个工兵班，这个工兵班是为了掩护画报社并帮助工作来的。被日本鬼子包围了以后，整个山沟像个口袋似的，山口被堵住，鬼子从山上冲下来，这时候就打了遭遇仗。

这个工兵班的人和日本鬼子拼刺刀，当时画报社的主任是沙飞，沙飞一看敌人包围了就往外冲，这个工兵班就跟日本鬼子拼刺刀掩护他。要不是工兵班，沙飞就牺牲在那儿了。沙飞冲过了山沟、山梁就跑出来了，可是穿的鞋掉了，袜子也掉了，光着脚在山上走，整个脚后跟磨得肉都没有了，都能看见骨头，天一冷一冻，沙飞的脚就落下残疾了。沙飞冲出去了，赵烈同志没有冲出去，赵烈是画报社的指导员，才 20 多岁，很有才华的一个同志。他用手枪和日本鬼子战斗，子弹打完了，然后向外冲，被日本鬼子给打死了，在那牺牲了。往外冲的时候，牺牲很大，就一个工兵班掩护，怎么掩护得了，牺牲了很多同志。

在反“扫荡”之前，沙飞交代任务，画报社的底片分给几个人背着，就规定了一条，只要脑袋在底片就不能丢。这些底片都是随军记者在前线冒着生命危险拍下来的珍贵资料，寄到晋察冀画报社保存起来的。这时候，有一个身上带胶片的同志叫杨桂生，一看冲不出来了，就扎在死人堆里，他并没有负伤，他就地一滚，身上沾的都是血。日本鬼子把还没有完全死去的人又扎了两刺刀。日本鬼子用脚踹了杨桂生两下，一看不出气了，就认为他死了。等这场战斗结束以后，杨桂生听着没有动静了，就悄悄地起来了，打扫一下战场，赶紧给周围报情况。

在这场战斗中，日本帝国主义残酷到什么程度呢？当时军区保

◈河北唐县儿童团在站岗查路条，防止汉奸特务进入根据地

卫部叫锄奸部，画报社是和他们汇合，同时也遭到了日本鬼子“扫荡”的袭击。保卫部部长的儿子，才10个多月的小孩子。日本鬼子把这个小孩拎起来，放在早晨还没有下米的开水锅里给煮死了。这场战斗之后，军区画报社的损失很大，牺牲了不少同志，沙飞同志虽然脚负伤了，但他马上组织了几个人，立刻出版画报，揭露日本鬼子“扫荡”当中的暴行。反“扫荡”刚结束，画报就出版了，克服了很多困难呀，比如，人员牺牲了、材料也不好找。就是在这种情况下，同志们振作起精神，把当时敌人残酷“扫荡”根据地、杀害老百姓的材料汇集起来，出版了画报，揭露敌人的暴行。这是我在画报社经历的一件事情。

记者：请您谈谈过平汉线采访的经历。

纪志诚：1943年这次反“扫荡”以后，到1944年的春天，整个冀中形势有了好转，军区派石少华和我到冀中去采访。但是这个时候到冀中采访要通过平汉线。当时平汉线可不好过。敌人在平汉线两边挖了壕沟，中间是铁路，两边是壕沟，用壕沟深的有五六米，用壕沟的土垒起来一道墙，这墙上修起岗楼。翻过壕沟，通过封锁线是很困难的。

我们当时有 4 个人要通过这封锁线，石少华同志和我，一个通讯员，还有我们报社的张玉华同志，他原来在一分区当过侦察员，对这个地区很熟，因为通过封锁线我们经验不多，要求带上他。

我们先到接近平汉线的地区，通过我们党组织，找老百姓带着我们过去。这个壕沟怎么过呢？老百姓就在壕沟里拿镐挖，人家那叫三齿镐，就顺着沟溜下来，然后用镐这么锛在墙上，我们在后头蹬着老百姓的肩膀，这么着上去的，爬过去，到那边再溜下沟。老百姓送我们过铁路，也是出生入死。当时军民关系非常好，群众对我们八路军支持爱护，就像一家人一样，那是真正的鱼水关系。我们很多次单独通过封锁线，完全靠老百姓来掩护、来护送。

记者：到敌占区，遇到“清乡”怎么办？

我们过了铁路，到了冀中。冀中到处都是岗楼，我们晚上走，白天住，就这样到达了白洋淀。因为当时冀中的部队和军分区都是穿便衣，我们也换了便衣了，穿农民的衣服，戴上一条白羊肚的毛巾，后头扎起来，手枪插在腰里，照相机呀本呀都扎在腰里头。

天津南边有一个冀南支队，这个支队的任务是要开辟冀南地区，它后头的根据地就是文安洼，我们就到这了。在这个地方，我们的力量很弱，日本鬼子的统治很严密，我们都是采取武工队的形式活动。我们想到津浦路以东，就是现在的静海，那里当时都是敌人统治的地方，没有我们的政权，武工队有时候去袭扰一下。我们包括武工队有十来个人，冀南支队抽了手枪队中的十来个人，我们3个人，石少华同志，我，还有一个通讯员杜林山。

我们跟着这个武工队，深入津南地区去了，这个地区敌人很猖狂，三五成群随便活动，到处都是炮楼。我们都是夜间活动，白天隐蔽在一个村落里。可是我们正赶上敌人要“清乡”，他说的“清乡”，在根据地叫“扫荡”。我们就十几个人，走又走不了，情况非常危急，就是夜间转移我们也走不出去。

怎么办呀，我们研究后采取了一个办法，走不了，干脆到一个据点附近去。我们找到了一个有炮楼的大村，在敌人眼皮子底下。到了这个村里，一问，这里的老百姓没有见过八路军，也没有听说过八路军。我们给他们讲，我们是八路军，我们是老百姓的队伍，你们不要害怕，这才打消了他们的顾虑。问他们，村子里的岗楼在什么位置，它是怎么个情况，说我们想了解一下岗楼的活动情况。老百姓告诉我们，炮楼里的日伪军晚上一般不出来，白天随便到这个村里来转，说这个炮楼里伪军的队长就是他们这个村的。我们一听这个说好，你带我们去，我们就到他们家去。老百姓不敢去，他说这个可了不得呀，将来你们走了，我就没有命了。我们给他们讲，你们不要害怕，到那指给我们，你们回家就行了，我们保证你们的安全。他们打消了顾虑，带着我们去了，给我们指路。这个伪军队长就住在一条深胡同的里头。

记者：在伪军队长家里隐蔽脱险的？

老百姓领我们到了胡同口，我们直插胡同到了他家，在他家门口马上就放上了岗。我们一去，吓坏了他爸爸、他妈妈、他老婆。那小老婆吓得都给跪下了，说你们要什么？我们和他们实话实说，我们是八路军，让他们不要害怕，说我们知道他家是伪军队长的家。我们在他们家住，我们不伤害他们的家属，告诫他们不能吵、不能喊，一定不要出这个大门，大门我们已经放上岗了，他们出不去。明天白天，所有到他们家串门的人，统统要管饭，只要来了人就不能出去。并告诉他家当家的我们在他家这吃，吃了给钱，我们不白吃。明天他儿子要是回来，让他的儿子老老实实地听我们的话，放下武器，不能动武，如果他动武，当场会被击毙，包括他的家里人。当家的连连答应，给我们腾出房子来，我们就住在伪军队长的房间里头，把他家的人集中在另一个屋，其他来了的人，就在这院子里，在屋里待着，谁也不能出去，我们把他们的大门给卡死了。

我们当时采取的战术是什么呢，敌人只要是来，伪军队长也好，伪军队长带着人来也好，就放他进大门。我们当时有十来个人的手枪队，带着驳壳枪、手榴弹。只要他进来了，就把大门卡死了，不能出去，你要动武当场就击毙。我们和当家的说，如果你听话，我们不伤你，但是有一条，你们给敌人做事情，你做的坏事，你们这一带的老百姓都给你记着账呢，早晚有一天要跟你算账，你要改邪归正，好好的，要为老百姓着想；如再欺负老百姓，伤害老百姓，我们把你们家里的人全毙了，他回来我们就是这个政策，只要回来动武，全部要击毙。你要给你的儿子讲清楚，他当伪军队长，本身就是做了汉奸了，替日本鬼子卖命，欺负老百姓，你要告诉他，以前做的坏事，以后再不能做，将来你做的坏事，这一带的老百姓一条一条地给你记着呢，迟早有一天要跟你算账，你要相信，八路军会把日本鬼子赶出中国的。

那当家的就讲，一定不让他儿子给日本鬼子干了，要把我们说的话统统讲给他儿子，保证不干坏事了，再干坏事，我们就上他们家来，可以给他们算账。前半夜，我们进去的他家，待了半夜，第二天待了一天，敌人没有去，伪军队长也没有回家。到第二天夜间十一二点了，我们要走，要赶紧转移。敌人清乡，过了什么地方，我们就插这个空子，连夜就出去了，一夜走了几十里路，就走出这个圈子了。

我们去了这个地区以后，了解了情况，认识到必须把我们冀南支队武装力量加大，把我们的力量投入这个地区去，开展这个地区的工作。回来后，我们就给军区反映了这个意见。

我与《晋察冀日报》的毕生情缘

陈春森

陈春森（1916—2016）生于河北曲阳。历任《晋察冀日报》编辑、编辑科科长、编辑部副部长、报社编委。新中国成立后历任《人民日报》编辑部副主任，铁道部政治部宣传部长。1982年牵头组建晋察冀日报史研究会并任会长。

记者：陈老，您先给我们讲讲您是哪年到的报社？您到报社主要是做什么，那会儿报社的情况怎么样？

陈春森：我是1938年春天到的五台山，也就是晋察冀军区，那时候的报纸叫《抗敌报》。我老家是曲阳县的，参加了抗日救国会，也叫作抗日救国动员会，动员老百姓起来抗战、参军，我是这个动员会的青年抗日救国会的副主席。这样待了半年多，就到五台山军区司令部去了。

在曲阳县抗日救国动员会期间，我编过半年抗日救国动员会的油印小报。因为我既是个高中生，又办过小报，这两条他们就感兴趣，所以对我比较重视。当时是宣传部部长潘自力跟我谈话。他说，我们欢迎你，我们八路军需要干部，尤其是青年知识分子干部，我们很欢迎。

◆1942年边区三八节纪念大会上的女子排球赛

记者： 陈老，咱们说一下编辑组是怎么编写报纸的？

陈春森： 我们《抗敌报》的编辑在游击战过程当中，边行军边办报，就是在行军路上休息时办报。记者都分下去了，编辑有四五个人。我们这个编辑组，人人都带着一些工作、武器和生活用品。工作人员带一个布袋子，一尺见方的布袋里面有稿纸，稿子，纪要的稿子，需要用的稿子。这稿子有两种，一种是通讯员写的，一种是我们自己写的；另有一种是从电台收制的新闻稿，国民政府中央台、塔斯社等外国电台。再有就是小棉被和一个大背袋。那时候吃的喝的，不但食品没有，什么也不带，走到哪里吃到哪里。老百姓待我们很好，管饭，无论走到哪里随时都有饭吃。我们出粮票，不白吃，一人一斤粮票，放那儿就走了。无论到哪儿去，直接到老乡家里去说我们要吃饭，就有人给做饭。所

◆在阜平陈庄，抗大二分校庆祝抗战两周年运动会上，文工团在演出节目

以我们的关系像鱼水一样亲密。我们三五个人组成一个小组。出报队伍里边就有一个编报组、一个出报队，编报组、出报队都有人负责掩护和侦察，我就是编译队的队长，也是编辑组组长。

记者： 当时你们在滚龙沟？

陈春森： 第一天是在那里，第二天我们上了山，当天晚上就回到滚龙沟。我回到二庄，共住了 3 个村，大庄、二庄、三庄。我们当天晚上回去，到南滚龙沟、北滚龙沟，早早地就回去了，因为我们就在滚龙沟的北头，到了 1941 年 9 月 6 日才接着出报。在山上写稿子，就在石头上写。

记者： 就在腿、膝盖上写？

陈春森： 腿上放着，布兜里还有一块板，往腿上一放就写。这又快又清楚，也不错，我也能写。平时我的稿子也是半成品，一篇文章，有时不是很急的新闻初稿就有了。当时我年轻，25 岁。邓拓 29 岁，他比我大 4 岁，小伙子真壮实，上山跑步不在乎。我们是本地人，又是农民出身，才 20 多岁，小伙子能吃苦。主要是干，有时候到村子里，找个板凳坐上就写。最好的条件是有桌子、有凳子，最坏的时候什么东西也没有，老百姓甚至不开门，我们在门台上、门槛上坐下就写。如果进不了村，在村外找个地方，只要能坐下来就写东西。

记者： 当时印刷厂设在铧子尖那个牛圈那儿，是吗？

陈春森： 铧子尖是我们在北滚龙沟出报的地方，南沟、北沟、东沟、西沟，有好多沟。铧子尖比较长、比较高，山尖像犁铧子一样，我有照片。那儿是印刷厂，我们编辑工作、生活都在村里头。两三个印刷工，当时到了铧子尖。2005 年他们带着我去过，给我讲当时的牛棚，上头有一个草棚，一台机器，两个工人，下

◆在阜平陈庄，抗大二分校庆祝抗战两周年运动会上，文工团在演出节目

边是干草和牛粪，周围有小孩在睡觉。他和他爹两个人背靠背守着，印了报纸就睡觉。稿件是我们从二庄编好以后随时送到西沟，送到他们印刷点。他们拿了稿件，开了机器印刷，当时是小机器，一个人就可以操作。排字还不在那儿，排字还在大庄，后来有个编辑去了，可以改稿子。这样编辑在二庄，排字在大庄，大部分人在大庄。

记者： 那会儿你们怎么联系呀？既没电话又没手机。

陈春森： 通讯员。编辑部有几个十二三岁的小鬼，送稿子、送东西。

记者： 那个时候聂荣臻失踪了一段时间，他把电台关掉了，当时日本鬼子就造谣，是吧？把这段故事给我们讲讲吧，你们的报纸怎么辟的谣？

陈春森：这是 1941 年秋冬。我们是 8 月 23 日开始行军的，聂荣臻同志在 9—10 月这段“失踪”。我们在平山，沙河以南。他们在北边，沙河以北，也就是阜平县的北部山区，党政军区都在北边。平山群众条件好，我们住了一年多，很熟悉了，也打过游击。一个缺点就是离开了军队的司令部，我们报社靠军区司令部，不仅消息灵通，而且武装保卫比较强，我们跟着几个主力转。后来没有了，主要部队也走了，我们报社和四军分区的部队也有一个团。聂荣臻同志在北部遭遇敌人，他们在北部山区里游击，敌人电台侦察到我们军区的电台跟着。聂荣臻在阜平县的北部，跟八路军总部、唐县有联系，和党中央也有联系。

但是 1941 年 9 月下旬就没有联系了。各个分区找不到司令部，八路军总部不知道聂荣臻哪儿去了，党中央也不知道他们怎么样了。各个分区紧张啊，八路军总部与党中央紧张了。大军区领导机关隐蔽起来了，这就是聂荣臻的高妙之处啊！他们在阜平县的北部山区游击作战，今天住这个村，明天住那个村，他们是军区、边区、党校，好几个大机关在一块儿，一两万人，敌人老追着我们怎么行啊，是什么原因让他们老追着我们跑呢？后来闹清楚了，是因为我们的电台跟着走，我们发报敌人知道了。所以，就想了个办法，转移电台。怎么转移？派人带着电台回到阜平县的东北角，就是东边，也是山区，他们继续在阜平县北部转。

这样以后情况就变了，敌人追电台去了。聂荣臻他们就赶快转到阜平县北边一点一个叫常家渠的小村。他说，集中在常家渠有 1 万多人，如果敌人包围我们，后果不可想象。所以他就下令，什么也不许想，不许哭，不许闹，不许高声说话，不许点火什么的，待了 3 天。他说，咱们这儿不能待，要突围出去。突什么围？就是突破阜平县的东西大道大沙河这个大道，日伪军常常在那里巡逻。就在这期间，咱们派人去侦察。第一次侦察，说没有敌人，正准备走，一会儿又来了敌人，出不去。第二次，还是出不去，第三次就突出来了，到了平山。因为突围时都有我们的部队防卫着，没碰着敌人。到了平山，一打听说晋察冀日报社还在这儿，还在原地出报，大家都惊讶得不得了。

聂荣臻出现了，这报纸一发，老百姓一看见就很惊喜。其实部队在县北方活动，电台找不到的时候，敌人就渐渐地放出风来了，胡说什么部队已被消灭了，聂荣臻跑到延安去了，司令部也没有了，政府也没有了，晋察冀边区政府垮了。老百姓看到敌人的报纸，既不信又不能不信，看到我们的《晋察冀日报》印着聂荣臻手书："把日本鬼子赶出边区去。"那期报纸我们印得特别多，这不解决大问题了嘛。

边区人民相信八路军，相信共产党，相信我们的报纸。我们的报纸说什么，老百姓就相信什么，这假不了。我们这报纸天天发，白纸黑字写得清清楚楚的，经过多少年证明，是说实话的，没有假话，没有假消息。所以这个报纸当时起的作用了不起，安定民心，鼓励百姓坚持抗日。领导机关非常高兴，聂荣臻亲自写了一篇社论发出来，向边区也向敌区人民说明一点，那就是，我又回来了。

记者：真厉害。

陈春森：那时候就是。说到这里多说两句，为什么这样？除了地形好以外，我们高度分散，万一敌人来了也看不见东西，找不到老百姓，找不到报社。再一个，极重要的条件是周围有部队保护，在滚龙沟附近有几个团在活动，保卫日报社，保卫做啥子？我们在这儿出报。

记者： 当时报社是不是鬼子消灭的一个重点？

陈春森： 是重点之一，最重点的是军区领导机关、八路军主力。《晋察冀日报》是政治思想进步的主要武器。敌人是在舆论欺骗，但百姓不知道是欺骗，主要是老百姓有个思想，相信我们八路军共产党的根据地存在着，而具体的根据就是天天有报纸告诉他们，这就是证明。天天出报纸，老百姓相信有领导，有共产党，有干部，有计划，有报社，所以报纸在安定民心、动员群众、鼓舞斗志方面起的作用太大了。老百姓一见报纸就信心倍增了，这是白纸黑字天天来呀。邓拓也说天天有新报来，实在是没有预想到的，了不起。

记者： 鬼子当时特别恨你们吧？

陈春森： 恨我们，肯定是恨啊。每次包围我们，要消灭我们。第一次大轰炸是 1938 年，1939 年到唐县轰炸，后来，到平山县轰炸，我们的报社是目标之一。国民党的中央宣传部正式下命令，取缔《晋察冀日报》，不让出报纸。所以我们得跟国民党斗争，跟中央军斗争，跟日本鬼子斗争，所以斗争，既保卫老百姓，也保卫我们自己，我们不坚持行吗？坚持下来就是胜利。我们这个斗争，从抗日战争就开始了。爱国的教育都是很好的，简单说，不怕死，打日本救中国不怕死。

记者： 当时，游击办报有一个原则就是只要没战斗，就必须出报纸，是吗？

陈春森： 有几条规定，第一是 24 小时住在一个村，一住一天一夜，就得出一期报纸；第二是报纸具体内容，3000 字的文章，不能写多了，不能写差了；第三是通俗化，让老百姓能看懂，能听懂。

记者：这个3000字内做文章，您给我简单解释一下是为啥呀？

陈春森：就是不要有生字、冷句、典故什么的，因为这个群众看不懂，听不懂，就是3000字的常用字。用古诗、古词、古字写作的，我们编辑部也有，有个大学生就写文言文，开口说的也是文言文，出口成章。而我们写的是白话文，文言文我们不用，3000字全是常用字，通俗化的字、文章。我现在看过去写的文章，老百姓说的土话都有，很有意思。

记者：您还用方言吗？

陈春森：少数方言可以用，多数方言都是河北省的方言。山西也有，很少用。我在北平住了好几年，正定住了好几年。

记者：您说土话也用，是吧？

陈春森：土话也用，但是比较少，也就是华北的、河北省的，老百姓方言太多了，其他县的话，特别是我们某个村的话，5里以外人们就听不懂，那也不行。

记者：你们当时在南滚龙沟的时候，这一段有几版报，一共出了多少报纸啊？

陈春森：1941年8月23日出来，9月初住进去，9月到11月两个多月，都有报纸。铧子尖是后来我们几个人给它起的名字，当时就是常进常出，敌人来了，就把机器埋了。敌人走了，或者没有到我们这儿来，再发稿子，印刷，再发行，这样一次一次的。当时就是有机会就出。

记者：您是哪年到的二庄？

陈春森：1940年春天。

记者：就是《晋察冀日报》改名那一年？

陈春森：是的，1940年11月7日，在阜平县改的名，两日刊，报纸份数增加了，后来增加到 5 万多份了，在根据地出报纸就不容易了。当时在敌占区的一位朋友也说："天天来新报，日报天天来，我在北平都没有想到过有这样的报纸，真惊讶，共产党了不起的思想武器！"他十分惊讶，怎么也想象不到，在大山里边，天天出日报，就是速度快，编辑快，印得快，发行快。

记者： 发行也很了不起？

陈春森： 发行也是了不起的。报纸出来的时候，从老总站也就是报社所在的地方运出去，他们再送到别的地方。没有汽车，都是大车送的，还有骡马驮着。一年四季，白天晚上，报纸到了就送，不积压。别看都是土办法，却很快，只要有新报，马上装袋子就发出去了。那时候有游击队，还有普通老百姓，出了报纸给他们，他们就负责到底。所以群众的力量之大，我们还是不敢想象的。有的把家里的大肥猪卖掉买了一匹马，自己当送报员，当报纸发行员。当时我们在农村有一个动员抗战的口号，有人出人，有钱出钱，有东西出东西。所以，大地主可以出粮，贫农可以出人，有钱人捐出几十块，这都是在为抗战出力。

记者： 您刚才说那个把肥猪卖掉，然后买匹马当发行员的，这是谁呀？是哪里的人呀？

陈春森： 叫尤奔，行唐县的。住在我们那个楼旁边的这个楼，我去看过他几次，刚刚去世了，很可惜，他是老发行员，1938 年我们就在一起。那时候因为条件差，他就把家里的肥猪卖掉，换了一匹马回来，当我们的发行员，送报纸。

记者： 您这样一说我就明白了，就是除了有我们报社专门的发行员，主要依靠的是晋察冀抗日根据地的民兵、老百姓。

陈春森： 对，老百姓。他们自觉地援助我们，帮我们送。有时在战斗中，找不到原来的单位了，新报出来后就送给边区政府，送给军区司令部，送给聂荣臻司令员。而且一年四季不间断，春节也不休息。

记者：当时您在南滚龙沟的时候，您住了几年呢？

陈春森：1940 年春天去的，到 1943 年春天离开，3 年多。

记者：您觉得您当时的那个房东好吗？南滚龙沟的人好吗？

陈春森：当然好了，我们房东姓寿，是村长，后来成了英雄。我在的时候，他们小两口儿跟我们在一个大院里，他们住一间小房子。2005 年我再去的时候，变了，房子没有了，我们的房子也没有了。我们在那儿的时候，房子是四进的院子，因为住的时间长，跟老百姓很熟悉。当时我教他们夜学，并且教他们唱歌，还搞侦察队，我都兼了队长。

记者：你们是不是到一个地方只要时间长，就都开这种识字班、唱歌班？

陈春森：都有的，读报，有现成读报组就加强，没有读报组就建立读报组，要办学校，办师资班。和老百姓一起生产、一起生活、一起学习，所以很熟很熟，亲如一家。为什么？因为他们全心全意保卫报社，敌人抓住他们问这问那，他们什么都不说。

记者：你们在南滚龙沟驻地的时候，1942 年 7 月，《晋察冀画报》创刊号出来了，当时你们交往多吗？你们彼此的支援多吗？

陈春森：沙飞原来是我们的副社长，后来把他分出去，他就成为画报社社长。刚出去的时候，当然没有我们条件好，我们给他技术，给他设备，保护他，画报推出来以后，我们收获就多了。他们给我们报社一些重要的相片，我们报纸也用，生活也用。我们是比较亲的兄弟报纸，《晋察冀画报》《晋察冀日报》都是共产党的报纸。

记者：沙飞这个人，您对他是什么印象？

陈春森：很豪爽的人，但是很亲切、朴素，开始是科长，后来在报社是副社长，没有架子，跟战士、同志们一块儿生活。我很喜欢这个人，广东口音，说话口音重，听不懂，人很好，所以他在报社也就很有威信。他的摄影技术很好，30 年代在上海给鲁迅照相，没有第二个人照，留下了很多历史照片，所以他出了名。他业务很精，为人很好，身体也不错。后来犯了错误，死得可惜了，没办法，历史造成的嘛。

记者：你们日报社有自己的歌吗？您能给我们唱几句呗？

陈春森：有自己的歌。

我没有背过，报社成立 50 周年纪念日的时候，在新华印刷厂开的纪念会，还唱了那个歌，那个词我也背不下来，因为歌词不是太通俗。

记者：我这次去南滚龙沟的时候，有个老人给唱了一首歌，说是你们教的，您给唱唱《太行山上》。

陈春森：“我们在太行山上，我们在太行山上……”，“山高兵强马又壮……”，背不很熟了。

记者：你们教当地人唱歌，都教他们什么呀？

陈春森：那时候教得最多的是《大刀进行曲》，“大刀向日本鬼子的头上砍去”，唱这个的很多。再就是《全民抗战》，“工农兵学商，工农兵学商，一起来救亡，一起来救亡……”。《游击队歌》，这个唱得熟一点，多一点。《五月的鲜花》，“五月的鲜花开遍了原野，鲜花掩盖着烈士的鲜血……”

记者：当时，就是在边区，是不是到处都有歌声啊？

陈春森：那就不用说了，到处都是唱歌，还有活报剧，就是几个人演的小话剧，到街头或村里演去，最有名的是《放下你的鞭子》，这是抗日初期的一个小活报剧。唱歌的，唱打日本的歌，唱歌动员力最强，而且最能动员青年人。我是主任，教歌，教好了以后，号召青年参军。“我参军去，走，我跟你们走。”我说：“你别着急，你跟家里商量去，同意不同意参军，然后你再去参军办公室，别跟了我们就走。”宣传队动员力很强啊。遍地歌声，我们青年就有一个专门的歌友队，除了口头宣传以外，主要是靠歌声宣传动员。

记者：当时那个剧社活动频繁吗？像您跟抗敌剧社啊、铁血剧社啊、群众剧社等，有过直接的联系？

陈春森：没有直接联系他们，各分担自己的。在乡村有很多剧社，像阜平县的农村剧团，很有名的，演戏演得很多，经常组织活动。在农村有歌咏队、戏剧队、剧团，各县都有，有很大的宣传动员力量。但是我们组织宣传鼓动工作，宣传得讲道理、讲情况。宣传鼓动工作，就是强调，既可以宣传，还得会鼓动，把群众的热情鼓动起来。

记者：您第一次见到邓拓的时候，对他有特别深刻的印象吗？

陈春森：那是1938年4月初，我从河北曲阳县抗日救国动员会调往青年抗日救国会的副主任，到了晋察冀军区五台山参加了八路军。参加八路军以后，就组织报社队伍，邓拓去当社长，阎恒午，还有洪水，加邓拓、我，4个人编报，另外2个人搞校对，还有2个人写字印报，没有铅印。这样就印了。还有管生活的，我们七八个人就开始在五台山大甘河村一个龙王庙里头编报纸。

第一次会议，我印象最深刻，邓拓主持召开的。开始叫《抗敌报》，不叫《晋察冀日报》。《抗敌报》第一次编辑部的会议，就讲

◈冀中妇女识字班开展“我们要作新民主主义社会的新女性”政治学习

3 条，我记住了里面的 3 个问题。

第一个，我们是什么环境？是在城市里办报，还是在乡村。咱们的敌后抗日根据地都是乡村，没有一个大城市，大部分是在平山县。城市都叫日本鬼子占了，我们就是在农村、在山沟里边来回转悠着，打着游击还得出报纸，就叫游击办报。中国人、外国人历史上没有过，前人没有做过的工作，我们是第一家。那绝对是打着枪和敌人斗，我们带着骡驮，骡驮着大机器，出报纸，准备应对困难，这困难是别人没有遇见过的。《抗敌报》是敌后出大报纸头一家，我们这个报纸的出版环境，既不是大城市的高楼大厦，也不是小县城的办公室。走到哪里办到哪里，是个游击办报的环境，要深刻地注意，咱们就是在前线，在前线办报，打游击办报。

第二个，咱们这个报纸受众不一样。本地区的老百姓是在农村，文化水平比较低，上中学、大学的很少，上小学的也不普遍。这个报纸怎么办啊？就给看报纸的讲道理，打仗、抗日、救国，为什么必须打仗，必须打持久战？那时候敌人说，3个月灭亡中国，我们叫它3年打不出华北。我们要打持久战，讲这个大道理叫评论，写评论文章，写短评。这个文章刊在报纸上以后，主要是代表一个报纸新的思想，代表一种新的精神，也代表共产党的战略战术、各种政策措施，所以要多写评论。我们《抗敌报》《晋察冀日报》报纸社论的每一期报纸都有一篇评论，大评论、大社论、小评论文章、短评都有。这样讲道理，讲抗日战争，讲各种各样道理的文章都有。

第三个，我们还得出多点儿报纸，发行多一点，让人们很快就知道这些大道理，怎么办？这样就得争取快点，把石印报变成铅印报。过去石印报3天才出一期，出得又不多，老百姓看不见报纸，还是不知道大事。所以，会议第三个内容就是赶快筹备，找机器，出铅印报。我们这个会议是在4月初开的，4个月以后，到8月初，机器找来了，铅字也找来了，白报纸也找来了，油墨也买来了，铅印报就开始出版了。

记者：听完这个之后，您对邓拓是个什么印象，对他是个什么感觉？

陈春森：我还得说一条，这报纸的文章给谁看？给所有的部队官兵和老百姓看。读者最多的是谁？还是农村的群众，几千万群众，所以为了取得好效果，报纸有一个方针，就是识字的人能看懂，不识字的人怎么样？给他念一念，他能听懂。

看懂、听懂，所以这文章必须得通透。不好懂的文章不要，都是用通俗的日常话、民间语言写的文章。所以，叫识字的人能看懂这篇文章，不识字的一听就是河北话、山西话，就能听懂，报纸这就发挥效果。这个要求很高啊，我是河北曲阳县人，邓拓是上海的，另外一个是南方人，还有两个是阜平人。当编辑的，除了我是本地人以外，别人都是外地人，不懂得本地话。要打持久战，要把抗日战争的游击战坚持下去。所以得学地方话，我们编辑每个人一个小本本，见老百姓谈话的时候，一听是河北话就记下来了。听不懂话就得学，我第一句话就学了五台话，现在还记得。

所以叫人看懂听懂是个很困难的事情，要让老百姓既能看懂，也能听懂。报纸就是为老百姓服务，如果看不懂、听不懂，报纸还不是白白的报纸，白纸黑字不认识嘛，达不到宣传效果。所以第一次讨论后，我觉得邓拓是一个了不起的文化人。

邓拓是大学教授，他也没有办过报纸，但他看报纸看得多，知道报纸的情况。他说："我们学习吧，重新开始，没有办过的事，重新学，走一条新路，创一条新路，发挥咱们的创造性。"所以这个会议使我受到很大的教育，而且有了很大的启发，很感谢他这么一个好领导。我跟着他一块办了 10 年报纸，没有离开过，忠心耿耿地给他当助手，当编辑，当编辑部副部长，我们一直在一起，一块儿工作，一块儿战斗，一块儿编报。所以，邓拓是我们的好领导、好老师、好同志。

记者：现在再想起在滚龙沟那段日子，您是一个什么心情？

陈春森：那时候就是竞争，这个报纸没有竞争就出不了。竞争就是敌人跟着来，我们随时可以藏。因为咱们是藏起来办报，不是找敌人打仗，我们战斗的结果就是报纸，报纸像炮弹一样打出去，打政治思想上的炮弹。在当时来说，我们都藏着打防御战，叫敌人看不见我们。

记者：当时你们在山上写报纸，有一段，我记着描述得挺好的，那个讲讲行吗？

陈春森：那时每天都是这样子，我们有个布袋子，里头装着一份稿子，一个水碗，一个粮食袋，要吃饭啊，两颗手榴弹。背着这些东西，到了一个地方，就赶快出稿子、出作品。到了以后，有桌子的地方趴在桌子上写，没有桌子，搭一块板子来，就这么写。争取一分钟就是一分钟，一小时就是一小时，不能停。社长主要写社论，他说他要写社论，骑着马就想起来了，今天要发个什么，怎么写，他都有个考虑了，打腹稿。

一到了就住下来，他就赶快写。写完一篇，通讯员拿着送出去，写一篇排一篇，他写完了以后就都排出来了。都得争取时间啊，随写随送随排。我们也是，拿到电台的电报稿以后，一看这个内容，我是管新闻版的，全国抗日战争的进展情况，该怎么写就怎么写。一个中国新闻组、国际新闻组、编辑新闻组、主刊组，编报分 4 个组。当时还有一个资料组，行动起来就是 4 个组。

总的是，接了稿子就看，看完就编，编了以后再送出去。就是争取速度，高速度的写作能力、编辑能力。因为铅字小，就没有大标题，怎么办，选最好的木头，拿着毛笔，蘸着墨水写，几个最大的标题都是用毛笔写的，我和邓拓两个人会书法。版排好了，没有标题字，拿支笔来赶快写。写了以后，刻在铅字版上，再一块儿印刷。还有就是画小地图，画好以后，用木头刻，印着小地图，告诉老百姓地理知识。

记者：1941 年，报社差点被日军包围，当时情况很危急。

陈春森：1941 年，我们在晋察冀游击办报过程中，很残酷。

敌人7万人包围我们，当时我们晋察冀的领导机关，党政军群全部机关都在河北省西部平山县靠着太行山东麓这一带的深山老林地区。这个地方沟壑纵横非常适合打游击，也是老百姓隐身的好地方。

当时，军区领导机关聂荣臻他们刚冲出包围圈，往北到了阜平县，我们报社留在平山的滚龙沟。滚龙沟在一段山区的中心位置，这个山沟很大，内部很复杂，沟沟岔岔到处都是，山洞也很多，很适于打游击。我们因为要出报纸，当时办报的想法就是能多出一张就多出一张，本意是晚走一两天，再出几张报纸，结果敌人行动很快，把我们出山的通道一下子堵死了！

后来，我们就开了个紧急会议决定在平山附近地区就地打游击。我们就地分散了，3人一组，5人一组，7人一组，8个人一组，分散在各个山区，当天晚上就上山了。

我们在山上，敌人在沟里边走，在山上往底下看，就像蝗虫一样。那时候没有汽车，车进不去，就是人带着伪军往西走。我们都是分小组在山上，敌人也看不见我们，他们随山沟往上走，越走越高，越走越高。

敌人来了以后，我们在山上也不怕，鬼子穿着大靴子，在山上走也走不快。我们是人熟地熟，小伙子们到处跑啊，鬼子也找不着我们。

邓拓他们是到山底下往西走了，我们是在滚龙沟的北山上往东走。他们和敌人就是在滚龙沟西边的两个山头上。结果敌人后边也有人，就包围了他们这个山头。在包围这个山头时，他们看见底下有鬼子下山了。所以当时情况很急。邓拓他们5个人，党支部书记、秘书、财务管理员，还有一个勤务员。邓拓就说，现在咱们情况比较危急，如果敌人再继续往上包抄，我们就有被包围的危险。所以我们要做最后的准备，什么准备？就是和他们拼命了。你们4个人，每人都有手榴弹，加上我带的这个，手里带着5颗手榴弹，万一碰见敌人了，我们就和他们同归于尽。我和老谢，就是谢荒田，党组织书记，我俩有手枪，敌人要上来的话，我们用手枪打死几个，然后和他们同归于尽。要把最后一颗子弹留给自己，绝不当俘虏。

他这样说了一段话之后，同志们精神很振奋，要准备和敌人拼命。结果敌人没有再上山，而是又转到山后头去了。那是咱们经历的最危险的游击办报。

有关街头诗

魏　巍

魏巍（1920—2008） 1920 年生于河南郑州。八路军总政记者团成员，晋察冀军区政治部宣传干事，是晋察冀诗歌运动中比较活跃的诗人。新中国成立后担任过北京军区政治部文化部部长、中国解放区文学研究会会长。

记者：街头诗的兴起、形式和战斗作用。

魏巍：这个街头诗开始是在延安兴起，有两个团体，一个是丁玲领导，后来是周巍峙领导的西北战地服务团的诗歌组织，叫战地社，以田间、邵子南为主。一个是柯仲平领导的战歌社，还有其他人。1938 年 8 月 7 日，这两个组织发动了“八七”街头诗运动日。这一天，延安满城都贴着红红绿绿的街头诗，当时我也参加了，因为我当时算是战歌社的，我在抗大办了一个战歌分校，很热烈。这个活动，随着战地社就是刚才说的西北战地服务团，来到了敌后晋察冀抗日根据地，就在晋察冀开展起来。

1939 年 1 月，我到了晋察冀，这街头诗就搞起来了。他们从陕北行军到晋察冀的沿路上，在路边岩石比较平缓的地方，都写上了街头诗，鼓舞人心的诗。

当时晋察冀的领导机关在蛟潭庄，政治部在李家庵。我也参

◆抗日根据地的街头诗

加了这个街头诗运动。诗人直接把自己的诗写到街上，写到墙上。我也在墙上写过，不光是在纸上印。用锅底灰，用毛刷子，就站在墙边写。一分区的官头，也是一分区领导所在地，写有诗人田间的一首诗，有人给他插上画："假如我们不去打仗，敌人就会用刺刀杀死我们，还要指着我们的骨头说，看，这是奴隶！"很有力量的。

还有诗传单，诗传单是开大会的时候，撒的红红绿绿的诗传单。比如，一分区的大龙华战斗，歼灭了四五百个日本鬼子，队伍回来的路上，老百姓欢迎他们，在路上撒了很多诗传单。

再一个就是对敌人进行政治攻势，把传单撒到敌人堡垒里头，撒到敌占区，对敌人进行攻心战，那是很有战斗力的，很普遍的，以后有进一步发展。1944 年，冀中军区重新成立，杨成武同志调到那里当司令。我到冀中去，我就看到墙上写了很多街头诗。

还有枪杆诗，在部队里，战士写的诗叫枪杆诗，也是街头诗的风格发展下去的。这说明一个什么问题，说明革命深入，带来了文化的深入。那些村庄，过去都是国民党的统治，除了到那里催租子要账，那都是没有人去的地方。可是现在，我们把文化带到了乡村，带到了穷乡僻壤，让那些地方都有了文化，这个具有深刻的意义。

重要的还有歌咏活动。敌人执行"三光"政策，烧光、杀光、抢光，一个村子要烧几遍，烧了一遍，又盖起几间草屋，第二次"扫荡"，又烧光光的，太残酷了！不是每个乡村都有井嘛，井上盖的小棚子都不给留。但是歌声没有停止过，晋察冀的歌声没有停止过，随时都有战斗的歌声。革命的土地，战斗的土地，那一看就是不一样。

还有戏剧。在雪地里边平一个台子，大家坐在那。那个抗敌剧社，胡可、刘佳他们，演《日出》《雷雨》等。《雷雨》演出时是在夏天，在后台都得脱光膀子，扇着大扇子。冬天那多冷呀，外边下雪，烧着木炭火，冻得够呛，回去喝一口酒，出来接着演出，精神真好！老百姓坐在那儿看，也不动，看得津津有味呀！

那时候，根据地的电影刚刚发展，也拍一些片子，也有放映队，不过片子很少，但是都是很真实的。电影、戏剧，尤其是歌咏普及，可以看出人民的精神力量，一种不屈服的抗战的精神。不是这样，怎么打日本呀！

记者：当时诗的灵感，在脑子里一天到晚都充满着。

魏巍：当时晋察冀的领导是比较重视的。晋察冀那么困难，诗刊还能坚持办下去，用麻纸印的，很简陋，但始终就没有停止过。

记者：晋察冀影响比较大的诗歌刊物是《诗建社》？

魏巍：《诗建社》主要是田间、邵子南他们编，还有方冰，方冰就是写《歌唱二小放牛郎》的。

我原来是八路军总政记者团的，派到晋察冀这个小组，后来我就是做实际工作，在晋察冀军区政治部宣传部当干事，在潘自力领导下编报纸什么的。再后来我也到一分区，在团里、营里当教育干事，之后又到分区。

记者：您的诗都是战斗间隙写的？

魏巍：战斗间隙写的。当时的条件那样艰苦，诗人们的情绪为什么还那样高，内容为什么那样丰富，为什么气势那么高昂？这就涉及一个问题，就是晋察冀很出名，风头很大。华北就是两个大根据地，一个晋察冀，一个晋冀鲁豫，晋察冀是模范根据地，从大后方来参观的民主人士很多，延安来的也很多，美国的卡尔逊上校也来这里学游击战。他们到晋察冀一看，就感觉这个气氛不一样。

那些老百姓头上围着条手巾，拿着个粪叉子，那个力量很大。树下坐着个老太太纺线，旁边站着个儿童，拿着红缨枪，人一过，查路条。从大后方来的人一看，新鲜，那就是一个新的天地，诗人怎么会不感动呢？

◆边区儿童团（石少华摄）

我在我的诗集的后记里面曾经写过，不管生活多艰苦，诗人的灵感呀，不知道什么时候就变成来叩门的情人了，就是这个意思。这个灵感一天到晚充满着，看到这个现象，激发自己灵感，就形成诗了。比如说反“扫荡”，我一路上，白天构思了，晚上写，或者晚上构思了，白天就把它记下来了。别人也是一样。

诗人也多，那种环境下，大家团结，关系好，互相爱护，大家的友谊非常深厚，晋察冀这些老同志，都很怀念当年的友谊。比如，我跟田间并不认识，他当时也是一个出名的诗人。我们是青年开始写诗嘛，他到了延安，我就去拜访他了，他也不见外，他把在山西写的诗拿给我看了，很快大家就成为朋友。和何其芳也没有见过面，我写给他的那首长诗，他看了，写了回信，那个小楷字写得非常工整，后来大家都成为朋友。

田间在晋察冀

葛　文

葛文（1921—2022）生于河北石家庄。著名诗人田间的夫人。抗战期间在晋察冀做文艺宣传工作，新中国成立后任河北省文联专业作家。

记者：为什么田间先生能够比较早地写街头诗？

葛文：田间是从一个小山村出来的，在上海参加左翼作家联盟的时候，他就受鲁迅先生的影响，反对唯美派的诗，主张诗歌民族化、大众化。到了延安以后，也是革命的形势需要，有了这样的条件环境必然要产生街头诗。也就有了一个街头诗活动日，还有一个宣言。在延安没有待多久，也就是一两个月，田间就响应号召，到战场上去为国家、为民族战斗，参加了西北战地服务团。

记者：他是怎么到西战团的？

三访丁玲呀，丁玲有一段话，对于我们今天来说，很重要。她问田间，大上海来的诗人，西装革履，来我这里可是当兵呀，你能行吗？就是说我这里都是战士。

◈ 出席晋察冀边区第一届参议会的文艺界参议员。左起：诗人田间、画家沃渣、晋察冀边区文联主任沙可夫、摄影家沙飞、音乐家周巍峙

◈部队文艺工作者在墙上绘制漫画《反对鬼子抓壮丁》

记者：田间怎么说？

葛文：我愿意做一个战士，就是一句话！然后他就是在那做战士。西战团都是演戏、唱歌、跳舞的，他干什么呀？他主动给人家扛道具，在门口站着卖票、喂马，他说我就是一个战士。到晋察冀，过黄河，他是随西战团一块来的。就是这个过黄河以后，从晋西北一路写，把街头诗就写在墙上。没有纸，墨也没有，就用锅底上那个黑灰呀，或者是用白石灰写在墙上。不光田间写，很多人都参加，连战士都积极地写，就成为一种运动了。

写诗只是我们工作的一个方面，更主要的是宣传教育老百姓，作为一个文艺工作者，我们首先是战士，如果有一天被敌人俘虏了，就要和敌人拼，这是第一位的。

记者：您跟田间老师一起下乡写过诗吗？

葛文：我跟他一块儿下去呀，我们是 1943 年 3 月，那时我先走的，因为毛泽东同志延安文艺座谈会讲话以后，那时我在晋察冀军区政治部，部队领导让我到二分区工作。后来，我们两个一块儿到盂平县，他在盂平县委当宣传部部长，我就到盂平县四区当区委书记。

◈1944 年晋察冀群英会上，戎冠秀被授予“北岳区拥军模范——子弟兵的母亲”光荣称号

天天和群众在一起，时时刻刻和群众在一起，一起反“扫荡”。或者开会，或者写诗，在这一点上，田间抓得最紧了。要把群众丰富的战斗生活表现出去，光自己写还不行，还要群众自己来表现自己，所以当时有这么一个口号：“我自己写自己”，田间就是抓紧时间到各个村子，开一个小型的学习班，组织大家讨论，大家互相看看、改一改、提一提意见，这种情况是比较多的。在反“扫荡”的空隙当中，在战斗的空隙当中，在敌人追击我们找不到我们的时候，我们就地讨论，所以很有意思的。大家就是找张纸，什么烟盒呀、纸片呀、树叶呀，有很多诗就是在这样的时候写出来的。

比如，1943年是非常苦的，敌人马不停蹄地找我们，包围我们，反“扫荡”持续的3个月当中，没有进屋睡过觉，在山沟中、草地上睡觉。这种经历，在群众当中也产生了一些好诗，有一个人叫张青云，就是村子里的老百姓，田间帮助他，在新中国成立之后出了一本诗集。

田间在这个时候写了《孟平英雄歌》。他在边区最著名的诗是《戎冠秀》，那是一首长诗，叙事诗。他和戎冠秀在群英会上认识，后来又几次相遇。

记者：请您谈一下田间和陈辉的一些交往?

葛文：陈辉是一分区的，田间这个人呀，只要是写诗的，不管是老的，还是年轻的，他都非常尊敬，非常爱护。他不会因为自己写了那么几篇诗，就觉得自己怎么样，只要是哪里发现这样一个写诗的，他就主动去找他，跟他谈。当时陈辉在一分区，一分区的战斗比较多，田间到一分区去得就比较多。陈辉写的诗，他也都看一看，互相提意见，互相启发，他对陈辉的诗比较欣赏，但陈辉不久就牺牲了。听到陈辉牺牲的消息，他很难过，他这个人一到感情激动的时候，就不说话，一个人坐着，抽烟，想念这个人。他说陈辉就是留下一首诗，我们也得给他保存起来，所以陈辉有些诗是他保存的，新中国成立以后，他给陈辉出了一本诗集，还给诗集写了一个序。还有一个就是任萧，是一个女同志，她是曲阳县人，曲阳县的妇联主任，也写过诗，就是因为写诗，田间才给她谈诗，她来了以后，参加会，田间就是抓住她，和她谈诗，写了一些吧，也是1942年牺牲的。据说任萧是一个红小鬼，是红军过来的，很年轻，但是我们没有她的资料，都不知道她的经历。

记者：在生活当中，田间作为一个诗人，主要有哪些和其他人不同的地方?

葛文: 他这个人呀,是党培养出来的自己的作家,自己的诗人,他不大愿意去表现自己。他很注意帮助那些写诗的,年轻的或者年老的,部队的好多诗人他都帮助过。再一个就是,他总是在沉思默想,话很少,我们在家也听不到他说话。有人来找他,跟他谈,他也很少说话。但是要是有人跟他谈诗,他几个钟头也谈不完,他谈诗存在的问题,以及我们中国诗歌的传统和外国的诗人,他都谈,谈起来没有完。你要是跟他谈别的,谈玩、谈吃、谈喝、谈穿,他一概不懂,生活非常简朴。

忆冀中的文艺活动

付　铎

付铎（1917—2005）　剧作家。1917 年生于河北博野县。抗战时期担任冀中军区火线剧社社长，新中国成立后曾经担任解放军总政文工团副团长。

记者：抗战初期冀中根据地戏剧运动的基本情况？

付铎：1937—1938 年，在冀中首先成立的是火线剧社，一分区的前锋剧社，二分区的前进剧社，三分区的前卫剧社，四分区的前哨剧社，五分区的先锋剧社，还有回民支队的抗战剧社，这都是部队的；还有地方的新世纪剧社、萧华剧社，我说的这几个剧社，都是后来发展起来的。剧社成立起来以后，很快地排戏、唱歌，前方部队浴血抗战，胜利的消息传来，这更鼓舞了大家的情绪。大家干劲足，士气旺，当时就是赶快排戏，赶快演出，赶快上前线，赶快下部队，赶快下农村，宣传抗日。有青年学生、小学教员、爱国的知识分子都是这个土生土长的，当时演出的戏有《活路》《智取》《小英雄》《游击队》《张家店》《警觉》《母老虎》《爸爸做错了》《血洒卢沟桥》等等，现在一下子记不起来了，很多了。

◈战线剧社在为群众演出抗战剧目

这些戏都是反映现实斗争的，现在讲起来吧，都是配合任务的戏，不是名著佳作，但是演出之后，效果相当好。比如，我们演《活路》这个话剧，剧里头的主人公一号人物是一个老秀才，他思想还有点落后，他说谁来了还能不纳粮呀，他说日本人来了，他也不能不要群众，不能不要老百姓，他就是没有这种民族危机感。日本人来了以后，拿他当玩物，让他跪下，趴下，骑在他的身上，当牛做马，他儿子看不惯了，上来就跟日本干起来了，这一干呀，下边看戏的群众就是说杀啊，拿砖头往台上扔，照着日本人就丢过去，台下就鼓掌。那个演日本鬼子的叫张振山，有时候他这个脑袋被打出了包。还有演出这个《张家店》的时候，日本鬼子要强奸年轻妇女，这个少妇呀，气得拿了一把菜刀，要杀日本鬼子，就是斗争起来了，下边群众就鼓掌，喊道杀呀，杀呀。这个妇女拿着刀，在日本鬼子头上砍的时候，下边就是使劲鼓掌。后来我们想，这个戏呀也不是优秀的剧本，都是刚出来的一些学生创作的，也没有名演员，导演也不是名导演，舞台布景那时候也非常简单，为什么群众这么欢迎？就是这个剧本内容，倾诉了群众的苦难，揭露了日本帝国主义的暴行，鼓舞了人民的士气，所以收到了很好的效果，不仅教育了人民，也教育了我们自己。我们就是觉得艺术是枪，舞台就是战场，我们就更加热爱这个戏剧工作了。

记者：当时有一种戏剧形式叫活报剧，曾经很流行？

付铎：这个活报剧是从《参加八路军》以后兴起的，这是1940年年初，1939年年底开始，晋察冀的专业团体、群众团体都演，山区平原都演，活报剧内容都是反映现实斗争的，带有新闻性，是真实的。

《参加八路军》的影响最大，剧情是这样的，一个老太太，一个青年，一个妇女，敌人来了以后，人民被屠杀，土地被强占，田间房屋都烧毁，怎么过？这时候，一个人带着一个孩子上来了，这个孩子死得很惨。就是先说敌人是怎样的残暴，人民群众没法生活。这时候，一个汉奸拽着一个姑娘上来了，日本鬼子看见了就抢“花姑娘”。就在日本鬼子强奸妇女的时候，八路军上来了，一枪就把日本鬼子打死了，其他日本鬼子一下子就跑了。大家议论纷纷，这怎么回事，你们是干什么的，你们是谁呀？他们就说，我们是八路军。噢，八路军八路军，这就是咱们的八路军，爬山越岭打敌人，怎么怎么样，年轻人要求参加八路军，这是第一场。第二场，日本鬼子“扫荡”，群众坚壁清野，日本鬼子来了干什么，准备反“扫荡”，第三场日本鬼子来了，军民合作一块儿打日本鬼子，把日本鬼子打跑了。军民合作一起下手，哪怕鬼子是蛮牛，打得他屁滚尿流，最后胜利了，群众参加八路军。

抗战初期，不光有戏剧活动，不光演戏，还有唱歌呢，有歌咏活动，这个活动呀，红红火火，对于发动群众、组织群众起到了很好的作用。“母亲叫儿打东洋，妻子送郎上战场”，就是振臂一挥，千军万马打日本鬼子。1937—1941 年这几年当中，剧团在艺术实践的过程当中，逐渐提高，又加上当时华北联合大学到了晋察冀，冀中的剧团差不多都到冀西去了，在联大学习。在演出当中，在学习当中，不断地提高，这时候，剧社有自己的导演，自己的编剧，自己的演员，自己的舞台艺术工作者，新编剧目多了，比如，《五谷丰登》《暴风雨之夜》《顽固派的真面目》《九点半》等等，除了自己编以外，还演外国戏，演一些大戏、名戏，演《钦差大臣》，演《日出》，演《雷雨》，群众影响也大了。与此同时，村剧团也发展起来了，大村里头都有村剧团，五一“扫荡”之前，有1700个村剧团，村剧团也跟着大剧团学习，你演什么，我就演什么，两支文艺大军，就活跃在冀中平原上。冀中平原到处是歌声，在路上一走，就能听到附近的村里头锣鼓喧天，歌声阵阵！到了1942年的五一“扫荡”之前，冀中的文化艺术活动达到了一个相当繁荣的程度。

记者：五一“扫荡”之后，1942年最艰苦的那一段，各剧团都到敌占区进行政治攻势。

付铎：当时火线剧社分了两组，活动在任丘、河间、大成这一带。搞政治攻势，主要是在什么地方呢，主要在敌占区，就是游击

◆晋察冀军区三分区前卫剧社歌咏队在演出

区，有武装部队做掩护，文艺工作者到敌占区附近，召开群众大会，宣传抗战形势，宣传日本必败，中国必胜，鼓舞士气。政治攻势都要演小节目，演唱呀，小剧目呀，说大鼓书呀，等等。有一次在炮楼底下，这个炮楼里面正好都是伪军，没有日本人，就先把炮楼围起来喊话，今天不拿你的炮楼，你也别害怕，也不打你，你也别捣乱，我们在村里开大会，你们愿意看戏就下来，还真有换便衣下来看戏的伪军。

报道狼牙山五壮士的事迹

钱丹辉

钱丹辉（1919—2007） 江苏金坛人。晋察冀一分区政治部宣传科科长，边区文协理事。新中国成立后担任过安徽省作协主席，陕西省社会科学院副院长。

记者：请您谈谈杨成武的独立团。

钱丹辉：我们一分区是晋察冀的主力部队。杨成武的独立团先进到广灵、灵丘地区。日本人一个大队也就是一个营过来了，当时国民党军已经撤退了，日本人根本没有想到还有正规部队会在窑站伏击。我们就打开了，机枪班一开打，敌人的卡车、马车什么的都被打乱了。我们消灭敌人大概有200多人，没有想到日本鬼子一个都不投降。那个时候没有经验，我们喊缴枪不杀，日本鬼子也听不懂，反过来朝我们开枪，我们好多战士就是这么牺牲的。第一仗就是大胜仗，杨成武说，因为当时跟日本人没有交过火，都不知道怎么打。这就是平型关战斗，历史书上都没有具体写。

这是独立团到了灵丘、广灵这一带跟日本鬼子打的第一仗，但是当时国民党的报纸上对这个战斗没有怎么重视。平型关打完了以后就一直往涞源插，把涞源城打下来了，接着又往前打，一下了解放了7个县城，广灵、涞源、易县等。那时候，独立团改成了八路军杨成武支队，我看到国民党报纸的时候，还在江苏，我很兴奋。我们就准备在这边开辟根据地，在山区进行游击战，很快成立了晋察冀边区。陈赓同志搞的政策都比较好，独立自主，一切由共产党负责。国民党不能继续发票子。晋察冀边区发展很快，发动群众，扩大武装，杨成武的部队开始叫独立团，后来叫支队，再后来叫独立第一师，编成了一团、二团、六团3个团，还有特务营。我们统计了一下，缴获敌人的手枪、步枪1万余支，发动了1万多部队。我是1939年冬到了晋察冀边区，待了半年后，分配到一分区。一分区战斗力最强，都是老红军嘛。我们一团就是原来抢渡大渡河的那支部队，很顽强，也很能打仗。1939年4

月，打龙华，日本鬼子不多，抓了6个俘虏，日本人不像过去战斗那么顽强了。因为我是宣传科的，讲形势、宣传什么的都归我们管，包括美国人来都是我们接待的，所以我们都会讲几句英语。我不会讲日语，但是有我们最初的一个俘虏，是窑站战斗抓过来的，朝鲜人，我们叫他老晋，他给日本人当翻译官，俘虏过来以后表现很好，让他留在敌工部当翻译，后来当敌工干事。日本人投降以后，他回朝鲜去了。我们掌握敌情以后赶快送到军事部，送到延安。我们延安总部掌握日本人军事上的整个战略部署是很有好处的。

1938年，国民党有一个连长叫孟阁城，搞了2000多人的部队，他就在易县狼牙山这一带。后来，他慢慢往日本那边靠拢，于是我们就准备消灭他。我们到鲁西就联络他，让他不要乱来。最后杨成武的部队在一天晚上就把他们包围了，没有打一枪，就把他们当官的抓住了。抓住了以后，让他下命令部队全部投降，没有打一枪就把顽军给消灭了，很顺利。在晋察冀，虽然你打的是国民党的旗号，但是你靠拢日本人，那么就非消灭你不可。什么在晋察冀这么巩固呀，没有什么顽固势力捣蛋，就是都消灭了，特别是孟阁城这一仗，杨成武打得很漂亮，没有打一枪就把顽军全部消灭了。我从云南一路走到晋察冀，到了涞源，一直都没有什么集市，很萧条。到了易县一看，集市贸易非常红火，卖布的，卖工具的，啥都有，我说这么热闹呀，这是根据地建设得好，在山里面还有这么热闹的场面，说明中国大有希望。

晋察冀是模范抗日根据地，建立自己的政权，经济上独立，发边区票，发动群众，武装我们，国民党能够抗日，我们合作抗日，要是不抗日，投降日本，我们就要消灭你。

记者：请您讲讲一炮击中“名将之花”——阿部规秀的故事

钱丹辉：说起河北，我们是先打了龙华战斗以后，黄土岭战斗开始了。敌人从涞源出来，500 多人，我们一团和三团伏击，把 500 多人全部消灭于雁宿崖，这一仗是 1939 年 10 月下旬打的。这一仗打完以后，日军的阿部规秀中将火了，带着 1000 多人“扫荡”，一下子把涞源部队全拉出来，日军直奔雁宿崖进行报复。我们事先知道情报，因为有民兵在那里埋伏着，把情报送回来了。杨成武知道这个情况以后马上部署，也报告了军区聂荣臻司令员。后来部署情况是这样，聂司令员把第 120 师的特务团归杨成武指挥，六团、一团、三团、二十五团，5 个团，还有地方军。开始是小股部队袭扰敌人，打了以后就跑，敌人知道是八路军，就追。追到上占村、寨头村那一带，就已经和易县交界了。最后我们考虑三分区在黄土岭北边，主力部队出动把敌人压缩到黄土岭。这个时候杨成武把我找去了，命令我马上去进一步了解情况。第二天早上我就找部队去了，找到一营、二营了解情况以后，杨成武也到前线去了，我们正好碰头，后来就发起了总攻。开始也不知道阿部规秀在那里，我们的炮兵连连长是一个老红军，姓杨，他看到黄土岭的山上有一处独立的房子，边上有一个日军拿着望远镜在看，他就打了一炮，正好打中了，把阿部规秀打成了重伤，抢救也不行，当时就死了。开始我们还不知道，后来日本人派了飞机，弄了几个指挥官来，因为阿部规秀死了没有人指挥撤退。日军给我们写过一封信，就是希望把他们的尸体都弄走。那信我看了，杨司令同意让日军把这些尸体都带走。后来看到日本报纸头条标题登了“名将之花凋谢在太行山上”，这才知道我们把阿部规秀中将打死了。他还是天皇的亲戚，号称“名将之花”，不然日本报纸不会那么重视他。这是八路军打死的日本军衔最高的指挥官。后来日军周围的部队都来了，要追我们，那我们就撤出来了，跑到了刘家台这一带，开展反“扫荡”斗争，日本人也就退了。

1939 年还有一个战斗，打了 21 天。晋察冀发大水，敌人向我们进攻，那时候是天天在大雨里面。开始河水不深，山洪暴发以后就不行了，那怎么办呢？部队是非过河不可呀，大家就互相挽着手过去了。但是有一些女同志确实身体不好，于是身体壮的干部战士背着女同志过河。日子也确实艰苦，打了 21 天，咱们就是在水里泡着。这一仗以后晋察冀更困难了。因为什么呢？大水一冲，好多土地都给冲掉了，从雨季战斗到秋冬天，部队吃饭就改成了两顿了。到了 1942 年，情况更糟糕，吃黑豆、棉花籽呀什么的。

1940 年百团大战，部队到了井陉，把井陉煤矿打下来了，这是杨成武的部队。开始是到晋冀鲁豫消灭朱怀冰那个顽固派，回过头来百团大战就打井陉煤矿，部队又准备打灵丘、广灵，后来没有打，就打了南铺头，消灭敌人 300 多人。百团大战那时没有让我到前线去，叫我在动委会当宣传部部长，也就是从一分区动员群众支援前线。

记者：请您讲讲您了解到的狼牙山五壮士。

钱丹辉：1941 年，大“扫荡”，形势比较紧张。1941 年，冈村宁次担任日军华北方面军最高司令官，不断地“扫荡”，搞“治安强化”运动，开始是小规模，到了9月，组织上万人的“扫荡”，重点就是冀西。敌军的目的第一是要消灭我们的领导机关，军区的、分区的党政领导机关。第二是找我们主力决战。于是我们部队就采取了分散方针，一部分部队到外线去——你进来，我出去。

另外一些部队分散到外线，组织武工队，打敌人的据点、碉堡，破坏铁路交通线，扰乱敌人后方，把敌人搞得也很疲劳。我们主力部队大部分随军区调走后，留下七连、三连跟着我们司令部。日本人“扫荡”的时候，集中力量进攻一分区，有 1 万多人，分成了几股搜山，把涞源、易县、满城、徐水这些地方的干部，附近的群众都挤到狼牙山去了，大概是 4 万多人。狼牙山本来就很小，都集中到了那一小片地区，日本人就集中力量要消灭这一股。一团七连主要任务就是掩护这 4 万多人。下的是死命令，4 万人损失太大了，有群众，还有 4 个县的干部，区里的、县委的、县政府的都有。所以一定要在日本人进攻的时候守住这几个山口，在那堵住敌人。我们在那埋了好多地雷，把敌人炸死了一批，接着退到另外的山头再打。这样就争取了半天时间，我们 4 万多人全部撤走了。七连主力看任务完成了也要撤退，否则被敌人包围了也不行呀。七连留下一个班，就是六班，由他们掩护七连。部队都是这样打仗的，团要撤，就留下一个连，掩护团撤退，团撤走后，连要撤，就留下一个班，掩护连撤，这是打仗的规律。当时就留下了六班掩护连的主力部队撤退，开始跟日本人交火，日本人往上冲，六班战士一步一步地往上退，第一仗消灭日本鬼子 20 多人，日本人攻山的时候就把石头往下滚，把日本鬼子砸死了十几个。最后石头滚完了以后什么武器都没有了，马宝玉说，同志们，我们八路军决不能当俘虏。他首先把枪支在石头上砸断了以后就跳下崖去了。那会儿葛振林、胡富才，他们几人全部把枪砸了跳崖了，一边跳一边喊口号：“八路军决不能当俘虏”“打倒日本帝国主义，最后胜利属于我们的”跳下去以后，日本人上来了，我们八路军壮烈牺牲的这种民族英雄主义的气节，把日本人震撼

◆“狼牙山五壮士”幸存者葛振林（左二）、宋学义（左一）专门来到狼牙山棋盘陀，向有救命之恩的道士李圆忠辞行

了。另外还有伪军，上来一看，感觉很羞愧。对面山上有我们民兵和老百姓都在山洞里蹲着呢，都能看清楚。一到天黑日本人就撤了，民兵班的群众找到他们，把牺牲的3个烈士掩埋了，又救下活着的两个同志，赶快送到了卫生部。

记者：是您最先报道狼牙山五壮士的事迹的？

钱丹辉：我作为政治部干事，被派去了解狼牙山五壮士的事迹。我找到了解这事的团长袭蔚，请他把五壮士跳崖的情况还有整个战斗的情况给我详细介绍一下。他就给我说了整个战斗过程。我写了一篇报道，就是狼牙山五勇士保护群众撤退，完成任务被敌人包围，宁可跳崖决不投降的事迹。杨成武同志看完稿子后马上就发给军区聂荣臻司令员，聂荣臻司令员看了以后，就立即给晋察冀全民发通报。另外马上报告总部，又给全军通报，这样，整个新四军、八路军都通报了，新华社也发了消息，全国全世界都知道了，这个影响非常大。

记者：请您讲讲杨成武要您好好招待白求恩的事。

钱丹辉：我和白求恩接触过两天，关系也不错。他很客气，也很谦虚，对人很好，很朴实，也很直爽，打龙华的战斗他也去了。我看见他时，他在杨成武的司令部，司令部专门给他一间房子、一个炕。杨成武特意交代我，白求恩同志你要好好招待呀。于是我就接待他，给他配药，在一起只有两天，他后来就回军区去了，黄土岭战斗我没有见着他。他在另外一个地方组织了一个卫生组，一个

◆1938 年，白求恩与抗日自卫队员在山西五台县

收容站。我就是见过他这么一次，感觉他很直爽，很随和。他请我吸纸烟，我们处得很好。再就是巴司华、柯棣华两个印度友人，两个到一分区来也是我陪的。

还有轰炸日本的两个美军飞行员的飞机让敌人给打下来了，最后掉在我们冀中地区。冀中地区的军民救了他们以后，把他们送到平西，平西把他们送到一分区，是我接待的。他们是两个很年轻的美国空军飞行员，我陪他们吃过饭。我还接待过燕京大学教授刘百克。

我在晋察冀日报社的日子

刘长明

刘长明（1925—2021）晋察冀军区《抗敌报》图书资料员，离休前担任济南军区副参谋长。

记者：“晋察冀日报”5个字是这样拼成的？

刘长明：1939年1月，我到了晋察冀日报社，在那儿工作了3年，一直到1942年夏天离开报社。我刚去的时候，报社有一台大收音机用来接收信号，我们背着这台收音机接收外边的新闻，然后登在报纸上。后来反“扫荡”时，这台收音机被敌人破坏了。之后，我就改做图书管理工作了。因为在报社搞编辑，离不开各种图书资料。所以，我们的工作就是通过各种渠道收集各个根据地的，包括前线和后方的书籍报刊，并加以剪辑、整理，以作为编辑资料。

我一共就上过4年小学，在图书馆的时间不长，但对我来说，这是很重要的一段经历，我那时看了不少书和资料，对我文化程度的提高有很大帮助。

我刚到晋察冀军区的时候，这儿的报纸叫《晋察冀军区抗敌报》，一开始采用石印；再后来，从北平地下党那里弄了铅字和铸字，又改成了铅印版，报纸也改名叫《晋察冀日报》。当时，本来想找毛泽东同志题写“晋察冀日报”这几个字，可因为他在延安，我们在河北，没做到。最后，我们从各种报刊里找到毛泽东同志的亲笔题词，就这样，这儿找一个字，那儿找一个字，凑了5个字——晋察冀日报。所以，“晋察冀日报”这5个字不是毛泽东同志一下子写下来的，而是拼凑的，报名就是这样来的。当时报社社长是邓拓同志。

记者：晋察冀日报社为什么叫骡子背上的报社？

刘长明：《抗敌报》油印的时候，发行量也就是一二千份，原因就是采用油印，印不多，发行范围也小。改成《晋察冀日报》后，随着根据地的发展，随着我们报刊事业的发展和技术水平的提

◆1939年5月，晋察冀日报社社长邓拓与陈波儿（左一）率领的赴晋察冀边区战地妇女儿童考察团合影

高，发行量也在逐步增加，最后报纸的发行量达到了几万份，晋察冀军区所属的各个地区几乎都能看到。除了报纸正刊外，还有不少副刊、专刊。第一部《毛泽东选集》，就是晋察冀日报社出版的。

那时，每到敌人“扫荡”时，晋察冀日报社就随着军区机关活动，主要是在阜平、临城和平山3个县活动。敌人“扫荡”阜平的时候，我们就向南转移，转移到平山地区。我们在阜平的时候，在马兰、阎家沟这一带活动，还有其他好多地方。因为反“扫荡”，转来转去呀，不止一个地方，但是驻扎时间较长的就是阎家沟、马兰这些地方。到了平山以后，我们住在寨北北边的滚龙沟，离寨北有十几里路。

敌人对晋察冀的“扫荡”，我记得是7次大规模的“扫荡”，最少的2万人，最多的7万人，从四面包围进入晋察冀。我经历了其中的4次，大概是1939年春季、秋季，1940年秋季和1941年秋季。一遇到反“扫荡”，我们通常分成两部分，分别带着机器转移。那时候机器设备比较简陋，当时的油印机，就是一个大平板，弄一个大架子。转移时，用骡子驮着这些机器，马上就走。到地方后，有时在室内，有时在野外，照样印报纸。印报时，有一部分同志还要担负警戒的工作。抗战期间出报纸，确实困难，纸张来得也不容易，没有现在的纸张，那时都是黄边纸、草纸，质量非常差，到后期才好一点。

敌人“扫荡”时，由于聂荣臻司令员善于分析判断情况，在他的指挥下，好几次我们都从敌人的包围圈中突围出来。当时，老区的群众条件非常好，军民关系融洽。1940年，我们在阜平反“扫荡”，我们走了以后，敌人就进入这个村寨，把老百姓抓了。敌人将老百姓集中起来，叫他们交代设备在什么地方，不交代就拉出去杀掉。那时，鬼子倒是不可怕，因为他们不懂中国话，也不熟悉情况；最可恨的是汉奸，都是因为汉奸的指引，鬼子才能够摸清我们的情况。所以，只要我们抓住汉奸，就把他们杀掉。

那时，抓住汉奸马上就地审判，由于子弹来得不容易，所以轻易不对他们枪毙，就用大刀砍，把汉奸砍倒以后，用大刀直接插到心脏。鬼子进村把老百姓抓起来了，但是老百姓很坚决，没有一个供出报社到哪儿去了。

记者：*在反“扫荡”中怎样坚持报纸印刷？*

刘长明：1941年，我们到了平山县，那次反“扫荡”最艰难，持续时间最长。那时报纸已经改成《晋察冀日报》了。敌人“扫荡”的时候，条件艰苦，没有饭吃，怎么办呢，有什么就吃什么。有一次我们小组被敌人围困在山上，那个山上没有别的东西，只有老百姓种的土豆。由于被敌人包围着，也不敢点火去烧熟，就那么生吃，吃了一个星期，后来我好长时间不吃土豆。有时候，到地里弄点麦子，正在锅里煮着，麦粒还没有煮开，敌情来了，大家用喝水的茶缸，装上一把就跑。还一边跑，一边吃，那时候年轻，胃口也好，也不在乎这个吃了能不能消化，大运动量嘛。不能按时吃饭，也没有多少可吃的东西，有时一两天吃不上饭，这样的事儿经常发生。有时，我们也吃黑豆，就是喂牲口的黑豆，磨了面，用老百姓的碾子碾了，也碾不很碎，然后煮煮，也没有菜，弄点盐水一泡就那么吃。

就是那种生活条件，我们还是坚持出版报纸。敌人一来，我们连人带机器就立即转移；敌人走了以后，我们再把机器卸下来继续印。我们有几次在玉米地里、高粱地里或在野地里架上机器就印，

◆晋察冀边区印刷厂排字车间的工人在刻字

照样出版报纸。我们出版的这种报纸，在那种情况下，质量肯定不如现在的好。但是那个时候，不在乎质量，而在乎速度，要及时出版并发行到各个地区，以便让人们尽快地了解各种信息，并鼓舞同志们的士气。这个报纸也确实给部队起了很大的鼓舞作用。

记者：请您讲讲感染毒气后养伤的经历。

刘长明：1941 年秋季反“扫荡”，我印象最深的就是日本鬼子释放了毒气。当时，一个村一个村的老百姓，差不多都死光了。我在那时，也感染了病毒。我们报社的人都在执行任务，抽不出时间来照顾我。他们好不容易才在一个村子里找了几个老百姓，并经过老百姓同意，拆下一块门板，就这么抬着，走了十几里路把我送到了野战医院。在医院里，老百姓的炕就是病房。那是，我全身水肿，翻身都翻不了。有中毒厉害的，背后裂了口，流了很多脓血，味很大。时不时地就抬出去一个，我知道那是已经死了。还是我命大，最后就是脚破了，每天打两针，消消毒，把脓给排出来。我的脚，现在这个地方还伸不很直。

开春，敌人又来“扫荡”，那时候医院里没有条件带着所有的伤病员去反“扫荡”。所以，轻一点的伤病员，就各回各的单位。我回到原单位后，也不能跟着报社走。最后，我们三四个人跑到了深山老林，敌人去不了的地方。这个地方，大概是在平山、灵寿、阜平三县交界的山沟里，很封闭。抗日战争都已经 4 年了，我们去时老百姓还问，现在是光绪多少年了。他们还以为是清朝呢，对外界的事情一点也不了解。我们去了以后，我这脚还不断地流脓，怎么办呢？没有药品，只能用土办法，老百姓的门上，有厚厚的几十年不扫的灰尘，抓一把，往脚上一撒，也无所谓感染了。用这种办法，我硬是坚持了下来，比较幸运的是，我这条命就这样保下来了。1942 年夏天，部队提出精兵简政，报社也要精简。我因为受伤，体质也稍差一些，就到刚建立起来的抗大二分校附中去了，以后又到了延安。

记者：当时的评论员主要是谁？

刘长明：聂荣臻、刘澜涛、萧克等人。报社发展到人多的时候，有三四百人吧！有编辑部、发行部，还有生活保障这方面的部门，核心就是一个编辑部。1947 年石家庄解放后，报社搬到了平山。1948 年夏天，晋察冀和晋冀鲁豫两区合并，两区的报社也并到了一起。晋冀鲁豫，就是刘伯承邓小平他们，他们的报社叫《人民日报》，最后，就用了《人民日报》这个报名，《晋察冀日报》也就停刊，最终完成了自己的使命。

后记

我与抗战文艺老人的一些接触

2002年5月，我和同事们完成了一部名叫《晴朗的天》的纪录片，这是第一部以延安文艺座谈会和解放区文艺为题材的纪录片。在为期半年多的时间里，我走遍了陕北和晋察冀老区，采访了刘白羽、贺敬之、周巍峙、蔡若虹、华君武、王朝闻、张庚、欧阳山尊、力群、干学伟、于敏、曾克、王昆、于蓝、陈明、徐肖冰、吴本立、黎辛、王一达、马烽、刘备耕等30多位延安时期的文艺老人。

我清楚地记得，我们到朝阳区红庙北里一座极其普通的楼房里采访王朝闻先生的情景。当我推开家门，看见客厅的旧沙发上，端坐着一位身穿睡衣一样赭色条绒工作服、头发凌乱的老人。书籍、雕塑和日常用品堆满客厅几乎所有的空间，这就是92岁的美学大师、雕塑家王朝闻先生！先生的老伴有些歉意地告诉我们，因为正在准备搬家，所以家里很乱，老先生知道你们要来，早就坐在那儿等半天了。老人吃力地从沙发上站起来，向我伸出左手。这时我才把心目中的美学大师和眼前这位穿着随便、面容慈祥的老人结合起来，我突然想起采访曾克老人时，她曾经说过，王朝闻在延安时就不修边幅，头发老长。

还不等我们支好摄像机，老人家就迫不及待地用一口浓重的有些颤抖的四川话滔滔不绝地讲起来：“毛主席是从政治的角度来看问题的，但是他没有因为是从政治角度来看问题，就违反了美学，他本身既是政治的观点，又是美学的观点。”

采访结束时，我站在先生坐的沙发后面与他合影，没想到老先生拉过旁边一把椅子，一定要我坐下，说你站着，我坐着，这不公平。大师的谦逊让我这个晚辈倍感汗颜。

两天后，我到南沙沟采访左联时期的漫画家、担任过鲁艺美术系主任的蔡若虹先生。与王朝闻先生同岁、深居简出的蔡先生除了哮喘得厉害，还是一身仙风道骨。银白的胡须飘洒在胸前，穿一件大红色柔软的绒衣，讲起话来声音洪亮，底气十足：“我在上海画画的时候，只晓得为革命，不晓得为工农兵，我是想一个空头的革命，不晓得具体的工农兵，从这一点上，我的脑子打开了。”

采访结束时，我才感觉到偌大的房子里，刚才还精神饱满的老先生坐在高高的书柜旁边的沙发上，显得那样孤单。他默然地向我挥着手，嘴里喃喃地说着什么，我紧紧握住老先生的手，说一定再抽时间来看他。4 个月后，当我们的节目正在后期制作时，传来蔡若虹先生去世的消息，老人底气十足、一字一顿的声音和他那孤单的身影在这一刻，又出现在脑海。而我们对他的采访，也就成为老先生最后一次公开的露面。

最令我无法平静、难以忘怀的，是看到陈明先生在丁玲手稿前老泪纵横、泣不成声的情景。尽管看了无数遍素材，编了五六次，但每一次看到这个情景，我都禁不住眼窝湿润。我几次到陈明老人家里采访他，每一次提起丁玲，老人都滔滔不绝，虽然过去了那么久，但他和丁玲共同走过的每一个细节，都如在昨天。

作为后来者，我因为没有亲身经历那个战火纷飞、激情燃烧的年代，对于当年那些投身抗日的前辈知识分子也没有过多深入的接触，只是在电影胶片里看到他们背着行李、带着向往奔赴延安的情景，所以只能凭借自己有限的想象力去想象着，在民族危亡，无书可读甚至无家可归的年代，除了抗日，他们还能有什么其他的选择呢？

但是，当我坐在华君武先生的客厅里，倾听老人讲述他为了来延安，瞒着自己的妈妈一个人从上海辗转香港、广州、桂林、重庆、西安，长途跋涉一个多月来到延安的经历，我被深深地感动了，因为我怀疑我和我的同龄人是否有这样的勇气。

干学伟是一位地道的老鲁艺、老延安，他在鲁艺先是戏剧系的学生，后是戏剧系的教师，在鲁艺先后度过了七年的时间。在延安轰轰烈烈的戏剧运动中，干学伟演出过许多角色，最有名的是在《带枪的人》里扮演列宁。新中国成立后，他一直从事电影导演工作，拍摄了《小二黑结婚》《沸腾的群山》等多部有影响的电影。

第一次见面时，我们不无忧虑地提出请老人随摄制组到延安去，因为干老先生毕竟已经86岁，而且正值隆冬季节。没想到干老先生非常痛快地答应了。

当我在延安机场与于学伟先生重逢时，老人家一把拉住我的手，指着眼前和身后的山峦与窑洞说：我20岁出头来到这里，在这里一住就是八九年，我一生最宝贵的时光都在这里度过，做梦都梦见这里……我理解了，为什么这些白发苍苍的老人一提起延安就禁不住热泪盈眶。

一踏进杨家岭中央办公厅旧址的大院，于学伟老人似乎顿时年轻了许多。他健步走到“飞机楼”前展牌上出席座谈会的合影跟前，指着最后一排一个小伙子说：“这就是我，那时我才24岁，小青年一个，头发那么长。”看到照片上大部分熟悉的人都已经去世，老人不胜感慨。

老人家对开会时的一些细节还记得很清楚：“毛主席准时从门口走进来，转了一圈与参会的人一一握手。因为座位不够，毛主席的开场白也就从这件事开始了。毛主席说，看起来我们的椅子不多，交椅不够，以后要给同志们多做几把交椅坐坐。当然这些话后来公开发表时删去了。我总觉得毛主席把椅子说成交椅，还有些别的含义。”

我是在东城区史家胡同一个寻常的四合院里见到罗工柳先生的。当我按照约定的时间揿响先生家的门铃时，心里还有些忐忑不安。第一眼看到这个身穿宽松的蓝色棉裤、暗红色毛衣，宽阔的脸庞，堆满慈祥笑容的老人，我马上就感到这是一个可亲可近的老者。

罗先生用一口略带广东家乡口音的话打开了话匣子，从老人家思路和谈吐之清晰爽朗，绝对看不出这是一个89岁的老人，更无法相信老人竟然患癌多年，动过5次手术。在谈起文艺座谈会上与毛泽东同志难忘的握手时，老人是那么激动又是那么自豪。

可以看出，这次握手给罗工柳后来的创作和生活产生了多么巨大的影响。

这样的激动我在著名戏剧家欧阳山尊先生那里再一次感受到了。欧阳山尊先生身材高大、声音洪亮，浑身散发着与乃父欧阳予倩相仿的才子风度，还带有几分在话剧舞台上叱咤风云的劲头。他一板一眼地谈和毛泽东同志交往的细节，尤其是讲起毛泽东同志与他的握手时，两眼闪烁着异样的光彩。

这激动、自豪的目光使我真切地领略到，毛泽东同志的个人魅力以及他在这些老艺术家心里挥之不去的身影，也让我从另一个侧面认识到：这些文艺战士为什么能够心甘情愿地与工农兵结合起来，成为中国革命走向胜利过程中不可缺少的文化生力军。

2005 年之后，我在拍摄《八路军》等纪录片的过程中，又陆续采访了魏巍、胡可、彦涵、付铎、田华等道高望重的 10 余位文艺战士，他们的口述文字与延安文艺老人的口述文字融会在一起，更能看出抗战文艺在抗日根据地发展的全貌。

在纪念中国人民抗日战争暨世界反法西斯战争胜利 80 周年即将到来之际，应学习出版社邀请，我把 20 多年前抗战文艺战士的口述文字重新整理出版。令我感慨的是，这些当年坐在摄像机前一起谈笑风生的老人，大多已经过世。借此机会，再次向接受采访的老艺术家们表示深深的敬意和感谢。

张军锋

2025 年盛夏于北京